Das kulturelle Erbe des Hauses Hessen

Hessische Historische Kommission Darmstadt
und
Historische Kommission für Hessen

Quellen und Forschungen
zur hessischen Geschichte
128

Das kulturelle Erbe des Hauses Hessen

Moritz Landgraf von Hessen zum 75. Geburtstag gewidmet
von der Historischen Kommission für Hessen
und der Hessischen Historischen Kommission Darmstadt

Darmstadt und Marburg 2002
Selbstverlag der Historischen Kommission für Hessen
und der Hessischen Historischen Kommission Darmstadt

Herausgeber: Eckhart G. Franz und Hans-Peter Lachmann

Gedruckt mit Zuschüssen
des Landes Hessen und der Hessischen Hausstiftung

Die Deutsche Bibliothek - CIP Einheitsaufnahme
Ein Titeldatensatz für diese Publikation ist bei
Der Deutschen Bibliothek erhältlich

ISBN 3-88443-080-7

Umschlagbild: Landgraf Philipp der Großmütige von Hessen und seine Vorfahrin, die als „Hauptfrau“ des Hauses Hessen verehrte Landgräfin Elisabeth von Thüringen, auf dem 1542 von Philipp Soldan geschaffenen „Philipp-Stein“ in der ehem. Klosterkirche zu Haina (Aufnahme S. Gils, Marburg); Umschlag-Rückseite: Wappenschild Landgraf Konrads von Thüringen (†1240) aus dem Landgrafenchor der Elisabethkirche in Marburg (Universitätsmuseum Marburg)

Herstellung: Ph. Reinheimer, Druckerei, 64282 Darmstadt

Moritz Landgraf von Hessen

(Foto von Ferdinand Graf von Luckner)

Inhaltsverzeichnis

Zum Geleit

Für den Chronisten Wigand Gerstenberg, der in den letzten Jahren des 15. Jahrhunderts als Schloßkaplan in Marburg seine „Landeschronik" schrieb, begann die Geschichte Hessens mit der Heiligen Elisabeth und ihrem Enkel Heinrich, den Elisabeths Tochter Sophie von Brabant 1247/48 von den hessischen Ständen in Marburg zum neuen Herren des mit Aussterben der thüringischen Ludowinger verwaisten „Landes zu Hessen" ausrufen ließ. Auf Elisabeth, die nach dem Kreuzfahrertod ihres Mannes zwei Jahrzehnte zuvor nach Marburg gekommen war, um sich hier der Armen- und Krankenpflege zu widmen, hat sich das von Sophie und Heinrich begründete „Haus Hessen" auch in den Folgejahrhunderten immer wieder berufen. Der Chor der Elisabethkirche war bis zum Ausgang des Mittelalters Grablege der hessischen Landgrafen. Noch Philipp der Großmütige, der die wiederholt geteilte Landgrafschaft Hessen wieder in einer Hand vereinte, ließ sich auf dem von Philipp Soldan geschaffenen Stifterstein im neueingerichteten Landeshospital Haina zusammen mit der „Hauptfrau" des Hauses darstellen. Im Marburger Schloss beriet er 1529 mit Martin Luther , Zwingli und ihren Mitreformatoren über die evangelische „neue Lehre", der auch die kurz zuvor zu Füßen des Schlosses eingerichtete Landesuniversität dienen sollte.

Aus der Teilung des Landes unter den vier Söhnen Landgraf Philipps 1567/68 blieben nach dem kinderlosen Tod der beiden mittleren Brüder in Rheinfels und Marburg die beiden Hauptlinien Hessen-Kassel und Hessen-Darmstadt, die das Geschick des Landes in den Folgejahrhunderten geprägt haben. Der Streit um das Marburger Erbe und der Übertritt des kunstsinnigen Kasseler Landgrafen Moritz zum Kalvinismus 1605 ließen den Dreißigjährigen Krieg hierzulande zum „Hessenkrieg" werden und begründeten damit eine politische Rivalität, die auch in der Folgezeit nur zeitweilig überwunden wurde, obwohl sich die Barock-Landgrafen Karl in Kassel und Ernst Ludwig in Darmstadt zu Beginn des 18. Jahrhunderts um neue Gemeinsamkeit bemüht haben. Auf die Erhebung Hessen-Kassels zum Kurfürstentum 1803 folgte mit der Rheinbundgründung 1806, die den Kasseler für einige Jahre aus seinem Lande vertrieb, die Erhebung des Darmstädter Vetters Ludwig zum Großherzog von Hessen, ein Titel, dem nach dem Zuerwerb Rheinhessens 1815/16 der Zusatz „bei Rhein" angefügt wurde. Souveräne Mitglieder des neubegründeten Deutschen Bundes waren auch die Landgrafen von Hessen-Homburg, die mit dem Kleist'schen „Prinzen von Homburg" in der deutschen Literaturgeschichte verankert sind.

Auf die unruhigen Jahre des Vormärz und der Revolution von 1848, als hessische Demokraten erstmals von der Vereinigung der „drei Hessen" träumten, folgte die Kriegsentscheidung des Jahres 1866, die Annektion des Kurfürstentums samt dem Erbe der kurz zuvor ausgestorbenen Hessen-Homburger durch Preußen, das eine neue Provinz „Hessen-Nassau" einrichtete. Der dynastische Ausgleich des Jahres 1873 gab dem Neffen und Erben des wenig später im böhmischen Exil verstorbenen letzten Kurfürsten, Landgraf Friedrich Wilhelm aus der Nebenlinie Hessen-Rumpenheim, die Schlösser in Fulda und Hanau mit der Fasanerie in Adolfseck und Wilhelmsbad zurück. Sein Sohn Landgraf Friedrich Karl heiratete 1893 Prinzessin Margarethe von Preußen, die jüngste Tochter Kaiser Friedrichs III. und seiner englischen Frau Victoria, die sich ihren Witwensitz im hessischen Kronberg eingerichtet hatte. Der 100. Todestag der „Kaiserin Friedrich" in diesem Jahr ist Anlass, sich ihres Wirkens zu erinnern. Ihre Schwester Alice war durch ihre Darmstädter Heirat die Mutter des letzten Großherzogs Ernst Ludwig, dessen Regierung durch die Revolution von 1918 beendet wurde. Als „Enkel der Queen", Mitglieder der von Königin Victoria begründeten europäischen Großfamilie, haben sich auch die Erben Landgraf Philipps in erneuerter verwandtschaftlich-freundschaflicher Beziehung zusammengefunden. Friedrich Karls Sohn, der den Traditionsnamen Philipp führte, hat in den Nach-Weltkriegsjahren in Darmstadt studiert. Der Sohn Moritz, dessen Namensvorfahr das Landgrafenhaus vor vierhundert Jahren gespalten hatte, konnte das verbliebene Erbe des Hauses Hessen als Adoptivsohn des 1968 verstorbenen letzten Darmstädter Prinzen Ludwig und seiner Frau Margaret wieder zusammenführen.

Die Erforschung der Geschichte der einstigen Landgrafschaft, des Kurfürstentums und des Großherzogstums Hessen ist Aufgabe der Historischen Kommission für Hessen in Marburg, die vor wenigen Jahren ihr hundertjähriges Bestehen feiern konnte, und der jüngeren Kommission in Darmstadt, die 1908 als „Historische Kommission für das Großherzogtum Hessen" gestiftet wurde. Zum 75. Geburtstag S. K. H. Moritz Landgraf von Hessen, der am 6. August 2001 gefeiert wurde, haben beide Kommissionen gemeinsam eine Festgabe konzipiert, die dem „kulturellen Erbe des Hauses Hessen" gewidmet ist. Dabei ging es nicht um ein vollständiges „Inventar" von „Bau- und Kunstdenkmälern" oder „historischen Stätten", die mit der Geschichte des Hauses Hessen in Verbindung stehen. In einer Folge von durchaus unterschiedlich angelegten Einzelbeiträgen wird eine Auswahl von Erinnerungsorten vorgestellt, an denen die vielfältigen künstlerisch-kulturellen Leistungen des Fürstenhauses, die das Bild unseres Landes in fast acht Jahrhunderten entscheidend mitgeprägt haben, noch heute sichtbar und zugänglich sind, Schlösser, Parks und museale Sammlungen, aber auch die einstigen Hoftheater und die Landesuniversitäten, unabhängig davon, ob sie heute noch von der „Hessischen Hausstiftung“ in Kronberg, vom Land Hessen oder von anderen Trägern betreut werden. Wir freuen uns, dass alle Kollegen, die wir zur Mitwirkung eingeladen haben, Historiker und Kunsthistoriker, die teils „von Amts wegen“, teils aus persönlichem Forschungsinteresse mit den gestellten Themen befasst sind, unserer Einladung Folge leisten konnten. Mit den Autoren übermitteln wir dem „Jubilar“, der sich in der Tradition seiner Vorfahren in vielfältiger Form für das Erbe des Hauses einsetzt, unsere herzlichen Glückwünsche und wünschen uns, dass der gemeinsam erarbeitete Band ihm, seiner Familie und vielen Lesern Freude macht und neues Interesse weckt.

Darmstadt und Marburg, im August 2001

Prof. Dr. Eckhart G. Franz
Vorsitzender der Hessischen
Historischen Kommission Darmstadt

Dr- Hans-Peter Lachmann
Vorsitzender der Historischen
Kommission für Hessen

Abb. 1. Burg und Stadt Marburg. Holzschnitt aus Sebastian Münsters „Cosmographia“ von 1550

Abb. 2. Blick auf Marburg (Stahlstich von A. Rosenzweig, 1862)

Fritz Wolff

Marburg an der Lahn

Das Landgrafenschloss im Wandel der Jahrhunderte

Landgrafenschloss und Elisabethkirche prägen heute noch wie vor Jahrhunderten das Bild von Marburg, und zwar im wörtlichen wie übertragenen Sinne. Sie bestimmen die Stadtsilhouette; sie werden von jedem, der durch die Straßen der Stadt geht, jeden Tag, viele Male, bewusst oder unbewusst, wahrgenommen; sie vermitteln dabei auch dem, der keine Zeit oder keine Neigung zu historischen Reflexionen hat, eine Ahnung von der Geschichte und Kultur nicht nur der Stadt, sondern des ganzen Landes. Auf der ältesten Abbildung der Stadt in Sebastian Münsters Weltbeschreibung aus dem Jahre 1550 wie auf modernen Ansichtskarten treten beide Bauwerke markant hervor. Die Elisabethkirche bietet in ihren äußeren Formen fast unverändert dasselbe Bild wie um 1330, als ihr Bau mit dem Abschluss der Türme vollendet war. Das Schloss mit seinen aneinandergefügten Bauteilen erblicken wir heute im wesentlichen in der Gestalt, die es bis zum Ende des 16. Jahrhunderts erhalten hatte. Wo der Name Marburgs

Abb. 3. Postkartenblick auf Marburg (2000)

genannt wird, verbindet sich damit unweigerlich die Vorstellung von Schloss und Kirche. Marburg, die Stadt der Heiligen Elisabeth ..., die Stadt des Religionsgesprächs auf dem Schloss ..., „die Perle Hessens" ..., „die Wiege des Hessenlandes" – diese und ähnliche Bezeichnungen weisen auf die Bedeutung hin, die die Stadt im öffentlichen Bewusstsein, im hessischen Landesbewusstsein, wenn man so sagen kann, immer gehabt hat.

Abb. 5. Innenhof mit Blick auf die 1875 angebrachte Gedenktafel über dem Tor

Die Anfänge der Burg

Am Anfang jedoch, lange vor Stadt und Kirche, war das Schloss, oder richtiger gesagt die Burg, vielleicht nur eine durch vorgelagerte Mauern geschützte Turmburg. Wann diese Anfänge lagen, ist ungewiss. Nach den jüngsten Grabungen (1989/91) hat man die Vermutung gewagt, dass die ältesten Bauteile unter dem heutigen Westflügel aus dem 9. Jahrhundert, also noch aus der Karolingerzeit stammen können. Eine vorsich-

Abb. 4. Südansicht des Marburger Schlosses

Abb. 6. Stifterfigur aus der Elisabethkirche, sogen. „Französische Elisabeth" aus dem späten 15. Jh.

tigere Interpretation der Funde – Mauerreste und Keramikscherben – datiert diese frühestens auf das Ende des 10. oder eher noch auf den Anfang des 11. Jahrhunderts. Ebenso unsicher wie die Datierung der Anfänge bleibt die Antwort auf die Frage nach den ersten Herren dieser Burg – erst um 1120 werden die Namen Werner und Giso als Grafen in Hessen genannt – und nach ihrer Bedeutung im Bezug zu den anderen Burgen in diesem Gebiet, der Kesterburg, dem Weißenstein, der Burg Hollende oder der Lützelburg. 1138 taucht „Marburg" zum ersten Male als Name eines Dienstmannengeschlechts auf; aus späteren Schreibformen wie „Martburg", „Marcporch" und „Marhpurc" hat man den wohl nicht zwingenden Schluss gezogen, dass es sich um eine Grenzburg (Mark = Grenze) gehandelt haben müsse.

Wie dem auch sei: Erst mit dem Übergang der Grafschaft Hessen und des Landes an der Lahn an die Ludowinger (1122) erhielt die Marburg eine deutlich herausgehobene Funktion. Sie wurde das Herrschaftszentrum dieses thüringischen Nebenlandes und zeitweilige Residenz einer Nebenlinie der Thüringer Landgrafen. Unter ihnen erfolgte der weitere Ausbau des Schlosses, seine Anbindung an den Mauerring der Stadt, die Erneuerung der Befestigungswerke mit einem mächtigen, heute nicht mehr sichtbaren Bergfried und zweifellos auch die Herrichtung der Innenräume für fürstliches Wohnen.

Die Heilige Elisabeth und ihre Kirche

Elisabeth, die Witwe Landgraf Ludwigs IV. von Thüringen, hat sich freilich nicht in dem ihr 1228 als Witwensitz zugewiesenen Schloss niedergelassen, sondern eine bescheidene Unterkunft in dem von ihr gegründeten Franciscus-Hospital vor der Stadt bezogen. Hier ist sie in selbstgewählter Armut 1231 als Vierundzwanzigjährige gestorben. Auf Betreiben zunächst ihres Beichtvaters Konrad von Marburg, dann der landgräflichen Familie wurde sie schon 1235 heiliggesprochen; im gleichen Jahr wurde mit dem Bau der zu ihrer Verehrung bestimmten Kirche begonnen. Mit der Übertragung ihrer Grabstätte an den Deutschen Orden unter dem späteren Hochmeister Landgraf Konrad, dem Schwager Elisabeths, wurde die Dienerin der Armen und Kranken gleichsam in die hochadelige Sphäre zurückgeholt. Sie wurde „die Hauptfrau des Hauses Hessen", und ihre Kirche, in der sich schon der Hochmeister Landgraf Konrad 1241 hatte beisetzen lassen, wurde die Grablege der hessischen Landgrafen, von Elisabeths Enkel Heinrich I. (+ 1308) bis zu Wilhelm II. (+1509), dem Vater des Landgrafen Philipp, und seinem Bruder Wilhelm I (+1515).

Abb. 7. Grablege im sogen. „Landgrafenchor" der Elisabethkirche

Nach dem Tode des letzten Ludowingers Heinrich Raspe IV. (1247) erhob Elisabeths Tochter Sophie, die mit dem 1248 verstorbenen Herzog Heinrich von Brabant verheiratet war, für sich und ihren unmündigen Sohn Heinrich, „das Kind von Hessen", Ansprüche auf das landgräfliche Erbe, die sie gegen die mächtige Konkurrenz der sächsischen Wettiner als Miterben und der Mainzer Erzbischöfe als Lehnsherren verteidigen mußte. Marburg mit seinem festen Schloss und mit der Grabstätte der Heiligen wurde dabei ihr wichtigster Stützpunkt: das Schloss als Ort der Herrschaft und des Schutzes, die Grabstätte als sichtbares Zeichen ihres ideellen Rechts auf die Nachfolge. Der thüringische Erbfolgekrieg wurde 1263/64 durch die Verträge mit den Wettinern und dem Mainzer Erzbischof abgeschlossen. Sophie musste auf Eisenach mit der Wartburg und auf das ganze Land östlich der Werra verzichten; sie erhielt den landgräflichen Besitz in Hessen und die dort gelegenen Mainzer Lehen. Zur ersten Residenz des sich nun neu bildenden Territoriums wurde Marburg; hier ist Sophie 1275 gestorben.

Abb. 8. Die Elisabethkirche von Südosten

Mittelpunkt der Landgrafschaft Hessen

Schon vor Sophies Tod und vor der Erhebung ihres Sohnes Heinrich in den Reichsfürstenstand (1292) unter Anerkennung der Landgrafenwürde begann die Umgestaltung der alten Burg: mit der Einrichtung neuer Wohnräume in der später sogenannten „Alten Residenz“ (im Südflügel), mit dem Bau der Schlosskapelle, die 1288 geweiht wurde, und schließlich des großen Saalbaus auf der zur Elisabethkirche gewandten Nordseite. Die Bauarbeiten an Schloss und Kirche sind weitgehend parallel verlaufen; zum Teil waren es die gleichen Bauleute, die an beiden Baustellen tätig waren. Zur gleichen Zeit, um 1300, wurden andere Großbauten in Marburg errichtet, so der Chor der Marienkirche, der jetzigen lutherischen Pfarrkirche, und das Dominikanerkloster an der Südostecke der Stadt, das nach der Säkularisierung 1527 die von Landgraf Philipp gestiftete Universität aufnahm. Sowohl die Schlosskapelle, die sich an besten Vorbildern wie der Sainte Chapelle in Paris orientierte und ihrerseits fast wie ein Vorgriff auf den hochgotischen Chor am Kaiserdom zu Aachen erscheint, als auch der Saalbau, der mit seinen Dimensionen von 33 Meter Länge, 14 Meter Breite

Abb. 9. Reste der Wandmalerei im Rittersaal des Wilhelmsbau des Schlosses (Zeichnung von 1870)

Abb. 10. Der gotische Fürstensaal im nördlichen Saalbau des Schlosses

und 7,5 Meter Höhe alle damaligen landesherrlichen Schlossanlagen im Reiche übertraf und fast schon die Ausmaße königlicher Pfalzen erreichte, sind ein deutlicher Ausdruck des fürstlichen Selbstbewusstseins der ersten hessischen Landgrafen: sie hatten zwar Titel und Wappen von den Thüringer Landgrafen übernommen, stammten aber als Nachkommen der Herzöge von Brabant aus königlichem Geblüt und konnten ihre Herkunft über die Lothringer Herzöge bis auf Kaiser Karl den Großen zurückführen.

Obwohl Landgraf Heinrich I. zur gleichen Zeit, um 1277, auch in Kassel, am anderen Ende seines Herrschaftsbereichs, ein festes Schloss errichten ließ, in dem er sich schließlich sogar häufiger aufhielt als in Marburg, hat Marburg doch unter ihm und seinen Nachfolgern seine Residenzfunktion bewahrt. Bei den mehrfachen Landesteilungen in den folgenden Generationen war es der Fürstensitz des Oberfürstentums oder, wie es später genannt wurde, Oberhessens: so unter Heinrich III. und seinem Sohn Wilhelm III. von 1458 bis 1500 und dann erneut nach der Landesteilung unter den Söhnen Landgraf Philipps des Großmütigen 1567 für Ludwig IV.

Durch die Landgrafen des 15. und 16. Jahrhunderts hat das Schloss auf dem Berge die Gestalt erhalten, in der es sich heute dem Blick aus dem Tal darbietet. Wilhelm III. brauchte sich nicht mit Um- oder Einbauten in der Alten Residenz zu begnügen; durch die reichlich fließenden Barmittel aus dem katzenelnbogischen Erbe seiner Mutter Anna war er in der Lage, durch Hans Jakob von Ettlingen, einen der besten Baumeister seiner Zeit, unmittelbar vor dem alten Schloss, fast auf der Kante des steil zur Stadt abfallenden Felsens, einen modernen und großzügigen Bau errichten zu lassen. Der neue Bau, später „Wilhelmsbau" genannt, bot mit seinen drei Hauptgeschossen, einem Untergeschoss und einem geräumigen Dachgeschoss fast die gleiche Nutzfläche wie die alte Residenz und erreicht etwa die Höhe des Saalbaus. Wilhelms Großneffe Ludwig IV. verfügte als Teilherrscher der viergeteilten Landgrafschaft über bescheidenere Mittel; durch die Neugestaltung des großen Saales und den Anbau der Rentkammer am Südflügel mit dem weithin sichtbaren Renaissance-Giebel und der großen Kunstuhr hat jedoch auch er wesentlich zum heutigen Aussehen des Schlosses beigetragen.

Abb. 11. Landgraf Philipp der Großmütige (Ölbild, wohl von Hans Krell nach Lucas Cranach, 1534/1560)

Abb. 12. Wappenstein von 1493 über dem Eingang zum Wilhelmsbau (darüber Landgraf Wilhelm III. und seine Mutter Anna von Katzenelnbogen)

Vom Schloss zur Festung

Nach dem Tode Ludwigs IV. 1604 wurde Oberhessen zum Zankapfel zwischen der älteren Kasseler und der jüngeren Darmstädter Linie. Marburg hat dabei seine Residenzfunktion auf Dauer eingebüßt. Die Darmstädter Landgrafen Ludwig V. und Georg II., die Oberhessen von 1623 bis 1648 de iure innehatten, haben zwar noch

Abb. 13. Landgraf Ludwig IV. von Hessen-Marburg

mehrfach auf dem Schloss Wohnung genommen; aber in den Jahren des Dreißigjährigen Krieges hat es sich endgültig vom Fürstensitz in eine vorwiegend militärisch genutzte Anlage verwandelt. Gewiss, Festungscharakter hat das Schloss von Anfang an gehabt, und jede Generation hat die Befestigungen ergänzt und erneuert: so Heinrich III. und Wilhelm III. mit der Errichtung eines mächtigen Geschützturms an der Nordwestflanke (heute der Hexenturm) und Landgraf Philipp mit der Anlage der Bastion an der Stadtseite. Aber das Schloss war doch in erster Linie eine Stätte fürstlicher Wohnkultur, und eine ernste Probe seiner Verteidigungsfähigkeit hatte es bis zum Dreißigjährigen Kriege nicht bestehen müssen. Die neue Waffen- und Verteidigungstechnik kündigte sich schon unter Landgraf Moritz an, der Oberhessen mit Marburg 1604 zunächst in seinen Besitz gebracht hatte. Zu Beginn des großen Krieges, um 1620, ließ er durch seinen Kartographen und Bauzeichner Wilhelm Dilich Pläne für die Umgestaltung Marburgs zu einer modernen Festungsstadt ausarbeiten. Das Schloss erscheint darin als Zitadelle des nach dem System des Straßburger Festungsbaumeisters

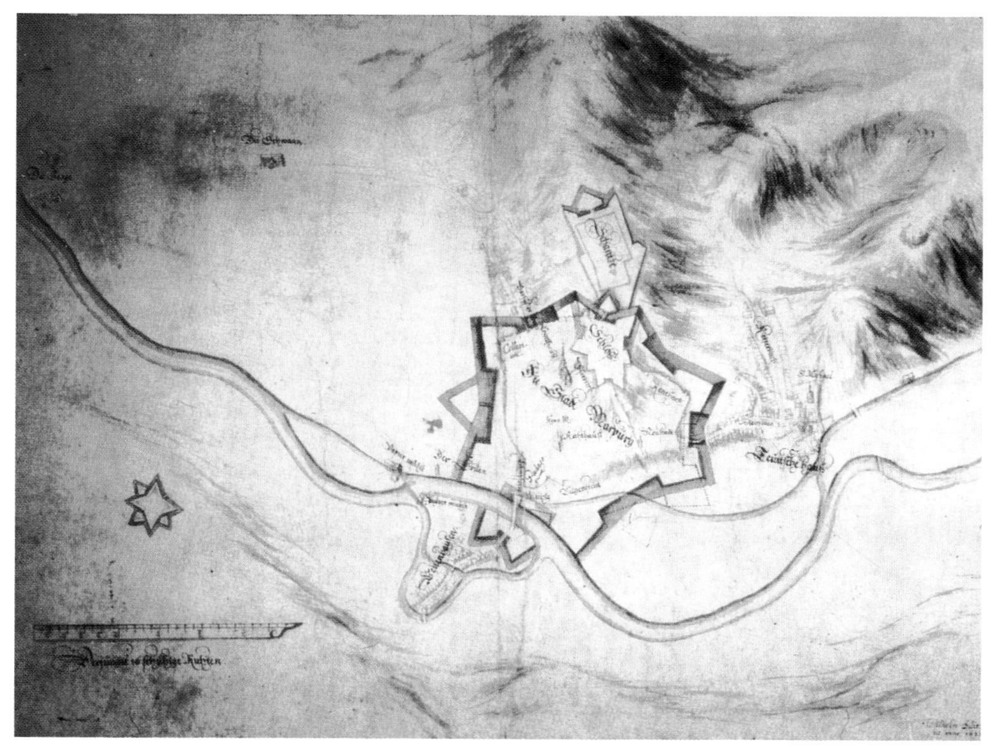

Abb. 14. Plan zur Befestigung Marburgs von Wilhelm Dilich (1621)

Daniel Specklin angelegten festen Platzes. Diese Pläne sind nur in Ansätzen, vor allem im Schlossbereich selbst, ausgeführt worden. Als in der Schlussphase des Krieges, im sogenannten „Hessenkrieg“ ab 1645, Schloss und Stadt umkämpft wurden und mehrmals den Besitzer wechselten, waren es aber immer noch die alten Mauern und Bastionen, die die Beschießung aushalten mussten. Noch 1687 waren Teile der Schlossanlage „durch das Kanonieren sehr beschädigt“.

In den Jahren nach dem Westfälischen Frieden, der Marburg mit seiner Universität endgültig an die Kasseler Linie zurückgegeben hatte, wurde das Schloss (nicht die Stadt) zu einer neuzeitlichen Festung mit Kasematten, Tenaillen und Ravelins ausgebaut. Unter Landgraf Karl hatten sich die Festungswerke schließlich über das ganze Plateau des Schlossberges in einem Umfang von rund 1000 mal 400 Meter ausgedehnt. Die eigentlichen Schlossgebäude blieben zwar von einer militärischen Belegung frei; der Gouverneur der Garnison sass im Kommandantenhaus, der alten Schmiede; die Mannschaften waren in Baracken auf dem westlichen Vorplatz untergebracht. Aber für fürstliche Wohnzwecke war das alte, in seiner Raumaufteilung auch veraltete, vernachlässigte und schlecht ausgestattete Bauwerk kaum noch zu gebrauchen. Als Landgraf Friedrich I., seit 1720 König in Schweden, nach seinem Regierungsantritt in Hessen 1730 auf seiner Huldigungsreise nach Marburg kam, musste man bei der Vorbereitung des Besuchs den beklagenswerten und eigentlich nicht mehr zumutbaren äußeren und inneren Zustand des Schlosses feststellen. Seine Nachfolger Wilhelm VIII., Friedrich II. und Wilhelm IX. haben dann auch nicht mehr auf dem Schloss Quartier genommen, sondern sind lieber unten in der Stadt in dem 1744 neu errichteten, modern und großzügig angelegten Gasthof „Zum Weißen Ross“, dem späteren Fürstenhaus, abgestiegen.

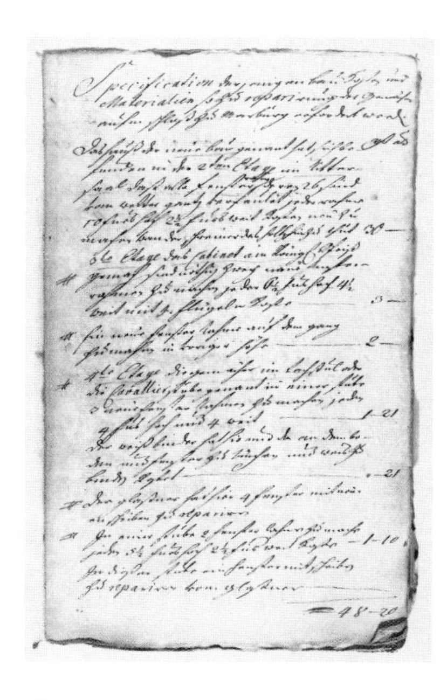

Abb. 15. „Specification“ von 1731 über die zur baulichen Instandsetzung des Wilhelmsbaus erforderlichen Kosten (aus Akten des Marburger Staatsarchivs)

Der Siebenjährige Krieg (1756-1763) brachte neue Gefährdungen für das Schloss. Es wurde gleich zu Anfang von den Franzosen besetzt und musste wiederholte Beschießungen aushalten. Dabei zeigte sich, dass auch die modernisierten Festungswerke der fortentwickelten Artillerie nicht mehr gewachsen war. Bei Schussweiten von über 1000 Metern konnte das gesamte Schlossgelände von höher gelegenen Punkten, dem Dammelsberg und der Kirchspitze aus, bestrichen werden. Einschusslöcher von der Beschießung 1759 sind noch heute im Mauerwerk des Nordflügels zu erkennen. Nach dem Kriege wurden Pläne zu einer Wiederherstellung der Befestigungen bald aufgegeben; ab Beginn der siebziger Jahre wurden die Werke niedergelegt. Das Schlossgelände beherbergte weiter eine kleine Garnison, aber wie die ganze Anlage künftig genutzt werden sollte, blieb offen. Einige Räume wurden an Standespersonen als Wohnung überlassen oder an öffentliche Institutionen wie den Hessischen Löwenorden oder die Naturforschende Gesellschaft überwiesen, die mit eigenen Mitteln das Not-

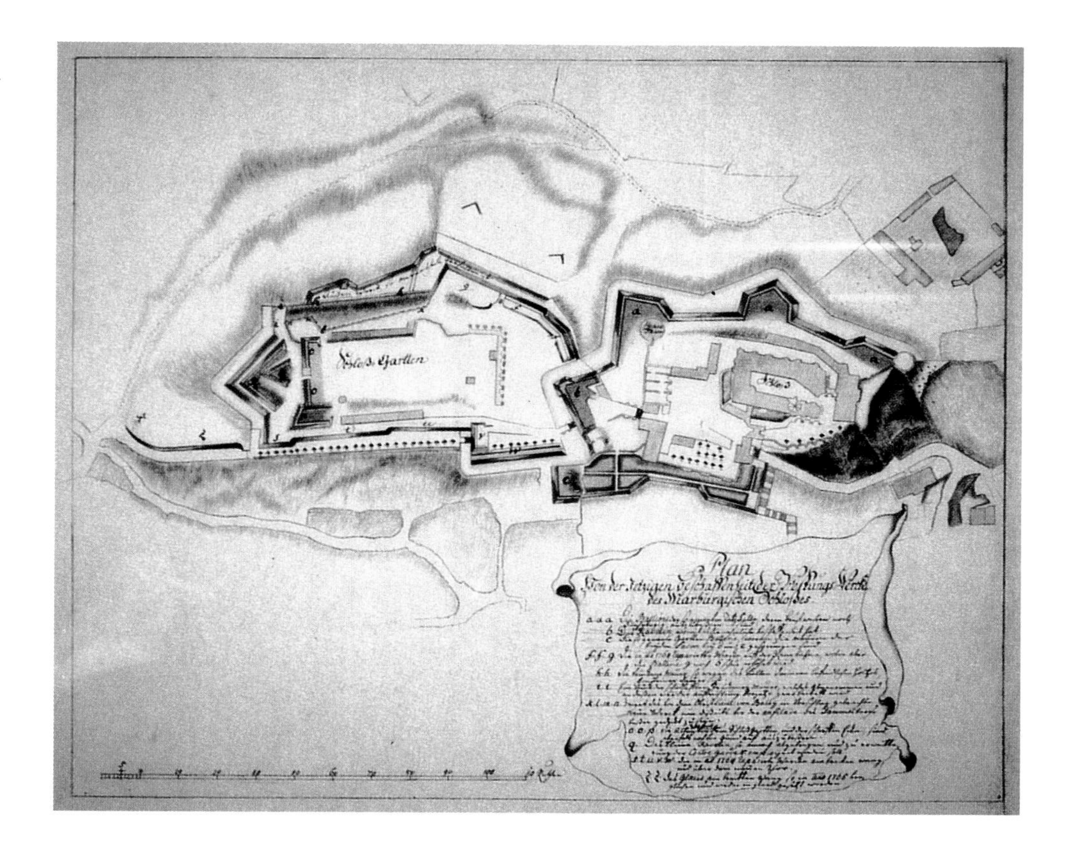

Abb. 16. Plan der Festungswerke um das Marburger Schloss nach dem Siebenjährigen Krieg (1766)

wendigste für die Instandhaltung unternahmen. Man hat Landgraf Friedrich II. kritisiert, weil er erhebliche Summen für die Bauten seiner Residenz Kassel aufgewendet und das Land darüber vernachlässigt habe, und in der Tat ist weder unter ihm noch unter seinem Nachfolger viel für die Bauunterhaltung, geschweige denn für größere Baumaßnahmen am Marburger Schloss getan worden, das dem schleichenden Verfall preisgegeben war.

Unter König Jérôme: Zuchthaus für Räuber und Staatsfeinde

Den Tiefpunkt brachten die Jahre der französischen Besetzung 1806 bis 1813. Auf dem Schloss lag wieder eine französische Garnison. Als sie bei der Insurrektion des

Obersten Emmerich im Sommer 1809 überwältigt wurde, war das Schloss für 24 Stunden in der Hand der Aufständischen. Danach ließen die Franzosen die letzten erhaltenen Befestigungen sprengen, was nicht ohne neue Beschädigungen abging. Noch im selben Jahr richtete die westfälische Regierung hier ein Zuchthaus ein, in dem nicht nur die kleinen Missetäter aus der Region, sondern auch die Anführer der großen Räuberbanden aus dem Rhein-Main-Gebiet, der Brabanter Claus, der Kölnische Wilhelm und der berüchtigte Hampel Holmich einsaßen. Auch Teilnehmer an den Aufständen des Jahres 1809, darunter die elf Schillschen Offiziere auf dem Transport zur Erschießung in Wesel, waren hier untergebracht. 1813 schließlich dienten die Säle des Schlosses den aus dem Osten zurückflutenden Truppen als Massenlazarett, aus dem kaum die Hälfte der dort Liegenden lebend herauskam. Am Nordabhang des Schlosses, auf der Tierwiese, dehnten sich die Massengräber aus.

Nach 1813 wusste die kurhessische Regierung mit dem schadhaften und vom Lazarettfieber verseuchten Gemäuer, dessen Sanierung Millionen verschlungen hätte, nichts weiter anzufangen, als dass es das Zuchthaus darin beließ und noch erweiterte. Der stolze Wilhelmsbau trug jetzt den Namen „Stockhaus“; der große Festsaal im Nordflügel, für den bald die Bezeichnung „Rittersaal“ aufkam, hieß der Mehlsaal, weil dort das Mehlmagazin untergebracht war, und als Schlossgarnison genügte zeitweise eine Invalidenkompanie.

Abb. 17. Sogen. „Bettina-Turm“ der Stadtmauer, der mit der Erinnerung an die Marburger Romantiker verknüpft wird

Das von der Romantik neuentdeckte Schloss wird Staatsarchiv

Schon um die Mitte des 19. Jahrhunderts setzte eine Gegenbewegung ein. Die Romantik, in Marburg mit den Namen der Grimms, Savignys und Bettinas von Arnim verbunden, entdeckte in dem immer noch eindrucksvollen Bau in beherrschender Lage über der Stadt ein hervorragendes Zeugnis deutscher und hessischer Geschichte und Architektur. Es kamen reisende Fremde, die die Schlosskapelle und den Rittersaal sehen wollten, und in der Öffentlichkeit wurde gefordert, „das ehrwürdige Residenzschloss ... in einer würdigeren Weise zu verwenden als bislang geschehen“. Das 1834 von Minister Ludwig Hassenpflug betriebene Projekt, die Universität im Schlosse unterzubringen, scheiterte am Widerstand der Professoren, die wenig Neigung dafür zeigten, ihre Lehrveranstaltungen und womöglich auch ihre Wohnungen auf den mitunter doch recht beschwerlich zu erreichenden Schlossberg zu verlegen. Immerhin wurde später das Innere des Schlosses auch über die reinen Strafanstaltszwecke einigermaßen hergerichtet und Geschichts- und Altertumsfreunden und kunstsinnigen Fremden zur Besichtigung freigegeben. Entscheidendes jedoch geschah nicht, und

Abb. 18. Staatsarchiv im Schloss: Blick in die Archivbibliothek (um 1930)

beim Übergang an Preußen befand sich das Schloss in einer schlimmeren Verfassung als je zuvor. Wie 1866 eine Baukommission feststellte, war es bei dem „vielfach ruinösen äußeren Zustand der Bauteile" nicht einmal mehr als Strafanstalt zu verwenden.

Als 1867 das Zuchthaus nach Kassel verlegt wurde, blieb die weitere Nutzung des Schlosses zunächst ungewiss. Ein Jahr später war jedoch eine Lösung gefunden: In den weitläufigen Sälen des Schlosses sollten die bisher in Kassel nur unzulänglich untergebrachten kurhessischen Archive samt den bisherigen Archivdepots in Fulda, Hanau und Schaumburg zentralisiert werden. Außerdem sollte – Raum schien genug vorhanden – eine Schausammlung hessischer Altertümer, also ein Geschichtsmuseum, eingerichtet werden. Was zunächst im Grunde nicht mehr als eine Verlegenheitslösung war, erwies sich als Glücksfall. Mit den für die Unterbringung des Archivs (ab 1870) erforderlichen Instandsetzungsmaßnahmen war die Bausubstanz des Schlosses gesichert. Zugleich begann unter der Leitung des Architekten Carl Schäfer die Restaurierung des Baudenkmals. Hierbei ist es zu einigen, auch von der Kritik heftig getadelten Missgriffen gekommen, die später zum Teil wieder beseitigt wurden: so der Einbau eines neuen Treppenturms im Schlosshof, die neue Ausmalung des Festsaals und der Schlosskapelle oder die Zerstörung der ursprünglichen Raumaufteilung im Wilhelmsbau zwecks Schaffung großer Archivsäle.

Trotz allem bleibt festzuhalten: Mit dem Einzug des Archivs hatte das Schloss wieder eine sinnvolle und, wie es auch die öffentliche Meinung des annektierten Landes empfand, der Vergangenheit des Bauwerks würdige Bestimmung gefunden und war im Ganzen als Baudenkmal gerettet. Das ursprünglich mitgeplante Museum für hessische Geschichte ist über Ansätze nicht hinausgekommen; im Untergeschoss des Nordflügels wurde die Altertümersammlung des Hessischen Geschichtsvereins mehr schlecht als recht untergebracht. Aber das Staatsarchiv ist in den Folgejahrzehnten tatsächlich zur zentralen Sammelstätte für die schriftliche Überlieferung des Landes geworden. Das war vor allem der rastlosen Tätigkeit des Archivdirektors Gustav Könnecke (1872-1912 im Dienst) zu verdanken, der in relativ kurzer Zeit, noch in den siebziger Jahren, die bisher im Lande verstreuten Behördenarchive hereinnahm, dazu auch das waldeckische Landesarchiv und als Deposita zahlreiche hessische Adelsarchive; er hat auch die Rückgabe der 1866 von Preußen beschlagnahmten „Beuteakten" eingeleitet. Binnen kurzer Zeit galt Marburg, wie gleichsam amtlich festgestellt wurde, als „das größte und wertvollste Archiv Preußens" nächst dem Geheimen Staatsarchiv in Berlin. Die rasch steigenden Benutzerzahlen zeigten, dass es zu einer wichtigen Stätte der landesgeschichtlichen und der historischen Forschung allgemein geworden war, wobei die Nähe zur Universität und die sich daraus entwickelnde Zusammenarbeit nicht wenig beigetragen haben

Das Archiv im Schloss zog aber nicht nur die gelehrte Forschung, Professoren und Studenten, und in wachsendem Maße Orts- und Familienforscher, sondern, da Könnecke eine recht modern anmutende Öffentlichkeitsarbeit mit Zimelienausstellungen, Führungen und Geschichtsunterricht für Gymnasialklassen im Archiv betrieb, auch weitere Kreise an. Für den Besucher Marburgs wurde die Besichtigung von Schloss und Archiv ein fester Programmpunkt. Auch Personen von Rang und Würde ließen sich gern das Schloss und die dort verwahrten archivalischen Schätze zeigen: Kronprinz Friedrich Wilhelm, der spätere Kaiser Friedrich III., war mit seiner Familie schon im Herbst 1871 hier gewesen; die preußischen Kultusminister Falk und Gossler wurden im Rittersaal begrüßt; es kamen der Großherzog von Mecklenburg, der Zentrumsabgeordnete Reichensperger und Angehörige des depossedierten Hauses Hessen, die das Archiv nicht nur besichtigen, sondern auch in seinen Beständen arbeiten wollten – was bei der Generaldirektion der preußischen Archive in Berlin etwas Misstrauen verursachte. Welchen Ruf das Marburger Archiv gewonnen hatte, zeigt auch der allerdings nicht verwirklichte Plan des Prinzenerziehers Geheimrat Hinzpeter, seinen Zögling Prinz Wilhelm, den späteren Kaiser Wilhelm II., nach dem Abitur in Kassel 1877 einige Monate im Staatsarchiv Marburg volontieren zu lassen.

In den Köpfen der Zeitgenossen sind damals Schloss und Archiv zu einem einheitlichen Begriff geworden. Diese Identität sollte sich jedoch früher wieder auflösen, als man erwarten konnte. Schon vor 1900 waren die beim Einzug des Archivs unerschöpflich erscheinenden Säle des Schlosses überbelegt. Zudem beharrte der Hessische Geschichtsverein auf seinem alten Anspruch, im Schloss ein Museum der hessischen Geschichte einzurichten, und die Staatsbauverwaltung, gedrängt von den Kunsthistorikern und der jetzt auf den Plan tretenden amtlichen Denkmalpflege, verlangte Restaurierungsmaßnahmen, die mit der weiteren Nutzung der Räume für Archivzwecke schwer zu vereinbaren waren.

Abb. 19. Äthiopisches Handkreuz des 19. Jahrhunderts (aus der 1927-1984 im Schloss untergebrachten Religionskundlichen Sammlung)

Religionskundliche Sammlung und Stipendiatenanstalt

Pläne für einen Um- und Ausbau des Archivs im Schloss sind vor 1914 schon erörtert worden; endgültig ad acta gelegt wurden sie jedoch in den zwanziger Jahren, nachdem man sich in Berlin für einen Archivneubau unten im Tal entschieden hatte. Nun stand das Schloss für eine museale Nutzung zur Verfügung. Aber es waren nicht die Sammlungen des Geschichtsvereins, die sich jetzt ausbreiten konnten – sie wurden in den 1927 zum Universitätsjubiläum errichteten Museumsbau übernommen. Stattdessen sollte das altehrwürdige Landgrafenschloss eine „Sammlungs- und Forschungsstätte

Abb. 20. Plakat der Ausstellung Hessen-Thüringen (1992)

Abb. 21/22. Sanierungsarbeiten 1991/1993: Grabung unter dem Westflügel des Schlosses mit dem freigelegten Wohnturm aus dem 9./10. Jh. - Restaurierungsarbeiten im Unteren Westsaal

für heimische und fremde Heiligtümer" werden und die – noch zusammenzutragende – Sammlung des Marburger Theologen Rudolf Otto und seines Nachfolgers Heinrich Frick aufnehmen. Krieg und Nachkriegszeit haben die Ausführung dieses „Marburger Schlossplanes" weitgehend verhindert. Nur ein Raum im mittleren Geschoss des Südflügels wurde 1946 mit den vorhandenen Stücken der Sammlung belegt; exotische Fetische, Totempfähle und Zaubermasken bildeten einen seltsamen Kontrast zur benachbarten gotischen Schlosskapelle.

Nach dem Auszug des Archivs 1938 war das Schloss in die Verwaltung der Universität übergegangen. In den folgenden unruhigen Jahren ließ sich eine einheitliche Nutzungskonzeption, eben der „Schlossplan", nicht mehr durchhalten; der Kriegsausbruch setzte andere Prioritäten. Zunächst kehrte das Archiv zurück: ein Teil seiner Bestände wurde 1940 wegen der Luftkriegsgefahr aus dem neuen Gebäude im Tal in die festeren Mauern des Schlosses auf dem Berge zurückverlagert; belegt wurden das Untergeschoss des Saalbaus und der Wilhelmsbau. Auch Teile der Universitätsbibliothek wurden hier untergebracht. Kommandantenhaus und Marstall wurden im Rahmen von Kriegsbewirtschaftungsmaßnahmen beschlagnahmt und beherbergten nacheinander Saar-Evakuierte, Wehrmachtsdienststellen, eine Schar kriegsdienstverpflichteter Mädchen, die Büroräume der Hitler-Jugend und schließlich Bombengeschädigte und Flüchtlinge. Nach 1945 sollte der Marstall als repräsentative Wohnung für den US-Kulturoffizier von Hessen hergerichtet werden; tatsächlich zog hier 1946 die Hessische Stipendiatenanstalt ein, eine Gründung des Landgrafen Philipp aus dem Jahre 1539 zur Förderung begabter Theologiestudenten, die nun an der Geburtsstätte ihres

Schirmherrn dauerndes Wohnrecht erhielten. Die Schlosskapelle, der Rittersaal und der „Obere Südsaal", in dem 1529 das Religionsgespräch zwischen Luther und Zwingli stattgefunden haben soll, konnten der Öffentlichkeit wieder zugänglich gemacht werden. Eine umfassende Lösung für den ganzen Schlosskomplex blieb jedoch weiterhin blockiert, da 1949 die während des Krieges nach Westdeutschland ausgelagerten Bestände der Preußischen Staatsbibliothek zu Berlin in Marburg konzentriert wurden. Der ganze Wilhelmsbau und das Untergeschoss des Nordflügels dienten der „Westdeutschen Bibliothek", wie sie jetzt hieß, als Magazinräume für Bücher und Karten.

Neubelebung als lebendiges Denkmal hessischer Geschichte

Erst 1978, als die Staatsbibliothek wieder nach Berlin zurückkehren konnte, war die Nachkriegszeit für das Schloss beendet. Nun konnte die große Gesamtlösung verwirklicht werden, und die ging auf museale und repräsentative Nutzung. Schon 1981 wurde in den fünf Sälen des Wilhelmsbaus das Universitätsmuseum für Kulturgeschichte eröffnet, das nunmehr hier seine Sammlungen zur hessischen Vor- und Frühgeschichte, zur kirchlichen Kunst, zur Landesherrschaft, zur städtischen Kultur und zur hessischen Volkskunde zeigt. Die religionsgeschichtliche Sammlung zog aus, und die drei Hauptflügel des Kernschlosses wurden durchgehend restauriert, wobei unter dem Westbau die eingangs erwähnten Mauerreste zum Vorschein kamen. Der Rittersaal, für den sich jetzt die Bezeichnung „Fürstensaal" einbürgerte, erhielt an der Stelle der alten Geschosse des Leutehauses bzw. des Küchenbaus einen völlig neu gestalteten Eingangsbereich mit großem Foyer, breiter Treppe und Fahrstuhl. In Anknüpfung an die 1992 im Schloss gezeigte Ausstellung „Hessen und Thüringen. Von den Anfängen bis zur Reformation" wird in West- und Südsaal eine Dauerausstellung zur hessischen Geschichte aufgebaut. Der Fürstensaal wird nun für Empfänge, wissenschaftliche Kolloquien, Theater- und Konzertveranstaltungen und festliche Ereignisse genutzt. So ist das Schloss schließlich doch zu dem geworden, was schon 1866, als man anfing, sich über seine dauernde Nutzung Gedanken zu machen, anvisiert wurde: in seinem Äußeren und Inneren ein Denkmal der hessischen Geschichte, dazu eine lebendige Stätte der Begegnung und wieder, wie zu den Zeiten der Landgrafen im 15. und 16. Jahrhundert, ein Ort für Feste und Feiern.

Literaturhinweise:

Karl Justi, Das Marburger Schloß (=Veröff. der Historischen Kommission für Hessen und Waldeck XXI), Marburg 1942. – Immer noch das grundlegende Werk zur Bau- und Nutzungsgeschichte des Schlosses, trotz der inzwischen notwendigen Korrekturen in Einzelheiten; verarbeitet ist darin das in langjähriger Forschungsarbeit durch den Marburger Archivdirektor Friedrich Küch zusammengetragene Material.

Elmar Brohl, Die Festung Marburg. In: Jahrbuch 1988 der Marburger Geographischen Gesellschaft, Marburg 1989.

Dieter Grossmann, Das Schloß zu Marburg an der Lahn (= Große Baudenkmäler 366), München/Berlin 1994.

Georg Ulrich Grossmann, Schloß Marburg (= Burgen, Schlösser und Wehrbauten in Mitteleuropa 3), Regensburg 1999.

Walter Heinemeyer, Das Marburger Landgrafenschloß und die Wartburg – Marburg und Eisenbach. In: Hessen und Thüringen, Katalog der Ausstellung, Marburg 1992, S. 39-46.

Christa Meiborg, Vom wehrhaften Saalgeschoßhaus zur Landgrafenresidenz. Die archäologischen Untersuchungen im Marburger Landgrafenschloß im Rahmen der Sanierungsarbeiten 1978-1993. In: Denkmalpflege in Hessen 2/1993, S. 10-15.

Werner Meyer-Barkhausen, Marburg an der Lahn, 4. Auflage, bearb. von Dieter Grossmann, München 1969.

Gerd Strickhausen, Burgen der Ludowinger in Thüringen, Hessen und im Rheinland (= Quellen und Forschungen zur hess. Geschichte 109), Darmstadt/Marburg 1998.

Fritz Wolff, Das Hessische Staatsarchiv in Marburg. 100 Jahre seiner Geschichte. In: Hess. Jahrbuch für Landesgeschichte 27, 1977, S. 135-160.

Micha Röhring

Die Residenzstadt Kassel und ihre Schätze

Die Sammlungen der Staatlichen Museen Kassel reichen in ihrem Kern zurück auf die Schatzkammern und Kunstsammlungen der hessischen Landgrafen, auch wenn heute zahlreiche weitere Traditionen und Überlieferungsstränge hinzugekommen sind. Der Besucher findet in den sechs Häusern – in Kassel sind dies Schloss Wilhelmshöhe, das Hessische Landesmuseum, die Torwache am Hessischen Landesmuseum, die Neue Galerie und die Orangerie, außerdem noch Schloss Friedrichstein in Bad Wildungen – neun national und international bedeutende Abteilungen. Aus den früheren fürstlichen Kunst- und Wunderkammern sind hervorgegangen: die Abteilung Kunsthandwerk und Plastik, das Museum für Astronomie und Technikgeschichte, die Graphische Sammlung, die Antikensammlung, die Neue Galerie und die Gemäldegalerie Alte Meister. Die Anfänge einer Beschäftigung mit der Ur- und Frühgeschichte lassen sich ebenfalls bereits im 18. Jahrhundert ausmachen. Jüngeren Ursprungs und aus einer anderen Tradition entsprungen sind nur die Sammlung für Volkskunde und das Deutsche Tapetenmuseum.

Abb. 23. Blick auf Schloss Wilhelmshöhe mit dem Herkules

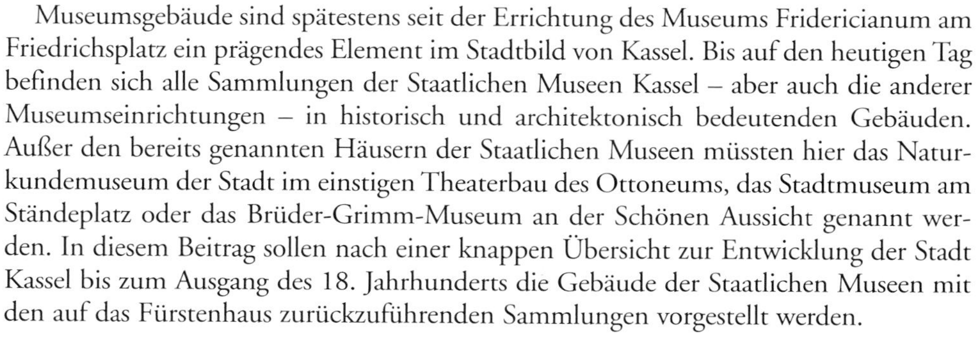

Museumsgebäude sind spätestens seit der Errichtung des Museums Fridericianum am Friedrichsplatz ein prägendes Element im Stadtbild von Kassel. Bis auf den heutigen Tag befinden sich alle Sammlungen der Staatlichen Museen Kassel – aber auch die anderer Museumseinrichtungen – in historisch und architektonisch bedeutenden Gebäuden. Außer den bereits genannten Häusern der Staatlichen Museen müssten hier das Naturkundemuseum der Stadt im einstigen Theaterbau des Ottoneums, das Stadtmuseum am Ständeplatz oder das Brüder-Grimm-Museum an der Schönen Aussicht genannt werden. In diesem Beitrag sollen nach einer knappen Übersicht zur Entwicklung der Stadt Kassel bis zum Ausgang des 18. Jahrhunderts die Gebäude der Staatlichen Museen mit den auf das Fürstenhaus zurückzuführenden Sammlungen vorgestellt werden.

Kassels Weg zur Residenzstadt

In zwei königlichen Urkunden aus dem Jahr 913 wird Kassel erstmals erwähnt. Um den späteren Altmarkt herum entwickelte sich die Kernsiedlung. Unter den Landgrafen von Thüringen wurde Kassel im Laufe des 12. Jahrhunderts zur Stadt. Als der Mannesstamm der Ludowinger 1247 ausstarb, konnte Herzogin Sophie von Brabant, die Tochter der Heiligen Elisabeth, das „Land zu Hessen“ für ihren Sohn, den späteren Landgrafen Heinrich I. von Hessen sichern, der sich um 1277 neben dem Stammsitz Marburg eine zweite, zeitweilig sogar bevorzugt genutzte Residenz in Kassel einrichtete. Unter seiner Herrschaft kam es zu einer ersten Erweiterung des Stadtgebiets: Die Altstadt wurde durch eine Brücke über die Fulda mit der neugegründeten Unterneustadt verbunden. Ab 1330 wurde unter Landgraf Heinrich II. westlich der Altstadt die sogenannte „Freiheit“ angelegt. Wiederholte Versuche des städtischen Patriziats, sich eine stärkere Unabhängigkeit zu erstreiten, blieben ohne Erfolg. Landgraf Hermann konnte die Rechte der Landesherrschaft zu Ausgang des 14. Jahrhunderts endgültig sichern.

Landgraf Philipp der Großmütige ließ die Residenzstadt zur Unterstützung seiner politischen Ambitionen ab 1523 mit starken Befestigungsanlagen versehen, die allerdings nach seiner Gefangensetzung im Schmalkaldischen Krieg 1547 zunächst wieder geschleift werden mussten. Unter Philipps ältestem Sohn Wilhelm IV., der mit der Teilung des Landes Landgraf von Hessen-Kassel wurde, erhielt die Stadt neue Fe-

Abb. 24. Landgraf Philipp in dem für ihn und seine Gemahlin Christine errichteten Grabmahl von Elias Godefroy aus Cambrai in der Kasseler Stiftskirche St. Martin

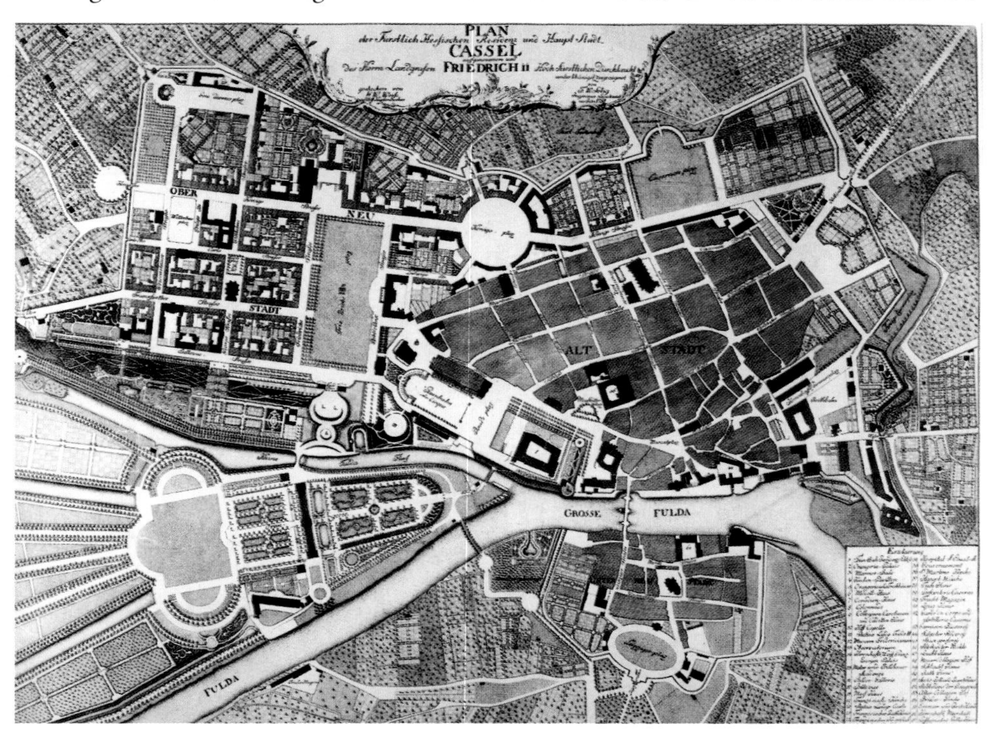

Abb. 25. Stadtplan von Kassel 1781 (Kupferstich von F. W. Selig / G. W. Weise, Ausschnitt)

Abb. 26. Schauseite des Museum Fridericianum (Kupferstich von G. W. Weise nach Zeichnung des Architekten S. L. Du Ry, 1784)
Abb. 27. Landgraf Friedrich II. von Hessen-Kassel (Büste von T. Sergel, 1777)

stungsanlagen, die in der Folgezeit so stark ausgebaut wurden, dass die Stadt im 30jährigen Krieg nicht eingenommen werden konnte. Der Nachteil des Befestigungsrings war freilich, dass sie das Wachstum der Stadt sehr einengten. Landgraf Karl ließ für die 1685 von ihm ins Land gerufenen französischen Hugenotten südlich vor den Wallanlagen eine neue „Oberneustadt" errichten. Im Siebenjährigen Krieg zeigte die Einnahme Kassels durch französische Truppen die Nutzlosigkeit der Anlagen gegenüber modernen Waffen. Landgraf Friedrich II. zog die Konsequenzen und ließ die hinderlichen Wälle 1767 einebnen. Erst jetzt konnte die Stadt mit Königsplatz, Friedrichsplatz und Königsstraße ihren bis heute bestimmenden Grundriss erhalten. Mit diesen Erweiterungen und dem Ausgreifen in die an die Stadt angrenzenden Flächen der Karlsaue und der Hänge des Habichtswaldes konnte sich die moderne Residenzstadt des 18. Jahrhunderts entwickeln.

Der Bau des Museum Fridericianum

Landgraf Friedrich II. schuf mit dem Bau des Museum Fridericianum 1779 das erste öffentliche Museum auf dem europäischen Kontinent und leitete damit den Übergang von den älteren fürstlichen Kunstkammern zur modernen öffentlichen Sammlung ein.

Er beauftragte den aus einer Hugenottenfamilie stammenden Architekten Simon Louis du Ry, an dem neuen repräsentativen Platz einen Museumsbau zu errichten, der in seiner Pracht und Größe einem Palast gleichkommt. Am gleichen Platz lagen das Theater, das Ständehaus und die unscheinbare, für den zum katholischen Glauben konvertierten Landgrafen errichtete katholische Kirche. Von allen diesen Gebäuden hat sich bis heute nur das Museum erhalten.

Nach außen präsentiert sich das Gebäude als klassizistischer Tempel des Wissens und der Aufklärung. Im Inneren wurde es nach den damaligen wissenschaftlichen Bedürfnissen in sieben Abteilungen geordnet: Bibliothek, Manuskript- und Graphiksammlung, Kunstkammer, Waffensammlung, naturhistorische Objekte und ein astronomisch-physikalisches Kabinett mit der Sternwarte auf dem Zwehrenturm, einem in das Gebäude integrierten Turm der alten Stadtbefestigung. Die Sammlungen wurden von vier Wissenschaftlern betreut. Auch wenn das Gebäude in Architektur und Idee der klassischen Antike verpflichtet ist, hat sein fürstlicher Gründer auch die deutsche Geschichte nicht vernachlässigt. Er regte die Sammlung frühgeschichtlicher Funde ebenso an wie die Sicherung von Objekten des Mittelalters und der hessischen Geschichte. Spätere Bibliotheks-, Museums- und Galeriegebäude schufen zwar die Flächen, um die gewachsenen Sammlungen angemessener und vollständiger zu präsentieren, als es im Museum Fridericianum möglich gewesen wäre. Seine zentrale Bedeutung für den Museumsstandort Kassel und seine hervorgehobene Stellung für die Kultur der Aufklärung in Hessen-Kassel bleiben davon aber unberührt.

Abb. 28. Automatischer Himmelsglobus „Kassel I" von Jost Bürgi (Kassel um 1582/86; Staatl. Museen Kassel/Museum für Astronomie und Technikgeschichte)

Abb. 29. Tafelaufsatz von Melchior Gelb (um 1652/53; Staatl. Museen Kassel/Sammlung Kunsthandwerk und Plastik))

Die Sammlungen der Staatlichen Museen Kassel

Unter den heutigen neun Sammlungen, auf die sich die Bestände der Staatlichen Museen Kassel aufteilen, sind es vor allem sechs, die in ihrer Entstehung auf die Sammeltätigkeit und Kunstförderung des hessischen Fürstenhauses zurückgehen: die Antikensammlung, die Gemäldegalerie, die Neue Galerie, die Abteilung für Kunsthandwerk und Plastik, das Museum für Astronomie und Technikgeschichte und die Graphische Sammlung. Ihre teilweise gemeinsamen Wurzeln reichen zurück bis ins 16. Jahrhundert, für das sich erste, systematische Bemühungen um den Besitz und Erwerb von Kunstgut nachweisen lassen, auch wenn es Einzelstücke, etwa aus dem 1479 angefallenen Erbe der Grafen von Katzenelnbogen gibt, die noch weiter zurückreichen. Das Kupferstichkabinett wurde als eigenständige Museumssammlung zwar erst 1931 begründet, geht aber in seinem Kernbestand – und das gilt letztlich für alle Abteilungen – auf die Erwerbungen der hessischen Landgrafen zurück. Die Kunstschätze der

Sammlungen waren im Laufe ihrer Geschichte in wechselnden Gebäuden der Residenzstadt Kassel untergebracht. Von den heutigen Museumsstandorten aus soll ihre Geschichte verfolgt werden.

Schloss Wilhelmshöhe

Im Schloss Wilhelmshöhe, dessen Ausstellungsräume im Mittelbau sich seit Sommer 2000 in neugestalteter Form der Öffentlichkeit präsentieren, befinden sich die Antikensammlung, die Gemäldegalerie Alte Meister und die Graphische Sammlung. Das Schloss selbst entstand unter Landgraf Wilhelm IX., dem späteren Kurfürsten Wilhelm I. von Hessen, der ab 1785 in Kassel regierte. Zusammen mit dem englischen Landschaftsgarten bildete es den großartigen Abschluss der seit dem Beginn des 17. Jahrhunderts andauernden Ausgestaltung der heutigen Wilhelmshöhe. Landgraf Moritz ließ bereits in den Jahren 1606 bis 1610 an der Stelle des Augustiner-Nonnenklosters Weißenstein ein Jagdschloss mit einem kleinen Park anlegen. Unter Landgraf Karl wurde durch die Anlage des Oktogons mit dem Herkules und den Kaskaden die Basis für einen in seiner Art einmaligen Landschaftsgarten gelegt. Die ersten Ansätze

Abb. 30. Schloss Wilhelmshöhe von der Bergseite (nach den im Sommer 2000 abgeschlossenen Restaurierungsarbeiten)

zur Umgestaltung der damals geschaffenen barocken Parkanlage in einen englischen Landschaftsgarten in der Regierungszeit Friedrichs II. wurden von seinem Sohn Wilhelm IX. mit der grundlegende Neuordnung des Parks zu Ende geführt. Als Beispiele seien hier nur die „ruinöse" Löwenburg, eines der frühesten neogotischen Bauwerke in Deutschland, oder das Aquädukt genannt, das bis heute zu den Hauptattraktionen der großartigen Wasserkünste im Bergpark gehört.

1786 wurde mit dem Neubau von Schloss Wilhelmshöhe begonnen. Dem Betrachter der heutigen Schlossanlage mag es merkwürdig erscheinen, dass von dem Architekten Simon Louis Du Ry ursprünglich nur der heutige Weißenstein-Flügel als außerhalb der zentralen Parkachse liegender Baukörper konzipiert und gebaut wurde. Sehr bald wurden die Pläne aber um den gegenüberliegenden Kirchflügel erweitert. Während Du Ry sich gegen den ursprünglichen Wunsch des Fürsten nach einer ruinenhaften Architektur durchsetzen konnte, wurde die Ausführung des zentralen Corps de Logis seinem Schüler und Konkurrenten Heinrich Christoph Jussow übertragen. 1798 erhielt das Schloss seinen heutigen Namen, 1802 waren die Bau- und Ausstattungsarbeiten abgeschlossen.

Abb. 31. Landgraf Wilhelm IX. von Hessen-Kassel (Kupferstich von W. Böttner/G. W. Weise, 1795)

Schloss Wilhelmshöhe ist nicht nur mit der kurhessischen, sondern auch eng mit der deutschen Geschichte verbunden. Als Kassel Ende 1807 Hauptstadt des kurzlebigen napoleonischen Königreichs Westfalen wurde, richtete Jérôme Bonaparte seine Residenz auf der Wilhelmshöhe ein, die er „Napoleonshöhe" nannte. Das für den „König Lustik" 1810 durch den jungen Leo von Klenze errichtete Theatergebäude wurde nach der Rückkehr der Kurfürsten 1828/30 durch Johann Conrad Bromeis zum Ballhaus umgebaut. Es dient den Staatlichen Museen Kassel heute als Räumlichkeit für Sonderausstellungen.

Nach der Annexion des Kurfürstentums durch Preußen als Ergebnis des Krieges von 1866 kam auch das Schloss in preußische Verwaltung. 1870/71 diente es für einige Monate als Internierungsort für Jérômes Neffen, den nach der Schlacht bei Sedan gefangengenommenen Exkaiser Napoleon III. Kaiser Wilhelm II., der einen Teil seiner Schulzeit in Kassel absolviert hatte, kam nach seinem Regierungsantritt ab 1891 mit seiner Familie wiederholt zu längeren Sommeraufenthalten auf die Wilhelmshöhe.

Am 29. Januar 1945 wurde das Schloss durch einen Bombenangriff schwer beschädigt. Die beiden Seitenflügel konnten relativ schnell wiederhergestellt werden, während der Mittelbau für mehrere Jahre Ruine blieb. Erst von 1968 bis 1974 wurde er zusammen mit dem Kirchflügel und dem nördlichen Verbindungsbau als Galeriegebäude hergerichtet. Anfang der 90er Jahre des 20. Jahrhunderts machten zunehmende Baumängel eine grundlegende Sanierung notwendig, die im Sommer 2000 erfolgreich abgeschlossen werden konnte.

Abb. 32. Blick in die Antikensammlung der Staatl. Museen Kassel im Schloss Wilhelmshöhe

Antikensammlung

Bereits unter Landgraf Moritz, der auf einer Reise zu König Heinrich IV. nach Paris antike Objekte kennenlernte, wurden 1603 die ersten Antiken für die Sammlung der Landgrafen angekauft. In den Jahren 1687/1688 befanden sich hessische Truppen im Dienst der Republik Venedig im Krieg gegen das Osmanische Reich. Landgraf Karl beauftragte sie, aus Griechenland antike Statuetten und Münzen mitzubringen. 1699/1700 reiste Landgraf Karl selbst nach Italien und studierte dort berühmte Sammlungen, Gebäude und Landschaftsgärten. Zurückgekehrt nach Kassel ließ er das erworbene Wissen in seine zahlreichen Bauvorhaben einfließen, darunter das Oktogon mit der Kupferstatue des Herkules Farnese. Auch unter Wilhelm VIII., dessen Hauptinteresse an sich der Malerei galt, wurde die Antikensammlung vermehrt. Friedrich II. schließlich entwickelte eine große Vorliebe für das klassische Altertum, das die wesentliche Grundlage für die zeitgenössischen Ideen der Aufklärung und des Klassizismus darstellte. 1776/1777 erwarb er auf einer Reise nach Italien zahlreiche antike Skulpturen, darunter die beiden bekanntesten Kasseler Stücke: den Kasseler Apoll und die Athena Lemnia. Berühmt ist auch die in seiner Zeit entstandene und erworbene Sammlung von Korkmodellen nach antiken Bauten von Chichi. War unter Friedrich II. die wissenschaftliche Beschäftigung mit der Antike auf einen hohen Stand gebracht worden, so verlor Hessen unter Wilhelm IX. den Anschluss an die weitere Entwicklung.

Heute präsentiert sich die Kasseler Antikensammlung im Erdgeschoss von Schloss Wilhelmshöhe und steht damit für den Besucher sicht- und erlebbar in einem historischen Kontext, in dem sie eine ganz wichtige Stellung einnimmt. Sie ist unverkennbar die Grundlage für zahlreiche Kunstwerke in der Gemäldegalerie Alte Meister. Gleichzeitig ist aber auch ihre Vorbildfunktion für die zahlreichen Bauten und Anlagen des Bergparks erkennbar, welche vielfach auf eine intensive Auseinandersetzung mit den Ideen und Kunstwerken der Antike zurückgehen.

Abb. 33. Ausstellung „Türkis und Azur" der Staatl. Museen Kassel im Ballhaus am Schloss Wilhelmshöhe (1999)

Gemäldegalerie Alte Meister

Die Gemäldegalerie Alte Meister bezieht ihren heutigen Rang vor allem aus der Sammeltätigkeit Landgraf Wilhelms VIII., der – aufbauend auf den von seinen Vorgängern zusammengetragenen Beständen – eine Sammlung schuf, die heute weit über Kassel und Deutschland ausstrahlt. Mehrmals in ihrer Geschichte war die Galerie auf das Höchste bedroht, und viele bedeutende Werke sind heute nicht mehr in Kassel.

Anfangs verlief der Aufbau der späteren Gemäldegalerie langsam. Das am weitestens zurückreichende Stück, ein kleines Triptychon von Lucas Cranach dem Älteren, wurde um 1508/09 von Landgraf Wilhelm II. oder seiner Witwe, vielleicht als Privataltar, erworben. Erst unter Landgraf Moritz, der von 1592 bis 1627 regierte, kamen Bilder in die Sammlung, die sich bis zum heutigen Tag erhalten haben. Die folgenden Jahrzehnte brachten Hessen mit dem 30jährigen Krieg und seinen Auswirkungen eine schwere Zeit, in der alle fürstlichen Sammlungen stagnierten. Erst unter dem Barock-Landgrafen Karl, der ein ehrgeiziges politisches, kulturelles und wirtschaftliches Aufbauwerk für sein Land verwirklichte, konnte die Galerie wieder bedeutende Zuwächse verzeichnen, die aber noch keinem speziellen Programm folgten.

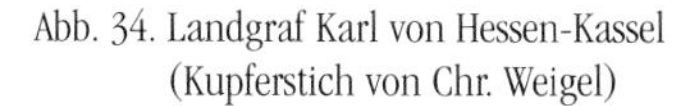

Abb. 34. Landgraf Karl von Hessen-Kassel (Kupferstich von Chr. Weigel)

Der systematische Ausbau der Bildersammlung, der diese letztlich zu ihrer heutigen Bedeutung führen sollte, begann dann unter Wilhelm VIII. Sein langer Aufenthalt in den Niederlanden förderte seine Begeisterung für die zeitgenössische Kunst. Er besuchte Ateliers der führenden Maler und knüpfte Kontakte zu Sammlern und Kunsthändlern. Neben niederländischen Meistern sammelte er auch Arbeiten aus italienischen und französischen Werkstätten. Nach dem Tod seines Vaters, Landgraf Karl, übernahm er in Kassel für seinen Bruder, Friedrich I., den König von Schweden, die Verwaltung der Landgrafschaft, bis er selbst 1751 regierender Landgraf wurde. Er nutzte die guten Verbindungen in die Niederlande zum weiteren Ausbau seiner Gemäldesammlung, die nach seinen Angaben bereits 1750 527 Gemälde (ohne die Portraits) umfaßte, von denen der Landgraf selbst 200 bis 300 als recht gut einschätzte.

In den folgenden Jahren konnte er aber noch zahlreiche Werke erwerben, darunter einige der bedeutendsten Arbeiten, wie etwa die Heilige Familie mit dem Vorhang oder den Jakobssegen von Rembrandt sowie den Mann mit dem Schlapphut von Frans Hals. Erst der Ausbruch des Siebenjährigen Krieges 1756 beendete seine Aktivitäten als fürstlicher Sammler. Er starb 1760 im Exil in Rinteln. Sein Sohn und Nachfolger Friedrich II. sammelte als Erbprinz zunächst ebenfalls Gemälde, konzentrierte sich aber schon ab 1754 auf den Erwerb von Antiken. Unter seiner Regierung wurde nicht nur das Museum Fridericianum gebaut, sondern 1777 auch die Kunstakademie gegründet; 1783 wurde der erste Galeriekatalog gedruckt.

Die französische Besetzung und die nachfolgende Gründung des Königreichs Westfalen hatten für die Gemäldegalerie verheerende Folgen. Insgesamt verlor die Sammlung – obwohl Jakob Grimm nach dem Ende des französischen Kaiserreichs 418 Gemälde zurückführen konnte – 382 Bilder. Im 19. Jahrhundert stagnierte die Entwicklung. Der Zugang zu den Sammlungen wurde, entgegen den Traditionen der Aufklärung, für die Friedrich II. mit dem Museum Fridericianum in Kassel ein Zeichen gesetzt hatte, wesentlich erschwert und ihre Betreuung vernachlässigt. Erst nach 1866, mit der Annexion Kurhessens durch Preußen, wurde ein neues modernes Galeriegebäude, die Neue Galerie an der Schönen Aussicht, errichtet, die mit Oscar Eisenmann einen wissenschaftlicher Leiter erhielt.

In den 30er Jahren des 20. Jahrhunderts wurde ein Teil der Gemälde vorübergehend im neugegründeten Landgrafenmuseum untergebracht. Den Zweiten Weltkrieg überstand die Galeriesammlung mit zahlreichen Verlusten, die aber glücklicherweise nicht

Abb. 35/36. Die neueingerichtete Gemäldegalerie der Staatl. Museen Kassel im Schloss Wilhelmshöhe

die Hauptwerke betrafen. Nach dem Krieg wurden die Gemälde mit allen anderen Sammlungsteilen der Staatlichen Kunstsammlungen im einzigen nur wenig beschädigten Museumsgebäude, dem Hessischen Landesmuseum, in Auswahl gezeigt. 1956 kamen 63 Spitzenwerke, die 1942 nach Österreich ausgelagert worden waren, aus Wien zurück und fanden größte Beachtung in der Öffentlichkeit. 1960 entschloss man sich dann, den ausgebrannten Mittelbau von Schloss Wilhelmshöhe für die Gemäldegalerie und die Antikensammlung aufzubauen.

Abb. 37. Gebäude des Hessischen Landesmuseums

Graphische Sammlung

Das Kupferstichkabinett der Staatlichen Kunstsammlungen Kassel – die heutige Graphische Sammlung – wurde, wie bereits erwähnt, erst im Oktober 1931 als eigenständige Sammlung gegründet. Seinen ersten Standort hatte das Kabinett zusammen mit der Kunstbibliothek des Museums in der Torwache am Hessischen Landesmuseum. Der damals etwa 20.000 Blätter umfassende Grundstock der Sammlung wurde aus unterschiedlichen Bereichen zusammengetragen. Der wertvollste und historisch bedeutendste Teil war der Gemäldegalerie bereits 1916 aus landgräflichem Besitz als Dauerleihgabe übergeben worden. Es handelt sich dabei vor allem um 45 kostbare Lederbände aus dem 18. Jahrhundert, in die druckgraphische Arbeiten eingeklebt sind. Diese Bände, die in den meisten deutschen Sammlungen längst aufgelöst wurden, entsprachen der bis ins 19. Jahrhundert üblichen Art, Graphik zu sammeln. In ihnen findet sich vor allem Reproduktionsgraphik nach berühmten Gemälden und antiken Kunstwerken. Ein gut ausgestatteter Band mit Kupferstichen und Holzschnitten von Albrecht Dürer wurde 1916 aufgelöst und liegt jetzt in Einzelblättern vor.

Abb. 38. Blatt aus dem Tafelwerk des Baumeisters G. F. Guarniero über die Wilhelmshöher Wasserkünste (1706)

Eine wirklich große graphische Sammlung ist aus dem Kunstinteresse der Landgrafen nie hervorgegangen, auch wenn sie sicher seit dem 17. Jahrhundert Graphik sammelten. Einen wichtigen Teil nahmen dabei, wie andernorts auch, die Portraits von Herrschern, Wissenschaftlern, Künstlern und Exoten ein. Waren die Erwerbungen bis zu Wilhelm VIII. wohl eher zufällig und vom Augenblick bestimmt, so setzte unter seiner Ägide eine erkennbare Schwerpunktbildung ein. Für Wilhelm waren druckgraphische Reproduktionen nach Gemälden eine Informationsgrundlage, nach der er seine Gemäldekäufe tätigte. Es wundert daher nicht, wenn Flamen und Holländer besonders gut vertreten sind. An Künstlergraphik hatte er dagegen kein ausgeprägtes Interesse. Friedrich II. erwarb noch einige wichtige Arbeiten für das Graphische Kabinett. Wilhelm IX. dagegen beschäftigte sich nur noch mit der systematischen Neuordnung der Sammlung, die er selbst mit einem gewissen Interesse verfolgt zu haben

Abb. 39. Die Löwenburg im Park Wilhelmshöhe (von W. Kretschmer, 1830)

Abb. 40. Große Planetenuhr („Wilhelmsuhr") von Ebert Baldewein von 1561 (Staatl. Museen Kassel/Museum für Astronomie und Technikgeschichte)

scheint, wie das ein von ihm eigenhändig angelegtes Verzeichnis der Stiche nach Gemälden von Wouwerman belegt. Danach allerdings geriet die Sammlung bis 1916, als sie an die Gemäldegalerie kam, praktisch in Vergessenheit.

Mit der Gründung des Kabinetts kamen 1931 auch von anderer Seite wichtige Bestände an graphischen Blättern in die Sammlung: wertvolle alte Meisterzeichnungen aus der Wilhelmshöher Schlossbibliothek oder auch Zeichnungen und Vorlagenmaterial aus der 1777 gegründeten Kasseler Akademie der Künste. Die etwa 4500 Architekturzeichnungen, die sich in der Graphischen Sammlung befinden, stellen eine großartige Dokumentation fürstlicher Bauvorhaben in Hessen dar. Hier liegen Zeichnungen zu bedeutenden Bauwerken, die das Bild Nordhessens und Kassels entscheidend prägen. Sie stammen von Architekten wie Simon Louis Du Ry, Johann Conrad Bromeis oder Julius Eugen Ruhl. Von besonderer Bedeutung ist der 1957 erworbene Nachlass von Heinrich Christoph Jussow, dem Architekten, der neben vielen anderen Bauwerken vor allem mit Schloss Wilhelmshöhe und Löwenburg den Bergpark mitgestaltet hat.

Hessisches Landesmuseum

Das Hessische Landesmuseum, das 1913 zur Tausendjahrfeier der Stadt Kassel eröffnet wurde, beherbergt neben dem Deutschen Tapetenmuseum, der Sammlung zur Vor- und Frühgeschichte und der magazinierten Volkskundesammlung die Abteilung „Kunsthandwerk und Plastik".

Kunstkammer

Der Grundstein der heutigen Staatlichen Museen Kassel wurde 1580 unter Wilhelm IV. mit der Zusammenfassung der Kunstkammerbestände zu einer geschlossenen Sammlung gelegt. Unter seiner Regierung fand die Umwandlung der älteren Schatzkammer, über deren Bestände auch durch freien Verkauf verfügt werden konnte, in eine frühe Form der musealen Sammlung statt. 1591/1592 zog die Kunst- und Wunderkammer in den Marstall. 1696 wurde sie in das Ottoneum verlagert, das unter Landgraf Karl zu einem „Kunsthaus" umgestaltet worden war. Friedrich II. ließ schließlich mit dem Museum Fridericianum 1779 erstmals auf dem Kontinent ein der Öffentlichkeit zugängliches Gebäude zur Präsentation der herrschaftlichen Sammlung errichten.

Die Bestände der Sammlung Kunsthandwerk und Plastik sind vielfältig mit dem Lauf der hessischen Geschichte und der Geschichte des Fürstenhauses verbunden. Die ältesten Stücke stammen aus der spätmittelalterlichen Schatzkammer der hessischen Landgrafen. Es handelt sich um fürstliche Geschenke oder Objekte, die wegen ihres exotischen Reizes, der handwerklichen Kunstfertigkeit oder Erlesenheit des Material gesammelt wurden. Darunter befinden sich der um 1435 in Burgund oder am Mittelrhein entstandene „Katzenelnbogener Willkomm", eine silbervergoldete Gewürzweinkanne, die eine der seltenen profanen Goldschmiedearbeiten des Mittelalters darstellt. In der gleichen Region erhielt die aus China stammende Seladon-Schale eine vergoldete Silberfassung. Diese seltenen fernöstlichen Keramiken besaßen einen sehr hohen Wert, da man annahm, dass sie bei der Berührung mit Gift zerspringen würden. Nicht vollständig geklärt ist die Herkunft des sogenannten „Boabdil-Schwertes". Dieses reich mit Goldbronze und Zellenschmelz verzierte Reiterschwert entstand im maurischen Spanien und wird mit Boabdil, dem letzten maurischen König in Spanien und der Übergabe von Granada 1492 in Verbindung gebracht. Landgraf Wilhelm IV. war der erste bedeutende Kunstsammler des Hauses Hessen-Kassel und legte mit seiner Leidenschaft den Grundstein für die Kunstkammer. Es handelt sich dabei sowohl um eine geplante, stetig wachsende Sammlung, als auch um ein Produkt manieristischer Sammellust.

Die Kunstkammer ist bis heute das Kernstück der Sammlung Kunsthandwerk und Plastik. Sie umfasst Becher und Pokale aus Edelmetall, kostbare Trinkgefäße in Tiergestalt, Behältnisse aus Perlmutter, Straußenei, Kokosnuss, Nautilus und Rhinozeroshorn in kunstvollen Fassungen, Arbeiten aus Elfenbein und Bernstein, Alabaster und Achat, geschnittenen Edelsteinen, Kleinodien, Münzen und Medaillen.

Nachdem erhebliche Sicherheitsmängel festgestellt wurden, musste die Schausammlung im Hessischen Landesmuseum Anfang 2000 geschlossen werden. Durch das Engagement der Firma Wintershall AG wurde es möglich, die Ausstellungsräume grundlegend zu sanieren und vollkommen neu einzurichten. Unter dem Titel „Schatzkunst 800-1800" präsentieren sich die wertvollsten Exponate nun in einem historischen Rundgang, der mit dem Hochmittelalter beginnt und sich hinzieht bis zum Ende der frühen Neuzeit. Die Objekte von internationalem Rang werden in der neuen Ausstellung in einen historischen Kontext gestellt und so für den Besucher auf neue Art erfahrbar.

Abb. 41a/b. „Seladon-Schale" aus dem Katzenelnbogen-Erbe und sogen. „Boabdil-Schwert" aus Granada (Staatl. Museen Kassel/Sammlung Kunsthandwerk und Plastik)

Neue Galerie

Abb. 42. „Neue Galerie" der Staatl. Museen Kassel

Die „Neue Galerie" an der Schönen Aussicht wurde in den Jahren 1871-1877, als Kassel bereits Hauptstadt der preußischen Provinz Hessen-Nassau war, durch den Architekten Heinrich von Dehn-Rotfelser erbaut. Sie besteht wenigstens teilweise aus dem Steinmaterial der Grundmauern der nie fertiggestellten „Chattenburg", die Kurfürst Wilhelm I. an der Stelle des unter dem Königreich Westfalen abgebrannten Stadtschlosses durch den Architekten Heinrich Christoph Jussow errichten lassen wollte. In der Neuen Galerie befinden sich Gemälde und Skulpturen von 1750 bis zur Gegenwart. Diese zunächst willkürlich anmutende zeitliche Abgrenzung von der Gemäldegalerie Alter Meister hat unter anderem ihre Ursache in der Gründung der Kunstakademie in Kassel, die 1777 unter Landgraf Friedrich II. erfolgte. Die Neue Galerie wurde unter preußischer Regierung errichtet: Hier zeigen die Staatlichen Museen Kassel vor allem Arbeiten hessischer Künstler ab 1750, zum Beispiel von Johann Heinrich Tischbein, Wilhelm Böttner oder Johann August Nahl. Darüberhinaus wird die deutsche Malerei des 19. Jahrhunderts mit Werken von Caspar David Friedrich, August von der Embde, Johann Martin von Rohden, Ludwig Emil Grimm oder Carl Bantzer dokumentiert. Das 20. Jahrhundert ist mit dem deutschen Impressionismus, der Klassischen Moderne und der Malerei der 50er Jahre vertreten. Schließlich wird die zeitgenössische Kunst mit Arbeiten von documenta-Künstlern gesammelt und präsentiert, eine Aufgabe, die für seine Zeit in gleicher Weise Landgraf Wilhelm VIII. wahrgenommen hatte.

Orangerie

Unter Landgraf Karl begannen 1702 die ersten Arbeiten am Orangerie-Schloss in der Kasseler Karlsaue. 1710 konnte der Innenausbau vollendet werden. 1722-1728 kamen als eigenständiger Baukörper das westliche Marmorbad und 1765-1766 der von Simon Louis du Ry geplante östliche Küchenpavillon hinzu. Die Orangerie war einerseits – wie der Name verrät – ein Gewächshaus, in dem im Winter u.a. die Orangenbäume geschützt wurden. Andererseits dienten die beiden äußeren Pavillions des langgestreckten Hauptgebäudes als Wohnräume. Im Zweiten Weltkrieg wurde die Orangerie schwer beschädigt und bis auf die Außenmauern praktisch vollständig zerstört. Sie diente, wie übrigens schon im 19. Jahrhundert, danach als Ausstellungsgebäude, insbesondere für die documenta. Nach Errichtung der documenta-Halle konnte 1992 das Museum für Astronomie und Technikgeschichte mit Planetarium einen großen Teil der Orangerie für seine Dauerausstellung nutzen.

Abb. 43. Orangerie-Schloss in der Karlsaue, heute Sitz des Museums für Astronomie und Technikgeschichte der Staatl. Museen Kassel

Museum für Astronomie und Technikgeschichte

Die Kasseler Orangerie in der Karlsaue weist mit dem Museum für Astronomie und Technikgeschichte eine Sammlung auf, die unter den ehemals fürstlichen Sammlungen in Deutschland und Europa eine besondere Stellung einnimmt. Sie geht zurück auf die 1560 von Landgraf Wilhelm IV. eingerichtete Sternwarte. Dieses astronomische Observatorium, für das ein Anbau an das Kasseler Stadtschloss errichtet wurde, war das erste fest eingerichtete der Neuzeit in Europa. Wilhelm IV. stand in regem

Abb. 44. Rekonstruierte Sternwarte Landgraf Wilhelms IV. im Museum für Astronomie und Technikgeschichte

Austausch mit den Astronomen seiner Zeit, etwa mit Tycho Brahe und Johannes Kepler, und holte an seinen Kasseler Hof zahlreiche außerordentlich fähige Astronomen, Mathematiker und Mechaniker. Genannt seien hier an erster Stelle die Uhrmacher Eberhard Baldewein und Jost Bürgi. Beide fertigten für den Landgrafen die kompliziertesten und genauesten Uhrmechanismen ihrer Zeit an und erregten damit das Staunen und die Bewunderung der Zeitgenossen. Die Uhren, astronomischen Mechanismen und die Himmelsgloben, die sich neben vielen Messgeräten bis auf den heutigen Tag erhalten haben und seit 1992 in der Orangerie ausgestellt sind, vermitteln nicht nur ein Bild des handwerklichen Könnens jener Zeit. Sie sind auch materielles Zeugnis für das naturwissenschaftliche Interesse und die geistige Aufgeschlossenheit ihres Auftraggebers, dessen großartige Leistungen noch lange nicht ausreichend gewürdigt sind.

Während im 16. und beginnenden 17. Jahrhundert die Beschäftigung mit der Astronomie im Vordergrund stand, trat am Ende des 17. Jahrhunderts schließlich die Physik in den Mittelpunkt des Interesses. Hier war es Landgraf Karl, dessen Engagement für den Landesausbau sich in vielen Bereichen seines Handelns zeigt und der auch in der naturwissenschaftlichen Sammlung seine Spuren hinterlassen hat. Die Gründung des „Collegium Carolinum“ diente zur Förderung der praktischen Naturwissenschaften. Beispielhaft sei hier die Berufung des Hugenotten Denis Papin zunächst nach Marburg und dann nach Kassel angeführt. Neben seiner Erfindung des Papin'schen Topfes – heute besser als Schnellkochtopf bekannt – ist vorab sein wegweisendes Experiment mit der Hochdruckdampfpumpe zu nennen, die in der Orangerie als funktionsfähiges, originalgroßes Modell nachgebaut ist. 1706 wurde mit ihr erstmals Dampfkraft genutzt, um mechanische Arbeit zu verrichten.

Die Sammlungen und Ausstellungen der Staatlichen Museen Kassel sind ein hervorragendes Zeugnis für die Bedeutung der hessischen Fürsten auf den Gebieten der Kunst, der Kultur und der Wissenschaften. Das hessische Fürstenhaus gehörte in verschiedenen Epochen zu den führenden Höfen in Deutschland, wenn es darum ging, neue Entwicklungen in Kunst und Wissenschaft aufzugreifen, anzustoßen oder zu unterstützen. Zeugnisse dafür finden sich in allen Sammlungen, ob es sich dabei um die Gründung der Kasseler Sternwarte, den Aufbau einer der bedeutendsten Gemäldegalerien Deutschlands oder die Antikensammlung handelt.

Trotz verheerender Zerstörungen im Zweiten Weltkrieg und schmerzlicher Verluste früherer Jahrhunderte – man denke hier nur an das Kasseler Stadtschloss, das 1811 abbrannte – finden sich im Stadtbild der einstigen Residenz noch zahlreiche Gebäude, die eng mit der Geschichte der Museen und gleichermaßen mit der Geschichte des Landgrafenhauses verbunden sind.

Literaturhinweise

Museumsverein Kassel e.V. (Hrsg.), Museum Fridericianum 1779-1979, Kassel 1979.
Schloß Wilhelmshöhe Kassel. (= Prestel Museumsführer), München, London, New York 2000.
Hans-Christoph Dittscheid, Kassel-Wilhelmshöhe und die Krise des Schloßbaus am Ende des Ancien Régime, Worms 1987.
Erich Herzog, Die Gemäldegalerie der Staatlichen Kunstsammlungen Kassel, Kassel o.J.
Eva Link, Die landgräfliche Kunstkammer in Kassel, Kassel 1975.
Christiane Lukatis, Hans Ottomeyer (Hrsg.), Mit Pinsel, Feder und Stift. Meisterzeichnungen der Graphischen Sammlung. Staatliche Museen, Kassel 2000.
Ludolf von Mackensen, Die Naturwissenschaftlich-Technische Sammlung in Kassel, Kassel 1983.
Bernhard Schnackenburg, Gemäldegalerie Alte Meister. Gesamtkatalog, Mainz 1996.

Eckhart G. Franz

Residenz Darmstadt

Von der Renaissance zum Jugendstil

Übereifrige Humanisten haben versucht, den über der Bergstraße thronenden Malchen mit „Chattimelibocus“ zu latinisieren, um damit eine Brücke zu den germanischen Chatten, den Vorfahren der Hessen im Norden des heutigen Bundeslandes zu schlagen. Doch der Name Katzenelnbogen, der sich von der Stammburg des mittelalterlichen Grafengeschlechts an einer Krümmung der unteren Lahn herleitet, hat ebensowenig mit den Chatten zu tun wie die spätere Katzenelnbogener Obergrafschaft südlich des Mains, aus der im 16. Jahrhundert die Landgrafschaft Hessen-Darmstadt werden sollte. Das Rhein-Main-Neckar-Gebiet war Römerland, beschützt vom Limes, den man in den Resten seiner Kastelle und Wachttürme im hinteren Odenwald noch heute verfolgen kann. Darmstadt, „Darmundestat“, wie es bei der ersten Nennung im 11. Jahrhundert heißt, gehört wie die zumeist schon früher belegten Nachbarorte Pfungstadt, Eberstadt und Ramstadt zu einer Kette fränkischer Ortsgründungen im Umfeld des Reichsforsts Dreieich. Im Pfarrbereich der Johanniskirche des später nach Darmstadt eingemeindeten Bessungen, das 2002 seine 1000Jahrfeier begeht, haben die Grafen von Katzenelnbogen spätestens im 13. Jahrhundert eine Wasserburg errichtet, um den Ausbau ihrer Herrschaft an der nördlichen Bergstraße zu sichern.

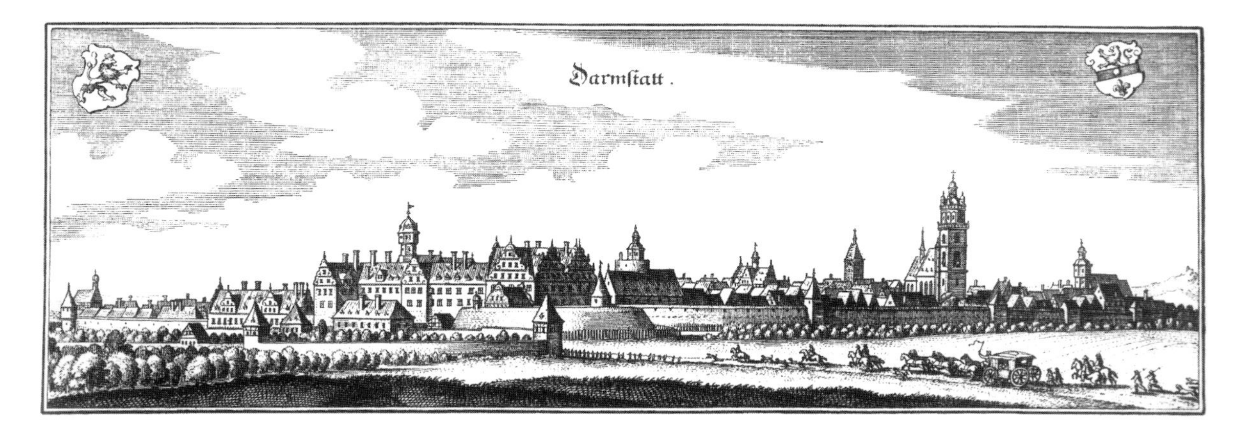

Abb. 45. Darmstadt von Westen (aus Matthäus Merians „Topographia Hassiae“ 1644)

Burg und Stadt unter den Grafen von Katzenelnbogen

Abb. 46. Stadtrechtsprivileg Kaiser Ludwigs des Bayern von 1330

Abb. 47. Reste der mittelalterlichen Stadtmauer mit dem „Hinkelsturm" (heute Altstadtmuseum)

Die dokumentierte Geschichte Darmstadts beginnt mit einer besiegelten Pergamenturkunde vom 23. Juli 1330, in der Kaiser Ludwig der Bayer seinem „liben getreuen" Graf Wilhelm von Katzenelnbogen als Dank für seine „treuen dinst" erlaubt, „ein stat zu Darmstat" zu bauen „mit muren und graben" und in dieser Stadt Wochen- und Jahrmarkt zu halten. Die Stadtmauer wurde in den Folgejahrzehnten gebaut, doch die im unregelmäßigen Schnitt des inneren Schlosshofs noch erkennbare Burg mit dem Palas des sogen. „Herrenbaus" im Nordwesten über dem heute für Universitätsfeste genutzten Gewölbekeller war noch 1355 so bescheiden, dass der Graf von Hanau als Wittum für seine mit Wilhelm dem Jg. von Katzenelnbogen verheiratete Tochter Else Zwingenberg an der Bergstraße vorzog, bis man in Darmstadt „mit eren" wohnen könne. Bei Elses Tod zwei Jahrzehnte später gab es dann in dem für sie errichteten „Hölzernen Haus" laut Nachlassinventar neben dem Silberschatz auch schon eine kleine Bibliothek mit Wolfram von Eschensbachs „Titurel" und dem populären „Troja-Roman". Die Quellen berichten von der 1422 in Darmstadt gefeierten Prunkhochzeit Philipp des Älteren von Katzenelnbogen mit der reichen Württemberger Grafentochter Anna. Nachdem Philipp als regierender Graf nach St. Goar auf den Rheinfels umgezogen war, florierte Darmstadt noch einige Jahre als Residenz des gleichnamigen Erbgrafen, doch mit dessen vorzeitigem Tod 1453 war das Schloss vorerst verwaist.

Als Altgraf Philipp 1479 ohne Manneserben verstarb, fiel das Erbe der mit den Rheinzöllen reich gewordenen Katzelnbogner an den Schwiegersohn Landgraf Heinrich III. von Hessen in Marburg. Die nunmehr „hessische" Obergrafschaft und Darmstadt haben von der neuen, noch weiter entfernten Herrschaft zunächst wenig gemerkt. Dass Landgraf Philipp der Großmütige die neugewonnene Machtstellung seines Hauses nutzte, um als Vorkämpfer der Reformation Martin Luthers in die große Politik einzusteigen, machte Darmstadt zu einem gern genutzten diplomatischen Treffpunkt. Kehrseite der Medaille war schon 1518 die Beschießung der Stadt durch den Reichsritter Franz von Sickingen, der Darmstadt in einer Fehde gegen den jungen Landgrafen eroberte, um Kriegsentschädigung zu erpressen. Schwerer noch waren die Schäden im Schmalkaldischen Krieg 1546, als der kaiserliche Feldherr Maximilian von Büren die Stadt erstürmte und nachhaltig „brandschatzte".

Erneuerung als Residenz der Landgrafschaft Hessen-Darmstadt

Die Landesteilung unter den vier Söhnen Landgraf Philipps 1567/68, mit der Schloss und Stadt zur Residenz des jüngsten Sohnes Georg und seiner zunächst auf die alte Obergrafschaft beschränkten Teil-Landgrafschaft Hessen-Darmstadt wurden, sollte das Geschick Darmstadts für die nächsten 350 Jahre bestimmen. Schon der vorher zeitweilig als Statthalter nach Darmstadt geschickte Bruder Ludwig, der jetzt Marburg übernahm, hatte begonnen, das nach den Kriegszerstörungen verfallene Schloss wiederherzurichten. Unter Georg I. wurde die Umgestaltung der alten Wasserburg zu einem repräsentativen Residenzschloss tatkräftig fortgeführt. Die im inneren Schlossbereich noch heute erkennbaren Bauformen der Weser-Renaissance mit ihren Volutengiebeln, die der Kasseler Baumeister Jakob Kesselhuth mit nach Darmstadt brachte, finden sich auch bei den von ihm geleiteten Um- und Ausbauten im Umfeld, auf Schloss Lichtenberg und am Jagdschloss Kranichstein. Zum Ausbau in Darmstadt, der in den frühen Ansichten Wilhelm Dilichs und Merians überliefert ist, gehörten Kanzlei und Marstallbau am Südrand des Schlosses, die in der heutigen Magdalenenstraße erhaltenen Anfänge der für die Beamtenschaft geplanten Vorstadt im Nordosten und, erst unter dem Nachfolger fertiggestellt, das repräsentative Rathaus am Marktplatz. Der im Testament Landgraf Ludwig V. empfohlene Bau einer Lateinschule, des sogen. „Pädagogs", wurde von Georg II. um 1630 fertiggestellt; die Tradition lebt im heutigen „Ludwig-Georgs-Gymnasium" fort.

Abb. 48. Grabmal Landgraf Georgs I. in der Darmstädter Stadtkirche (von dem in Mainz tätigen Bildhauer Peter van Osten)

Abb. 49. Das ehem. „Pädagog", gebaut von Seyfried Pfannmüller (Gouache von E. A. Schnittspahn)

Darmstadt hatte damals die ersten Stürme des 30jährigen Krieges, die Verwüstungen des sogen. „Mansfelder Einfalls" im Frühsommer 1622, bereits hinter sich. Im Bund mit Kaiser und Reich schien man im innerhessischen Konflikt mit den reformierten Vettern in Kassel um das Marburger Erbe die Oberhand zu gewinnenen, doch mit dem Eingreifen des mit Hessen-Kassel verbündeten Schwedenkönigs Gustav Adolf sollte sich das Kriegsglück rasch wieder ändern. Darmstadt konnte sich zwar von der schwedischen Einquartierung freikaufen, erlebte aber in den Folgejahren mit wechselnden Truppendurchzügen, Hunger und Pest alle Schrecken des Krieges. 2200 Menschen sollen allein 1635 in der mit Flüchtlingen vollgestopften Stadt gestorben sein. Auch nachdem 1648 der „liebe gemeine Friede" wiederhergestellt war, der den Darmstädter Landgrafen etwas mehr als die Hälfte des umstrittenen oberhessischen Erbes mit der schon 1607 neubegründeten Universität Gießen bestätigte, hat es Jahrzehnte gedauert, bis das verwüstete, entvölkerte und hoch verschuldete Land die Kriegsfolgen überwunden hatte.

Optimismus signalisierte der im Auftrag Landgraf Ludwig VI. von Baumeister Johann Philipp Pfannmüller errichtete Glockenbau an der Südostecke des Schlosses, der

Abb. 50. Der Residenzschloss-Bereich von der Marktseite um 1676 (Stich von Jan Pieter Rodingh mit Huldigung an Landgraf Ludwig VI. und Landgräfin Elisabeth Dorothea). – Rechts im Bild der neuerrichtete Glockenbau, links der 1715 abgebrannte Kanzleibau.

Abb. 51. Landgräfin Elisabeth Dorothea geb. Prinzessin von Sachsen-Gotha (Kupferstich von Matthäus Merian/ Ph. Kilian)

1671 mit dem aus Amsterdam gelieferten Glockenspiel eingeweiht wurde. Im Oberstock wurde die aus den reichen Beständen des Landgrafen-Onkels Philipp von Butzbach und der in Frankfurt angekauften Bücherei des Barockdichters Johann Michael Moscherosch angereicherte Hofbibliothek untergebracht. Auf den nach den Kriegserfahrungen geplanten Ausbau Darmstadts zur massiv bewehrten Festung wurde aus Kostengründen verzichtet. Schon die laufenden Lasten waren aus den Steuereinnahmen kaum abzudecken. Silberschatz und Juwelen der Landgrafen waren bereits seit dem Krieg an die Frankfurter Bankiers verpfändet, von denen man den diamentbesetzten Prunkdegen ausleihen mußte, als der Thronfolger 1677 zur Hochzeit nach Sachsen reiste. Die tatkräftige Landgräfin Elisabeth Dorothea, die nach dem frühen Tod Ludwigs VII. gut ein Jahrzehnt die Vormundschaftsregierung für seinen minderjährigen Halbbruder führte, erreichte durch rationelle Sparpolitik eine Sanierung der zerrütteten Landesfinanzen.

Barocker Glanz und neue Schulden

Mit Erreichen der Volljährigkeit 1688 übernahm der junge Landgraf Ernst Ludwig die Regierungsverantwortung. Die kurz darauf erneuerten kriegerischen Verwicklungen im Zuge der Reichskriege gegen Ludwig XIV. von Frankreich bremsten seine hochfliegenden Ambitionen, auch Darmstadt nach dem für alle Barockfürsten verführerischen Vorbild des „Sonnenkönigs" zu modernisieren. Der 1695 gelegte Grundstein zum Bau einer zunächst für hugenottische Glaubensflüchtlinge geplanten West-Vorstadt hat sich im späteren Hotel zur Traube gefunden, aber das Unternehmen blieb in den Anfängen stecken und das Projekt eines Schiffahrtskanals zum Rhein kam über die Planung nicht hinaus. Doch als die Kriegsnot zu Ende ging, wurde die von Architekt Louis Remy de la Fosse zum Theater umgebaute Reithalle mit den von Kapellmeister Christoph Graupner inszenierten Opern und französischen Komödien zur Attraktion für die ganze Region. Der von der hessischen Schlösserverwaltung gepflegte Barockgarten zwischen dem Prinz-Georg-Palais (heute: „Porzellan-Schlösschen") und dem zur Restaurierung anstehenden Sommerhaus des Reitergenerals von Pretlack stammen aus dieser Zeit. Für die 1708 eingeführte Parforcejagd wurde die Residenz mit einem Kranz von Jagdschlössern und Jagdhäusern umzogen, zu denen auch Schloss Wolfsgarten bei Langen, die letzte Residenz des Hauses Hessen-Darmstadt, zählte.

Abb. 52. Prinz Georgs-Palais (heute Porzellan-Museum)

Ein von leichtfertigen Mägden beim Kaffeekochen im Kanzleibau ausgelöster Großbrand im Mai 1715 gab den willkommenen Anstoß zur großzügigen Planung eines Schlossneubaus, der den gesamten Altbaukomplex ersetzen sollte. Die De la Fosse-Pläne und das rekonstruierte Modell vermitteln ein Bild des erträumten „Klein-Versailles". Doch schon vor dem Tod des Architekten 1726 hatten die Landstände den Steuerhahn zugedreht. Die beiden fertiggestellten Flügel des Barockbaus mit der eindrucksvollen Marktfassade blieben mit provisorisch verschalten Fenstern fast ein Jahrhundert Entwicklungsruine, genutzt vorerst nur vom in den Erdgeschoss-Gewölben eingelagerten Hof- und Regierungsarchiv und der Schlosswache, die später vom heutigen Polizeirevier abgelöst wurde. Der gleichzeitig angelaufene Orangeriebau in Bessungen blieb ebenfalls Fragment. Dass auch das Theater geschlossen, die Parforcejagd eingestellt wurden, konnte nicht verhindern, dass Ernst Ludwig eine exorbitante Schuldenlast hinterließ.

Abb. 53. Modell des De la Fosse-Projekts für den Neubau des Schlosses

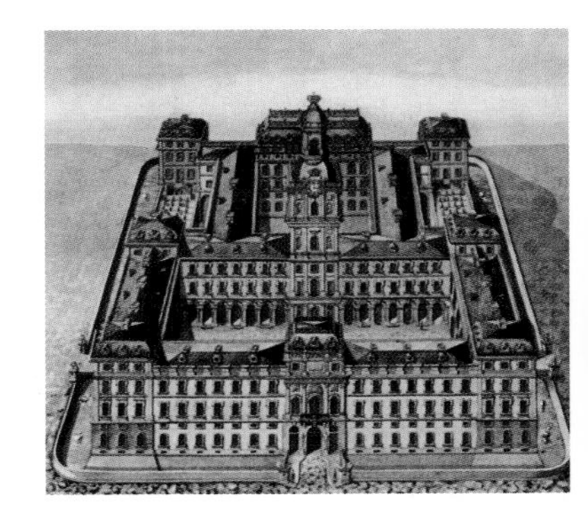

Der mindestens ebenso jagdbegeisterte Nachfolger Landgraf Ludwig VIII. nutzte den mit der „unverhofften" Hanau-Lichtenberger Erbschaft gewonnenen Spielraum, um den Jagdbetrieb wiederaufzunehmen, was die Lage des Landes nicht verbesserte. Der 1768 nachfolgende, persönlich spartanische „Soldaten-Landgraf" Ludwig IX., der fernab in seiner Garnisonstadt Pirmasens residierte, bereicherte das Darmstädter

Stadtbild durch den Bau einer in ihren Ausmaßen beeindruckenden Exerzierhalle, die später dem Neubau des Landesmuseums weichen musste, und das von den Baumeistern Franz Ludwig von Cancrin und Friedrich Schuhknecht errichtete „Kollegiengebäude" am Luisenplatz. Sein Initiator, der zur Reform der maroden Landesverwaltung engagierte Staatstheoretiker Friedrich Karl von Moser, wurde kurz vor der Fertigstellung des Baus Ende 1780 wieder entlassen. An Moser erinnert auch sein Sommersitz im vormals „Moser'schen Garten" in Bessungen, den die Darmstädter nach dem späteren Besitzer Prinz Emil den „Prinzert" nennen.

Abb. 54. Sogen. „Prinz Emil-Schlößchen" im Stadtteil Bessungen, ehem. Gartenhaus des Ministers Friedrich Karl v. Moser (heute Nachbarschaftsheim)

Abb. 55. Darmstädter Gesellschaft im Freien, im Hintergrund die Silhouette der Stadt (Ölbild von Johann Christian Fiedler, um 1745)

Abb. 56. Die „Große Landgräfin" Henriette Karoline mit Zobelpelz (Ölbild von Johann Georg Ziesenis)

Kulturpolitik zur Bildung des Bürgertums

Dass es damals zu einer allmählichen Neubelebung des Kulturlebens in Darmstadt kam, war dem Erbprinzenpaar, dem mit seiner Cousine Luise verheirateten Ludwig (X.) zu danken, der nachmals erster Großherzog wurde. Er hatte die künstlerischen Neigungen seiner Mutter geerbt, der in Darmstadt als Schutzpatronin der „Empfindsamen" verklärten „großen Landgräfin" Karoline, an die das vom befreundeten Preußenkönig Friedrich II. gestiftete Grabmal im Darmstädter Herrengarten erinnert. Das mit bescheidenen Mitteln und aktiver Beteiligung der Hofgesellschaft neubelebte

Theater wurde für das gesamte Bürgerpublikum der Residenz geöffnet, dem auch die 1781 neubegründete Leihbibliothek unter Leitung des Kriegsrats und Goethe-Freundes Johann Heinrich Merck zur Verfügung stand.

Was hier im Zeichen der Aufklärung begann, wurde nach dem Regierungswechsel von 1790, den nachfolgenden Umwälzungen im Zeichen der Französischen Revolution, die das mit der Rheinbundgründung zum Großherzogtum aufgestockte Hessen-Darmstadt 1819/20 zum modernen Verfassungsstaat machten, zu einer umfassend konzipierten Bildungspolitik für das hinfort mitbestimmende Bürgertum. Die unter Mithilfe des lebenslangen Kabinettssekretärs Ernst Christian Schleiermacher schon seit den 1790er Jahren systematisch ausgebauten Bibliotheks- und Kunstbestände, wesentlich bereichert durch die 1805 erworbenen Sammlungen des rheinischen „Barons von Hüpsch", der eigentlich Fiacre Honvlez hieß, wurden in den nunmehr endlich sachgerecht ausgebauten Obergeschossen der barocken Schlosstrakte aufgestellt und – wie es in der 1817 veröffentlichten Bibliotheksordnung hieß – „zum allgemeinen Gebrauche geöffnet". Das neugeschaffene „Großherzogliche Museum", zu dem außer Gemälden und Graphik, den im Zuge der Denkmalpflege gesicherten Altären und Kirchenfenstern auch die in zeitüblicher Begeisterung für das klassische Altertum gesammelten „Antiken" und die dazu bereits 1790/91 angekauften Korkmodelle des

Abb. 57. Großherzog Ludewig I. von Hessen und bei Rhein (Ölbild von G. L. Glaeser)

Abb. 58. Der Paradeplatz vor dem neuerrichten Hofoperntheater (Gouache 1825/30)

Abb. 59. Gedenksäule für Großherzog Ludewig, das sogen. „Monument" auf dem Luisenplatz (Foto 1938)

Abb. 60. Denkmal für die 1878 verstorbene Großherzogin Alice vor der katholischen St. Ludwigs-Kirche (geschaffen von L. Habich 1902)

alten Rom, aber auch Waffen- und Naturaliensammlung gehörten, sollte laut Stiftungsbrief vom 20. Juli 1820 als „zur Beförderung wahrer Aufklärung und Verbreitung nützlicher Kenntnisse gereichende Anstalt" künftig „zur Unterhaltung und Belehrung des Publikums offenstehen". Auf Breitenbildung angelegt war auch der im November 1819 fertiggestellte Neubau des von Georg Moller errichteten „Hoftheaters", das mit 1800 Sitz- und Stehplätzen nach Meinung des Bauberichts „mit der dermaligen Volksmenge der Residenz" – Darmstadt zählte kaum mehr als 20.000 Einwohner! – „in einem richtigen Verhältnis" stand.

Der Theaterbau war zugleich Teil des neuen, durchaus repräsentationsbewußten Stadtbildes, das der 1810 als Hof-, später Oberbaudirektor nach Darmstadt geholte Moller, vorher Schüler und Mitarbeiter des Karlsruher Stadtplaners Friedrich Weinbrenner, entscheidend geprägt hat. Mittelpunkt der neuen Stadt wurde der Luisenplatz, auf dem Großherzog Ludewig I. von der 1844 als „Monument" für den Verfassungsstifter errichteten Sandsteinsäule auf seine Stadt herunterschaut. Von der barokken Rheinfront des Residenzschlosses, bei dem auch Moller die seinerzeit steckengebliebenen Neubauflügel nur sanieren, aber nicht weiterbauen konnte, führte die schon in der Barockplanung angelegte Ost-West-Achse bis zum einstigen Rheintor an der heutigen Kunsthalle, wo 1846 der erste Bahnhof für die neugebaute Main-Neckar-Bahn entstand. In der neugeschaffenen Nord-Südachse lag hinter dem von Moller erweiterten Ministerialgebäude des „Kollegienhauses" (heute Regierungspräsidium) der Mathildenplatz mit dem von den Bomben des letzten Kriegs zerstörten Marstall und den jüngeren Justizgebäuden. Dem Kollegienhaus gegenüber stand das durch Ausbau einer Kaserne für Großherzog Ludwig II. geschaffene „Alte Palais", an der Südwestecke daneben das zum „Ständehaus" des Landtags umgebaute Prinz Christians-Palais (heute Sparkasse). Nach Süden führte die Wilhelminenstraße am Palaisgarten entlang hinauf zum Rundbau der katholischen St. Ludwigskirche als Symbol der in der Verfassung verankerten Toleranz. Um sie waren auch die Freimaurer bemüht, deren ebenfalls von Moller errichtetes Logengebäude wenigstens in Teilen erhalten ist. Auf dem heute freien Gelände zwischen Loge und „runder Kirche" (über der Tiefgarage des neuen Theaters) wurde in den 1860er Jahren das von Queen Victoria bezahlte „Neue Palais" für ihre mit dem Darmstädter Thronfolger Ludwig (IV.) verheiratete Tochter Princess Alice errichtet, das nach den Bomben des Krieges der Abrissbirne zum Opfer fiel. An Alice erinnern der 1903 vor der Ludwigskirche errichtete Obelisk des Jugendstil-Bildhauers Ludwig Habich, vor allem aber die aus ihrem sozialreformerischen Engagement erwachsenen Institutionen, das „Alice-Hospital" und die „Alice-Eleonoren-Schule".

Kunst und industrielle Form: die Künstlerkolonie des Jugendstils

Im Jahr 1892 wurde Ernst Ludwig, der Sohn der Engländerin Alice, letzter Großherzog von Hessen und bei Rhein. Programmatisch für den eigenständigen Gestaltungswillen des beim Regierungsantritt eben 23jährigen Fürsten war seine Entscheidung, die vorliegenden Pläne für den Neubau des Landesmuseums, die einen Repräsentationsbau im wilhelminischen Zeitstil vorsahen, durch einen sachgerecht geplanten Zweckbau zu ersetzen, den der aus Darmstadt stammende Alfred Messel in Zusammenarbeit mit Ernst Ludwig und den Museumsfachleuten gestaltet hat. Der 1906 eingeweihte Museumsbau auf dem Platz des vormaligen Exerzierhauses am Herrengarten erwies sich als zukunftsweisend. Dem hier bewährten Motto des Großherzogs „Neues wagen, Altes bewahren“ entsprach das im Juli 1902 erlassene, ebenfalls richtungweisende „Denkmalschutzgesetz“ des Großherzogtums, das die Architekturprofessoren der TH Darmstadt zu „Provinzial-Denkmalpflegern“ bestellte; dazu gehörten ebenso die unter dem Protektorat des Großherzogs begründeten Zeitschriften „Hessen-Kunst/Jahrbuch für Kunst und Denkmalpflege“ und „Hessische Blätter für Volkskunde“.

„Neues“, neue Formen für die gewerblich-industrielle Produktion in Verbindung mit bewährten Traditionen im Sinne der englischen „Arts and Crafts“-Bewegung sollte auch die zur Jahrhundertwende begründete „Künstlerkolonie“ auf der Mathildenhöhe entwickeln. In dem in den 1830er Jahren zur Hochzeit der Bayern-Prinzessin Mathilde mit dem damaligen Erbgroßherzog Ludwig (III.) angelegten Parkgelände, an das noch der fortbestehende Platanenhain erinnert, hatte Ernst Ludwig zunächst die 1899 fertiggestellte „Russische Kapelle“ für das Zarenpaar, den mit der hessischen Prinzessin Alix verheirateten Kaiser Nikolaus II., bauen lassen. Rund um die Kapelle entstanden dann die mit der spektakulären Ausstellung „Ein Dokument deutscher Kunst“ von 1901 präsentierten Häuser der „ersten sieben“ Künstler der Kolonie, unter denen vorab Peter Behrens, Hans Christiansen und der aus der Wiener Sezession nach Darmstadt berufene Joseph Maria Olbrich zu nennen sind. Wie die Mehrzahl der Häuser (außer dem „Behrens-Haus“) entwarf der zum „Chefarchitekten“ der Kolonie gewordene Olbrich auch das gemeinsame Atelierhaus, das heute als „Ernst Ludwig-Haus“ das „Museum der Künstlerkolonie“ präsentiert, und die Bauten der Folgeausstellungen von 1904 und 1908, insbesondere die zur „Stadtkrone“ gewordenenen Ausstellungshallen samt dem als Hochzeitsgeschenk für Ernst Ludwig von der Stadt Darmstadt finanzierten Fünffinger- oder „Hochzeitsturm“. Von Olbrichs Nachfolger Albin Müller stammen das Brunnenbecken vor der Kapelle und der benachbarte Schwanentempel, von dem ebenfalls zur letzten Generation der Künstlerkolonie zählenden Bernhard Hoetger die bildhauerische Gestaltung des Platanenhains und das als

Abb. 61. Großherzog Ernst Ludwig von Hessen und bei Rhein (Ölbild von F. von Stuck)

Abb. 62. Plakat der Ausstellung „Ein Dokument deutscher Kunst“ von J. M. Olbrich (1901)

Abb. 63. „Löwentor" von Albin Müller und Bernhard Hoetger für die Ausstellung 1914 (heute in veränderter Form Zugang zum Park Rosenhöhe)

Eingangstor zur letzten Ausstellung von 1914 konzipierte Löwentor. Die Löwen markieren heute den Zugang zum etwas weiter östlich gelegenen Park Rosenhöhe mit den Mausoleen des Großherzogshauses.

Was weiter wirkt ...

Der Ausbruch des Ersten Weltkriegs unterbrach das „Darmstädter Kunstjahr 1914", die letzte Künstlerkolonie-Ausstellung und die gleichlaufend im Residenzschloss veranstaltete Schau „Deutsche Kunst 1650-1800". Mit dem Kriegsende, der November-Revolution 1918 wurde das Großherzogtum zum „Volksstaat Hessen". Der nunmehrige Ex-Großherzog Ernst Ludwig war stolz darauf, dass sich der Übergang friedlich vollzog, dass er (anders als die meisten seiner fürstlichen Kollegen) den Wohnsitz in seiner Residenz, im Darmstädter Neuen Palais beibehielt; wie zuvor war man im Winterhalbjahr in Darmstadt, im Sommer in Wolfsgarten. Ernst Ludwig hatte das Ende vorausgesehen und den zum Hofmarschall bestellten Grafen Kuno von Hardenberg bereits im Herbst 1917 mit der Inventarisierung der Kunst- und Mobiliarbestände in den großherzöglichen Schlössern beauftragt, von denen nur das privat finanzierte Neue Palais, Kranichstein, Wolfsgarten und (für Ernst Ludwigs Lebenszeit) Romrod im Besitz der Familie verblieben.

Abb. 64. Die „Stadtkrone" der Ausstellungsgebäude auf der Mathildenhöhe mit Hochzeitsturm und Russischer Kapelle

Abb. 65. Alfred Messels Neubau für das Hessische Landesmuseum Darmstadt (Aufnahme kurz nach der Einweihung 1906)

Abb. 66/67. Aus den Beständen des Landesmuseums: Ortenberger Altar (um 1425) und Diorama „Tierwelt der Alpen“

Das Theater, das Landesmuseum und die künftige Landes- und Hochschulbibliothek im Residenzschloss, der man die seitherige „Kabinettsbibliothek“ angliederte, wurden vom Volksstaat Hessen übernommen. Auch die Verwaltung des Großherzoglichen Haus- und Familienarchivs übernahm das vorerst weiterhin im Schloss untergebrachte Staatsarchiv. Die Raumverteilung zwischen Bibliothek und Archiv in den Barockflügeln des Schlosses wurde im Zuge einer grundlegenden Renovierung in den Jahren 1922/35 neu geordnet. Für die privaten Sammlungen des Großherzogshauses hatte man schon vor dem Krieg das „Porzellanmuseum“ im Prinz Georg-Palais eingerichtet. Noch im September 1918 konnte das Jagdmuseum in Kranichstein eröffnet werden. 1924 war dann auch das von Hardenberg zunächst als „Residenz- und Heeresmuseum“ geplante „Schlossmuseum“ fertiggestellt, das im nunmehr landeseigenen Residenzschloss zunächst 40, zuletzt über 50 Schauräume füllte.

Wenige Wochen nach dem Tod Ernst Ludwigs am 9. Oktober 1937 rammte das Flugzeug, das die Witwe Eleonore und die Familie des Erbgroßherzogs Georg Donatus zur Hochzeit des jüngeren Sohnes nach England bringen sollte, im Nebel bei Ostende einen Fabrikschornstein. Fotos dokumentieren die fast überwältigende Teilnahme der Darmstädter Bevölkerung an den Beisetzungen. Prinz Ludwig, der sich mit seiner aus Schottland stammenden Frau nach Kriegsbeginn ganz nach Wolfsgarten zurückzog – das Palais in der Stadt wurde an die Stadt Darmstadt verkauft – musste mit ansehen, dass in der zerstörenden „Brandnacht“ des 11. September 1944 mit der einstigen Haupt- und Residenzstadt auch vieles von dem, was seine Vorfahren in Jahrhunderten aufgebaut hatten, in Flammen aufging. Wie das „Alte“ und „Neue Palais“

Abb. 68/69. Blick vom Marktplatz auf die Barockfassade des Schlosses nach der Zerstörung (Aufn. A. Ziegler 1949) und nach dem Wiederaufbau (Aufn. P. Ludwig 1970)

Abb. 70. Ehem. Hoftheater, jetzt „Haus der Geschichte" (1995)

konnten auch zahlreiche andere Baudenkmäler nicht wieder hergestellt werden. Im Stadtbild der weitgehend neuaufgebauten Stadt muss man nach den erhaltenen baulichen Zeugen der Vergangenheit Ausschau halten.

Wiederhergestellt wurde das 1944 völlig ausgebrannte Residenzschloss, in dem nach dem Wiederaufbau 1965 auch das Schlossmuseum neueröffnet wurde, das von einem mit Land und Stadt neugebildeten „Verein" getragen wird. Die von Architekt Ernst Hofmann neugestaltete Sammlung, in der die Kriegsverluste zum Teil aus den Beständen der erhaltenen Schlösser ergänzt werden konnten, füllt heute 22 Räume im Glockenbau, in den „Assembleezimmern" der „großen Landgräfin" und im anschließenden Obergeschoss der Kirchenflügels. Hauptnutzer des Schlosses ist (neben den im Altschloss untergebrachten sozial- und geschichtswissenschaftlichen Fachbereichen der Technischen Universität) die jetzt auf den gesamten Barockbereich ausgedehnte Landes- und Hochschulbibliothek, während das Staatsarchiv 1993 in das als „Haus der Geschichte" wieder aufgebaute einstige Hoftheater am Herrengarten umziehen konnte. Das nur teilzerstörte Landesmuseum hat seine durch rechtzeitige Auslagerung weitgehend geretteten Bestände schon ab 1955 abschnittsweise wieder zur Schau gestellt. Zum Teil auch räumlich miteinander verzahnt – die Plakatbestände des Museums, Karten- und Theatersammlung der Bibliothek sind im Haus der Geschichte untergebracht – wird im Neben- und Miteinander von Museum, Bibliothek und Archiv das gemeinsame Erbe der großherzoglichen Sammlungen gewahrt, zu dem neben dem Schlossmuseum natürlich auch die Porzellansammlung im jüngst renovierten Prinz Georg-Palais am Nordrand des Herrengartens zählt.

Abb. 71. „Ernst Ludwig-Haus" (ehem. Atelierhaus, heute Museum der Künsterkolonie) nach der Renovierung (1990)

Einen zweiten Schwerpunkt bildet die Mathildenhöhe mit den vom städtischen „Institut Mathildenhöhe" betreuten Ausstellungshallen, in denen im Zeichen des „Centenariums" der Künstlerkolonie im Herbst 2001 eine große Ausstellung zur Lebensreform-Bewegung um 1900 präsentiert wird. Im 1990 eröffneten „Museum Künstlerkolonie" im benachbarten Ernst-Ludwig-Haus, das zum Jubiläum renoviert wurde, werden neben der ständigen Präsentation zur Geschichte der Künstlerkolonie und der mit ihr verbundenen Künstler und Manufakturen auch kleinere Sonderausstellungen gezeigt. Vollständig restauriert sind das „große Glückert-Haus", heute Sitz der „Deutschen Akademie für Sprache und Dichtung", und das ebenfalls von Olbrich gebaute Haus des Künstlerkolonie-Geschäftsführers Deiters, das vom „Deutschen Polen-Institut" genutzt wird. Der Weiterführung der von Großherzog Ernst Ludwig gegebenen Anregungen dient schließlich auch das „Institut für neue technische Form" mit dem „Deutschen Rat für Formgebung". Unschwer zu Fuß zu erreichen ist der von den Hoetger-Löwen bewachte Park Rosenhöhe mit dem wiederhergestellten Rosengarten Großherzog Ernst Ludwigs und den Gedenksteinen der großherzoglichen Familie vor dem Neuen Mausoleum, deren letzter an den Prinzen Ludwig (+1968) und seine Witwe Prinzessin Margaret (+1997) erinnert, die sich bis zuletzt für die verantwortungsvolle Fortführung des Erbes eingesetzt hat.

Literaturangaben:

Darmstadts Geschichte: Fürstenresidenz und Bürgerstadt im Wandel der Jahrhunderts, hrsg. von Eckhart G. FRANZ, 2. Aufl. Darmstadt 1984.

Dokumentierte Geschichte: Museen, Archive und Sammlungen in Darmstadt. Darmstadt 1980.

Sybille EBERT-SCHIFFERER, Hessisches Landesmuseum Darmstadt, Brüssel 1996.

E. G. FRANZ, Der erste und der letzte Großherzog von Hessen. Fürstliche Kunstförderung in Darmstadt. In: Hof, Kultur und Politik im 19. Jahrhundert, hrsg. von Karl Ferdinand WERNER (= Pariser Historische Studien 21), Bonn 1985, S. 291-311.

E. G. FRANZ, Dokumentierte Geschichte – Archive, Bibliotheken, Museen in Darmstadt. In: Kunst und Kultur in Darmstadt, hrsg. von Christian KIRK, Darmstadt 2000, S. 100-119.

E. G. FRANZ (Hrsg.), Vom Hoftheater zum Haus der Geschichte 1819-1994, Darmstadt 1994.

Volker ILLGEN, Schloßmuseum Darmstadt. Darmstadt 1980.

Renate ULMER, Jugendstil in Darmstadt. Darmstadt 1997.

Erich ZIMMERMANN (Hrsg.), Durch der Jahrhunderte Strom. Beiträge zur Geschichte der Hessischen Landes- und Hochschulbibliothek Darmstadt, Frankfurt a.M. 1967.

Georg ZIMMERMANN, Das Darmstädter Schloß und seine Baugeschichte, Darmstadt 1978.

Cornelia Dörr

Schloss Wilhelmsburg in Schmalkalden

Im Sommer 1596 brach eine Reisegesellschaft aus England auf, um die schönsten der in der Landgrafschaft Hessen-Kassel befindlichen Schlösser zu besichtigen und sich zugleich bei der Jagd ein wenig Erholung zu gönnen. Es waren die von der englischen Königin geschickten Gesandten, die zur Taufe von Landgraf Moritz' Tochter Elisabeth erschienen waren. Im Kasseler Residenzschloss hatten die Gäste bei dieser Gelegenheit vor allem den „Güldenen Saal" mit seiner Porträtgalerie christlicher Fürsten und das sogenannte „Alabastergemach" bewundern können. Auch in die Sababurg mit dem großen Tiergarten waren sie bereits eingeladen worden. Nunmehr sollten sie auch Schloss Rotenburg an der Fulda und Schloss Spangenberg zu sehen bekommen. Da man sich länger als beabsichtigt auf der Jagd vergnügt hatte und den gastgebenden Landgrafen dringende Termine plagten, begaben sich die Engländer etwas vorzeitig auf die Heimreise. So entging ihnen etwas ganz wesentliches. Bedauernd hielt der Gesandte Monings in seinem Bericht an die Königin fest, dass man eigentlich auch noch in Schmalkalden hätte einkehren wollen: „After his entertainments here at Rotenberg, he would gladly have carried my Lord Embassador to his best house at Smalecole".

Es muss als einer der seltenen Glücksfälle der Geschichte gewertet werden, dass gerade die inmitten des Thüringer Waldes, unweit des immer wieder gerne erwanderten und besungenen Rennsteigs gelegene Wilhelmsburg zu Schmalkalden die Wirren und Zerstörungen der letzten Jahrhunderte ungewöhnlich gut überdauert hat. Sie zählt als letztes der großen Neubauprojekte Landgraf Wilhelms IV. von Hessen-Kassel auch heute noch zu den wohl interessantesten Zeugnissen der Renaissance in Mitteleuropa.

An ihrem Anfang stand ein demonstrativer Abriss. Das nach Jahrhunderten wechselnder Herrschaft zeitweilig, wenn auch außerordentlich konfliktreich, von den Grafen von Henneberg-Schleusingen und den Landgrafen von Hessen gemeinsam verwaltete und gänzlich von sächsischem Territorium umgebene Schmalkalden war 1583 nach dem Aussterben der Henneberger endlich in hessischen Alleinbesitz gelangt. Im Jahr nach dem Gewinn der Exklave ließ der neue Landesherr – Landgraf Wilhelm IV. von Hessen-Kassel (1532-1592), der älteste Sohn Philipps des Großmütigen – die weitgehend von den Hennebergern errichteten „Walrabsburg" am östlichen Stadtrand beseitigen und das benachbarte Kollegiatsstift St. Egidii und Erhardi niederlegen. Damit war der Standort für sein neues Schloss, das der Landgraf von Anbeginn an

Abb. 72. Schmalkalden mit Wilhelmsburg und Stiftskirche in der Ansicht der Merian'schen „Topographia" (1644)

selbst als „Wilhelmsburg" bezeichnete, gegeben. Die Grundsteinlegung erfolgte im Frühjahr 1585. Bis 1592 war das Schloss weitgehend vollendet.

Der Verlauf der Bauarbeiten und die Einrichtung der Erstausstattung sind archivalisch außerordentlich gut dokumentiert, da der mit dem Beinamen „der Weise" versehene Landgraf hinsichtlich der haushälterischen Überwachung pedantische Sorgfalt und Kontrolle walten ließ. Die ungewöhnlich ausführlichen Anweisungen zur künstlerischen Ausführung belegen aber auch sehr eindringlich seine höchst persönliche Einflussnahme auf jedes noch so kleine Detail der Gestaltung. Selbst der architektonische Gesamtentwurf soll, vermutlich nach Beratung mit dem berühmten Festungsbaumeister Rochus von Lynar, vom Landgrafen selbst „gerissen" worden sein. Bauleitende Funktionen übertrug er vor allem Wilhelm Vernuken aus Kalkar, der auch den überwiegenden Teil der Bildhauer- und Stuckarbeiten ausführte. Allerorten in der erhalten gebliebenen Ausschmückung der Wilhelmsburg sind noch stilistische Einflüsse aus den Niederlanden auszumachen. Insgesamt sollen mehr als 150 Handwerker und Künstler beteiligt gewesen sein: Steinmetze und Bildhauer, nebst Schreinern, Stukkateuren, Malern und Teppichwirkern, die überwiegend zur Kasseler Hofwerkstatt gehörten. Viele Freiheiten waren ihnen nicht gegeben; von seinem eigenen Geschmack abweichende Ausformungen pflegte der Landgraf mit schärfster Kritik zu ahnden; künstlerischen Experimenten brachte er nur wenig Verständnis entgegen. Die Wilhelmsburg hat dadurch den Charakter eines persönlichen Vermächtnisses angenommen.

Betrachten wir sie nunmehr etwas genauer: Es handelt sich um eine zweigeschossige Vierflügelanlage mit annähernd quadratischem Innenhof, die vordergründig zunächst eher schlicht anmutet. Im 19. Jahrhundert ist die mit allerlei Zwerchhäusern und Giebeln gezierte Dachlandschaft verloren gegangen. Allein der Turm der Schlosskapelle bildet jetzt noch einen himmelstrebenden Akzent. Der blockhaften Erscheinung kann man aber auch eine gewisse Absicht unterstellen. Die Raffinessen der durch zwei große Tordurchfahrten im West- und Ostflügel erschlossenen Anlage sollten sich erst im Inneren offenbaren. Betreten wir den Schlosshof durch das stadtseits gelegene westliche Portal, so begrüßt uns noch heute das in Stein gemeißelte und erst jüngst restaurierte Brustbild des eigenwilligen Bauherrn. Zu allem übrigen gelangt man über vier in die Ecken des Gebäudes eingestellte Treppentürme.

Im Erdgeschoss befindet sich das auf die persönlichen Bedürfnisse Wilhelms zugeschnittene „Landgrafengemach“, das sich sowohl in den West- als auch in den Nordflügel erstreckt. Neben Stube, Kammer, Nebenkammer und Vorzimmer gehört dazu

Abb. 73. Blick auf die Wilhelmsburg (im Vordergrund der Marstall)

auch eine besondere, zweigeteilte „Badestube“. Vom Vorgemach aus konnte der Landgraf zudem zur großen Hofstube, dem sogenannten „Exerziersaal“ gelangen, der ehemals auch die Nordostecke einnahm. Im angrenzenden Ost- und im Südflügel des Erdgeschosses stößt man sodann auf verschiedene Wirtschaftsräume und die große Herrenküche. Nach Westen hin dehnt sich der Sockel der sämtliche Geschosse überragenden Schlosskapelle aus. Die drei verbleibenden, in direkter Nachbarschaft zur stadtseitigen Tordurchfahrt gelegenen Räume gelten als Torstube und Gemach des Burggrafen.

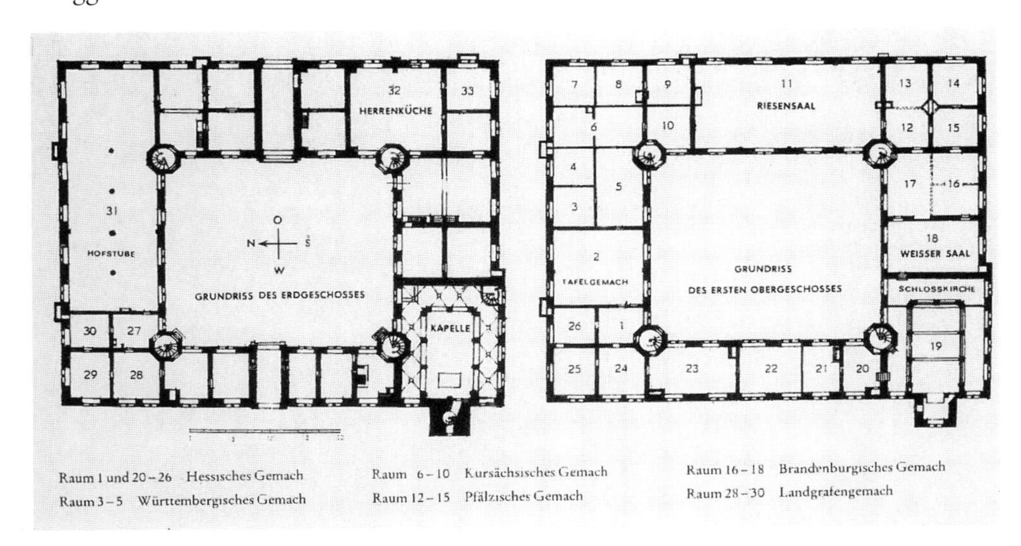

Abb. 74. Grundrisse des Schlosses (Erdgeschoss und Erster Stock)

Die „Bel-Etage“ im Obergeschoss des Schlosses, das teilweise durch ein Mezzanin unterbrochen ist, besitzt insgesamt fünf „Gemächer“, die mit der Anordnung der Treppentürme korrespondieren. Sie setzen sich wiederum aus verschieden kleinen – in der Regel vier – Räumlichkeiten zusammen und wurden nachweislich schon in der Erbauungszeit von Wilhelm IV. mit den Namen anverwandter und verbündeter Fürstenhäuser bezeichnet. Das „Hessische Gemach“ der Hausherren nimmt zur Stadtseite hin den gesamten Westflügel ein. In der nördlichen Ecke des Ostflügels befinden sich das „Württembergische“ und das „Kursächsische Gemach“. Im südöstlichen Bereich sind es das „Pfälzische“ und das „Brandenburgische Gemach“. Zwischen diesen Wohngemächern vermitteln drei unterschiedlich große, repräsentativen Zwecken dienende Säle, die mit den jeweiligen Vorgemächern in Verbindung stehen. Im Nordflügel das „Tafelgemach“, im Ostflügel der sogenannte „Riesensaal“ und im Südflügel der

„Weiße Saal". Alle Räume sind miteinander verbunden. Von den bis 1820 im Dachgeschoss untergebrachten Gästezimmern hat sich lediglich noch eines, das „Weiße Zimmer" erhalten.

Abb. 75. Die Erbauer: Landgraf Wilhelm IV. von Hessen-Kassel und Landgräfin Sabine geb. Herzogin von Württemberg

Was das Schloss trotz zahlreicher Sanierungs- und Restaurierungsmaßnahmen noch heute besonders auszeichnet, ist die bildhafte Gestaltung seiner Innenräume. In ihren wichtigen Teilen lässt sie sich auf die Erbauungszeit zurückführen. Bestimmendes Dekorationselement ist ein vermutlich aus niederländischen Ornamentstich-Sammlungen entlehntes, aufwendig gestaltetes Roll- und Beschlagwerk. Im Inneren ordnet es sich zumeist prunkvoll inszenierten Scheinarchitekturen unter, die auf den Bereich der Türen, Fenster und Kamine bezogen sind. Vor allem in der Schlosskapelle, dem sogenannten „Weißen Saal" des Obergeschosses und im „Weißen Zimmer" des Dachgeschosses tritt es als feine Stuckarbeit hervor; im übrigen jedoch findet es sich in den illusionistischen Wandmalereien wieder. Innerhalb dieses Dekorums lässt sich allerlei symbolisch und allegorisch zu deutendes Bildprogramm entdecken. Hier und da begleitet es auch lebensgroße biblische und mythologische Gestalten. Alles in allem zeigt sich hier ein schier unerschöpflicher „mundus symbolicus", mit dem Landgraf Wilhelm IV. seinen

Gästen einige lehrhafte Botschaften – modern gesprochen: die wesentlichen „Eckwerte" seiner religiösen und politischen Überzeugung – zu übermitteln versuchte.

In seinem ebenerdig gelegenen Gemach sind es gewissermaßen einleitend vor allem einschlägig vertraute Herrschafts-, Glaubens- und Tugendsymbole wie Krone, züngelnde Schlangen, flammende Herzen, Spiegel und Waffen, die die Ausmalung prägen. Das nach Westen angrenzende Empfangszimmer besitzt eine bemalte Kassettendecke, die Personifikationen der freien Künste – gedeutet als Grammatik, Rhetorik, Dialektik und Astrologie – vor Augen führt. Bekanntlich war Landgraf Wilhelm wegen seiner umfassenden mathematischen, physikalischen und astronomischen Kenntnisse berühmt.

Auch in den Wohngemächern im Obergeschoss setzt sich das Prinzip des symbolischen Verweisens fort. Die Farbgebung der Räume ist absichtsvoll den jeweiligen Landesfarben der verschiedenen Herrscherhäuser entlehnt. So wurde etwa das „Hessische Gemach" in rot-weiß, das „Kursächsische" in schwarz-gelb und das „Brandenburgische Gemach" in schwarz-weiß gehalten. Die verbindenden Türen flankieren gemalte Karyatiden und Hermen oder, wie an den zum Riesensaal führenden Eingängen, etwas überlebensgroße Landsknechtsfiguren, auch „Trabanten" genannt.

Über das Vorzimmer des Hessischen Gemachs betritt man im Nordflügel das Tafelgemach, das seit 1680 auch als „Blauer Saal" und seit 1821 gar als „Thronsaal" bezeichnet wurde. Die einfallsreich gestalteten Wandmalereien dieses kleinen Speisesaals bespiegeln die Wonnen des Weingenusses, kritisch von den tugendhaften Personifikationen von Temperantia, Justitia, Prudentia, Caritas, Spes, Pietas, Fortitudo und Fides beäugt. An die Zimmerfolgen des Württembergischen und Kursächsischen Gemachs anschließend, erstreckt sich im Ostflügel der für große Bankette und Feste vorgesehene „Riesensaal".

An den zwei gegenüberliegenden Haupteingängen der Stirnseiten begegnet uns die bereits beschriebene Situation der großen Innenhofportale wieder: Oberhalb der nördlichen Tür begrüßt den Eintretenden das überlebensgroße Halbfigurenbildnis Landgraf Wilhelms. Neben den eindrucksvollen Wandmalereien und einem überaus kunstvoll gearbeiteten Prunkkamin, der das effektvolle Wechselspiel von Architektur, Plastik und illusionistischer Malerei auf die Spitze treibt, beansprucht vor allem die großartig gearbeitete Kassettendecke Aufmerksamkeit. Ehemals waren ihre Felder sämtlich mit szenisch ausgeschmückten Leinwandbildern bespannt, von denen sich allerdings leider nur klägliche Reste erhalten haben. Das ursprüngliche Programm lässt sich jedoch höchst detailliert aus Anweisungen des Landgrafen an seine Maler erschließen: Seinen Wünschen gemäß sollten die acht Hauptkassetten wiederum den christlichen Tugenden Pietas, Fides, Spes und Caritas und den Kardinaltugenden Justitia, Pruden-

Abb. 76. Blick in den sogen. „Riesensaal"

tia, Fortidudo und Temperantia gewidmet werden. Jeder einzelnen wies Wilhelm nochmals vier illustrierende Darstellungen zu, die in die kleineren Nebenfelder eingebracht wurden. Für die vier vorangestellten christlichen Tugenden wählte der Landgraf Exempel aus der Bibel unter Einschluss apokrypher Schriften: So sollte beispielsweise das segensreiche Wirken der Caritas – eine der wenigen Darstellungen, die sich in Überresten erhalten hat – durch die Geschichte von dem verlorenen Sohn, der des barmherzigen Samariters und den ihren Glaubensbrüdern geltenden Rettungstaten der Propheten Abdias (Obadja) und Tobias illustriert werden. Den vier nachgeordneten Herrschertugenden ordnete Wilhelm ausschließlich Vorbilder aus der klassischen Antike zu. Justitia sah er so in den gerechten Taten der Griechen Zaleukos, Cambyses, Alexanders des Großen und in der Geschichte von dem grausamen Tyrannen Phalaris und seinem Opfer Perillus thematisiert. Es ist hier leider nicht der Platz, alle Felder zu beschreiben, die vermutlich schon den Zeitgenossen so einiges an Bildung, Geduld und Kopfzerbrechen abnötigten, zumal es auch noch entlang der umlaufenden Wände eine Vielzahl anspruchsvoller Bildergeschichten zu studieren gab: An der Hofseite Szenen des Alten Testaments, in den gegenüberliegenden Fensterabschnitten der Feldseite Erzählungen aus der Antike, jeweils von ungewöhnlich großen und sehr lebensnah wirkenden Figuren gerahmt.

Über das angrenzende Pfälzische und Brandenburgische Gemach führt der Rundgang in den sogenannten Weißen Saal des Südflügels, den eine außerordentlich feine Stuckdekoration auszeichnet. In den Kartuschen der Decke lassen sich unter anderem Simson mit dem Löwen, ein Gloria Dei, das landgräfliche Wappen, Putten und musizierende Frauengestalten, oberhalb der von Karyatiden und Hermen flankierten Türen ein Fries mit Allegorien der Prudentia, Justitia und Providentia Dei, an der südlichen Langseite ergänzt um Pax und Fiducia entdecken. Drei weitere Kartuschen geben vermutlich das Jahr der Fertigstellung – 1590 – und die Initialen des Bauherren und seiner Gemahlin wieder. 1677 unter der Regentschaft der Landgräfin-Witwe Hedwig Sophie, einer Schwester des „Großen Kurfürsten" Friedrich Wilhelm von Brandenburg, der „brandenburgischen" Gemachfolge zugeschlagen, diente dieser Saal ursprünglich als vorgelagerter Versammlungsraum bzw. Assembleezimmer für die westlich angrenzende Schlosskapelle, deren Weihe das Ende des ersten Bauabschnitts der Wilhelmsburg einläutete.

Das Innere dieses protestantischen Kirchenbaus stellt sich noch immer als ein Gesamtkunstwerk besonderen Ranges dar, dessen anspruchsvolle Konstruktion und Ausstattung hier nur hinsichtlich einiger besonders charakteristischer Elemente beschrieben werden kann. Es handelt sich um einen flach gewölbten Saalbau auf rechteckigem Grundriss mit festgefugten Sitzreihen und steinernen Emporen, deren dreigeschossiger Aufriss durch eine klassische Säulenordnung gegliedert ist. Baubedingt an der Westseite, nicht an der kanonisierten Ostseite untergebracht, findet sich frontal zur Gemeinde mustergültig das für den evangelischen Gottesdienst geforderte Ineinander von Kanzel, Altar, Taufbecken und Orgel realisiert: Über dem Tischaltar aus Alabaster, der an den Ecken von vier als Trägern fungierenden Evangelistensymbolen geziert, in der Mitte mit einer Vorrichtung für die Taufschale versehen ist, erhebt sich die nunmehr mit einer Darstellung des Pfingstwunders geschmückte Kanzel, deren Schalldeckel zugleich die vorspringende Sängerbühne der Orgelempore bildet. Ihr gegenüber liegt ein zum Kirchenraum hin durchfensterter, ansonsten aber in sich geschlossener und mit einem Ofen versehener Fürstenstand, auch die „landgräfliche Betstube" genannt. Er steht in Verbindung mit der „mittlere[n] Wanderung", die zwischen den im Süd- und Westflügel des Obergeschosses gelegenen Wohngemächern vermittelt.

Abb. 77. Schlosskirche mit Altar, Kanzel und Orgel

Hier nun schließt sich der Kreis: Wie schon im „Weißen Saal" findet sich in der Stuckdekoration wiederum das bereits vertraute Roll- und Beschlagwerk nebst allerlei allegorisch zu deutendem Programm. Als eine Art Schlussstein ziert das mittlere Joch der Decke eine stuckierte Krone, der das landgräfliche Monogramm und das Datum 1588 zugeordnet sind. An den Emporenbrüstungen und der Westwand sind Inschriften aufgemalt, die auf ehemals darüber angebrachte Tafelbilder Bezug nehmen. Damit sind wir nun bei den markanten „Fehlstellen" in der Renaissanceausstattung der Wilhelmsburg angekommen. Trotz des guten Erhaltungszustands ist vieles von der durch Landgraf Wilhelm verfügten Erstausstattung inzwischen verloren gegangen. Gleichwohl lassen sich diese Verluste anhand einer Vielzahl von Rechnungen, Inventaren und den bereits genannten Anweisungen des Landgrafen ungewöhnlich gut rekonstruieren. So wissen wir, dass die Schlosskapelle mit einem großformatigen Bilderzyklus zur sogenannten „Antithesis Christi et Papae" geschmückt war, die auf einer 1521 von dem Reformator Philipp Melanchthon kommentierten Holzschnittfolge Lukas Cranachs d. Ä. beruhte. Sie stellte auf polemische Art und Weise zwanzig Szenen aus dem Leben Christi kontrastierend dem weltlich diskreditierten Regiment des Papstes gegenüber. Die Ausführung übertrug Wilhelms IV. seinem Hofmaler Georg Cornet (aus Ypern); die Abfassung der Bildunterschriften in Form lateinischer Hexameter mit zweizeiligen deutschen Rückübersetzungen hatte sein eben 15jähriger Sohn Moritz zu leisten.

Ebenso gut sind wir auch über Bildteppiche und „Rücktücher" unterrichtet, die überwiegend von dem aus Oudenaarde stammenden Teppichwirker Franz Steinbach angefertigt wurden. Während für das „Tafelgemach" eine beziehungsreiche Folge zur Tobias-Geschichte bestellt wurde, forderte der Landgraf für die unterschiedlichen Wohngemächer des Schlosses individuell zugeschnittene und in den jeweiligen Landesfarben gewirkte Behänge, die in der Regel gleich mehrere runde Bildfelder mit szenischen Darstellungen – „Compartamenta“ genannt – aufnehmen sollten; sie sollten abwechselnd mit von Wilhelm persönlich diktierten „Historien“ und „Problemata“ gefüllt werden, wobei es sich einmal mehr um sinnbildliche Darstellungen wünschenswerter Herrschertugenden handelte, denen mahnende Gegenbeispiele und Laster beigesellt wurden. Die in seinen Anweisungen mitgeteilten Inhalte sind insgesamt von einem pädagogischen Impetus geprägt, den Wilhelm aus der ihm nur zu gut vertrauten Erziehungsliteratur der „Fürstenspiegel“ übernommen zu haben scheint. Schon 1537 war dem damals gerade fünfjährigen Landgrafenspross, der einmal in die Fußstapfen Philipps des Großmütigen treten sollte, eine Schrift des Marburger Professors Reinhard Lorichius mit dem Titel „Wie iunge fursten vnd grosser herrn kind rechtschaffen instituirt vnd unterwisen“ gewidmet worden. Die in den Text eingestreuten Sentenzen, Anekdoten und historischen Beispiele dienten dazu, vorbildliches und abschreckendes Verhalten in Angelegenheiten des Regierens, der Hofhaltung und der Kriegsführung zu illustrieren: Für das rot-weiße Gemach wurden mithin fünf, für das schwarz-gelbe vier und für das blau-weiße Gemach noch einmal drei Teppiche mit insgesamt mehr als 30 Darstellungen bestellt und geliefert.

Zuguterletzt bemühte sich Wilhelm IV. seine komplette Familie in der Wilhelmsburg unterzubringen, insbesondere seinen Vater Landgraf Philipp, die Mutter Christine von Sachsen und seine acht jüngeren Geschwister mit allen dazugehörigen Ehefrauen und Gatten. Zumindest in effigie, das heißt in Form einer eigens für diesen Zweck von seinen Hofkünstlern gemalten Bildergalerie sollten sie allen Besuchern seines Schlosses vom Ruhm des Hauses Hessen und seiner geschickten Bündnispolitik künden. Von diesen 1592 gemalten, 1813 und 1822 versteigerten Doppel- bzw. Tripelporträts der Wilhelmsburg konnten inzwischen fünf in verschiedenen Sammlungen wiedergefunden werden. In allen Fällen handelte es sich um vergrößerte Kopien kleinerer Porträts aus verschiedensten Werkstätten, die der Landgraf seit Beginn der Bauarbeiten in langen Briefen an seine anverwandten „Liebden“ erbeten hatte, was belegt, dass wir sie nicht einfach als eine eher lässliche Zutat, sondern als ein geradezu konstituierendes Element der Wilhelmsburg-Ausstattung interpretieren können. Wie aus seinen Briefen hervorgeht, sollten die Porträts sein „sonderlich Gemach“ schmücken, bei dem es sich wohl am ehesten um das Eckgemach im Erdgeschoss gehandelt haben dürfte.

Abb. 78. Eingangstor zum Schloss

Das sorgfältig ausgetüftelte Ausstattungsprogramm der Wilhelmsburg war in seinen Grundzügen jedoch nicht auf eine Verherrlichung der ruhmreichen Vergangenheit, sondern auf die Zukunft gerichtet. Es kann nicht verwundern, dass es ausgerechnet in Schmalkalden verwirklicht werden sollte. Den europäischen Herrscherhäusern war die historische Bedeutung dieser Stadt, in der sich das erste Verteidigungsbündnis der Reformationsfürsten formiert hatte, wohl bewusst. Mit seinem Schloss, das wie eingangs erzählt von seinem Nachfolger gerne für besondere Feierlichkeiten, vor allem aber auch für wechselnde Jagdgesellschaften aufgesucht wurde, untermauerte Wilhelm im Wortsinne seinen sehnlichen Wunsch nach einer geordneten, einigen und deshalb mächtigen Bündnispolitik der Evangelischen. Vor dem Hintergrund der aufbrechenden Konflikte zwischen Lutheranern und Calvinisten lässt sich insbesondere die „Antithesis Christi et papae" nicht anders als eine Mahnung an seine – mehrheitlich dem Familienkreis angehörigen – Glaubensgenossen verstehen, die Reihen auch weiterhin geschlossen zu halten. Doch es sollte bekanntlich anders kommen. Der herzliche Wunsch seiner Schwester Barbara, es mögen dem Landgrafen Wilhelm in seinem „neu gebaut haus Wilhelmsburk" mit seinem „sonderlich gemach" noch „manch und viel jar in guter gesundheit" verbleiben, blieb ein frommer. Knapp zwei Monate, nachdem er ebendort am 24. Juni 1592 im Kreise seiner Familie seinen 60. Geburtstag gefeiert hatte, verstarb Landgraf Wilhelm der Weise in Kassel.

Bis 1598 wurden schließlich nach seinen Plänen auch noch die Räume im Dachgeschoss ausgestattet. Für 1619 sind Ausbesserungs- und nochmals Malerarbeiten bezeugt, die wohl Wilhelms Nachfolger, Landgraf Moritz der Gelehrte, in Auftrag gegeben hat. Unter seiner Regentschaft entstanden zudem noch verschiedene Nebengebäude und die terrassierte Gartenanlage samt Wasserspielen am Südhang des Schlossbergs. Nach Moritz' Abdankung geriet das Schloss zeitweilig in den Besitz der Landgrafen von Hessen-Darmstadt, die es unberührt den Wirren des Dreißigjährigen Krieges überließen. Nach 1637 fanden verschiedene Reparaturen und ab 1677 im Zusammenhang mit seiner Nutzung als Witwensitz für die Mutter Landgraf Karls, Hedwig Sophie von Brandenburg, eine umfassende „Renovierung" der Anlage statt. 1716 verfasste Johann Conrad Geisthirt eine zweibändige „Historia Schmalcaldica", die ausführlich die Ausstattung beschreibt und noch heute erheblichen Quellenwert besitzt. Nachdem es in der „westfälischen" Zeit unter König Jérôme Bonaparte zeitweilig als Lazarett genutzt worden war, konnte der 1813 aus dem Exil zurückgekehrte Kurfürst Wilhelm I. dem verwahrlosten Schloss leider nicht mehr viel abgewinnen. Von 1820 an fanden im Zusammenhang mit der Einrichtung eines Behördensitzes nachhaltige Eingriffe, unter anderem an der Dachkonstruktion statt. Als auch noch Teile der originären Innenausstattung in Mitleidenschaft gezogen wurden, formierte sich der Protest der Denkmalschützer. Auf Initiative des Hennebergischen Geschichtsvereins seit 1878 als landeskundliches Museum genutzt, ist das Renaissanceschloss Landgraf Wilhelms IV. seither immer wieder Objekt umfangreicher Bauuntersuchungen, Sanierungs- und Restaurierungsmaßnahmen gewesen. 1994 wurde es der Stiftung Thüringischer Schlösser und Gärten übertragen. In jüngster Zeit wurde es mit einer beeindruckenden historischen Ausstellung zu Schmalkaldens „Aufbruch in die Neue Zeit" ausgestattet.

Literaturhinweise

Friedrich LASKE / Otto GERLAND, Schloß Wilhelmsburg bei Schmalkalden, Dresden 1895.

Dieter ECKARDT u.a., Schloß Wilhelmsburg in Schmalkalden. Amtlicher Führer. Stiftung Thüringer Schlösser und Gärten, München 1999.

Dieter ECKARDT u.a., Museum Schloß Wilhelmsburg. Aufbruch in die Neue Zeit. Ein Führer durch die ständige Ausstellung, Schmalkalden 1999.

Hessen und Thüringen. Von den Anfängen bis zur Reformation. Katalog zur Landesausstellung, Marburg/Eisenach 1992.

Cornelia DÖRR, „Die Großmütigen". Ein Beitrag zur Entwicklung der protestantischen Herrschaftsikonographie. In: J.J. BERNS / D. IGNASIAK (Hrsg.), Frühneuzeitliche Hofkultur in Hessen und Thüringen, Erlangen/Jena 1993, S. 77f.

Peter HANDY, Die Wandmalereien des Schlosses Wilhelmsburg. Betrachtungen zum Werk Georg Cornets. In: Zs. des Vereins für Hess. Geschichte und Landeskunde 95, 1990, S. 77-86.

Michael SCHMIDT, Neue Forschungen zur Ausstattung von Schloß Wilhelmsburg. In: Jahrbuch der Stiftung Thüringische Schlösser und Gärten 3, 1999, im Druck.

Barbara Dölemeyer

Homburg vor der Höhe

„Freundlich winket das Schloss und bekrönet die Wonnegefilde,
Mit weitschimmerndem Turm schaut es thronend umher... „
(Isaac von Gerning)

Das Homburger Landgrafenschloss liegt auf der höchsten Stelle des Hügelrückens, auf dem die Kernstadt Homburg erbaut ist. Die spätmittelalterliche Anlage der „Hohenburg" findet sich um 1180 erstmals – indirekt – urkundlich erwähnt: Wortwin von Steden-Hohenberch (Hoimberg/Homburg) wird in einer Zeugenreihe genannt. Um 1200 verkaufte Wortwin die Burg an Gottfried I. von Eppstein. Unter den Eppsteinern, bzw. ihren Burgvögten, den Herren Brendel von Homburg, wurde die Burg erweitert („Brendelsburg"). Aus ihrer ersten Ausbauphase im 14. Jahrhundert ist noch der Bergfried, der „Weiße Turm", als Mittelpunkt des oberen Schlosshofs erhalten.

Nach Wechseln in der Herrschaft gelangte das Amt Homburg 1504 an das Haus Hessen. Unter Landgraf Philipp dem Großmütigen wurde es ab 1526 protestantisch. Im 16. Jahrhundert war Homburg häufig verpfändet: an Hanau-Münzenberg; Stolberg-Königstein, Reifenberg. 1568 wurde es von Hessen wieder eingelöst und kam schließlich 1583 an Landgraf Georg I. von Hessen-Darmstadt. Als die Söhne Georgs I. durch Erbvertrag die Primogenitur einführten (1602/bestätigt 1608), musste der Älteste, Landgraf Ludwig V., als nunmehr alleiniger Erbe der Landesherrschaft die jüngeren Brüder mit Apanagen abfinden. Geldmangel behinderte die Auszahlung der Apanagen und führte 1622 zur Übergabe des Amtes Homburg an Friedrich I. (den Älteren) und damit zur Gründung des Landgrafenhauses Hessen-Homburg, wobei sich Darmstadt bestimmte Souveränitätsrechte über die „apanagierte" Seitenlinie vorbehielt. Landgraf Friedrichs Umbaumaßnahmen an der alten Burganlage wurden durch den Dreißigjährigen Krieg beeinträchtigt. Die ältesten Stadtansichten Homburgs aus dem Anfang des 17. Jahrhunderts zeigen die Burg mit dreistöckigem Steinhaus (Palas, Kemenate, runder Eckturm); sie liegt mit ihren Ringmauern dicht am Abhang des Burghügels; auf einigen Bildern sind noch weitere stattliche Gebäude (evt. Schreibstube, Rentamt und Archiv) sowie eine Burgkapelle zu erkennen.

Abb. 79. Schloss Homburg v. d. Höhe in der Ansicht Merians (Ausschnitt)

„Schütz Höchster dieses Haus, erhalt auch unverletzet der großen Fürsten Stamm, der hier den Grund gesetzet.. „
(Landgraf Friedrich II., Bauinschrift am Portal der „Friedrichsburg", 14.5.1680)

Abb, 80. Inneres Schlosstor mit Reiterfigur Landgraf Friedrichs II. von Hessen-Homburg

An der Stelle dieser alten Burganlage ließ Landgraf Friedrich II. von Hessen-Homburg (*1633, reg. 1680-1708) ab 1680 seine „Friedrichsburg" als barocke Schlossanlage errichten. Prinz Friedrich hatte als jüngster Sohn Friedrichs des Älteren zunächst keine Aussicht, selbst regierender Herr in Homburg zu werden, und trat deshalb in schwedische Kriegsdienste. Aus dem reichen Vermögen seiner ersten Frau Margarete Brahe (1603-1669) kaufte Friedrich in den Jahren 1661/62 einige Güter in Kurbrandenburg, wo er viele Aktivitäten zur Förderung und Besiedelung der durch den Krieg entvölkerten Gebiete entfaltete. 1670 heiratete er in zweiter Ehe Louise von Kurland, die Nichte des Großen Kurfürsten; im Zusammenhang damit trat er zur reformierten Konfession über. In brandenburgische Dienste übergewechselt, hatte er maßgeblichen Einfluss auf den Sieg des Großen Kurfürsten über die Schweden in der Schlacht bei Fehrbellin 1675, welcher „den Grund zu Preußens Größe" legte. Der Gestalt des romantischen Träumers „Prinz Friedrich von Homburg", welche Heinrich von Kleist in der dichterischen Darstellung dieses Ereignisses zeichnete, entsprach der historische Friedrich aber keineswegs.

Nach dem Tode seiner älteren Brüder wurde er als Friedrich II. Landgraf von Hessen-Homburg und verlegte 1680 seine Residenz nach Homburg, wo er sogleich begann, im Sinne merkantilistischer Wirtschaftspolitik Aktivitäten zur Hebung des Wohlstands zu entfalten. Mit der Ansiedlung hugenottischer Glaubensflüchtlinge in Homburg selbst wie im benachbarten Friedrichsdorf verband sich die Neuerrichtung von Manufakturen. Bei diesen wie in der Anlage des Schlossbaus stützte er sich auf seinen Baumeister und Berater Paul Andrich. Etwa ab 1678 ließ Friedrich II. die alte Burg in eine barocke Schlossanlage umwandeln, wobei Teile des mittelalterlichen Baus in die Neuanlage einbezogen wurden. Der Grundstein wurde 1680 gelegt, wie die Inschrift auf dem prachtvollen Barockportal besagt, das den Landgrafen als hoch zu Ross aus der Mauer hervorsprengenden Reiterführer zeigt.

Die Anlage umschließt mit fünf Flügeln zwei große Höfe. Die äußere Gestalt der „Friedrichsburg" blieb – abgesehen von einigen An- und Umbauten des 18. und 19. Jahrhunderts – im wesentlichen bis heute von diesem Konzept bestimmt. „Regularität", Regelmäßigkeit des Grundrisses und einheitliche Bau- und Fassadengestaltung, entsprechen dieser barocken Auffassung. Ihr musste gegen die Proteste der Bürgerschaft auch die ursprünglich in der Nähe der Burg gelegene alte Stadtkirche weichen.

Abb. 81. Bronzebüste Landgraf Friedrichs II., des „Prinzen von Homburg", von Andreas Schlüter

Abb. 82/83. Schlosskirche und Spiegelkabinett Landgraf Friedrichs III. Jakob

Obwohl Friedrich für seine Familie und den Hof schon vorher eine reformierte Schlosskapelle eingerichtet hatte, die 1685 geweiht wurde, ließ er zur Komplettierung der Schlossanlage noch eine gesonderte Schlosskirche errichten, die, 1697 fertiggestellt, in den beiden Folgejahrhunderten zugleich Stadtkirche für die Homburger Bürgermeinde war. Unter dem Chor der Kirche blieb die schon von Friedrich I. eingerichtete Grablege des Landgrafenhauses erhalten. Die von Andreas Schlüter geschaffene Portraitbüste Friedrichs II., das Abbild eines absoluten Herrschers, die der Homburger Bildgießer Johannes Jacobi um 1704 in Bronze gegossen hat, steht heute im Mittelpunkt des Schloss-Vestibüls. Über dem Portal des Archivflügels, wo sie früher ihren Platz hatte, befindet sich eine moderne Kopie.

Der Sohn und Nachfolger, Landgraf Friedrich III. Jakob (*1673, reg. 1708-1746), wollte die gegen den Taunus hin offene Anlage des oberen Schlosshofs durch den Darmstädter Architekten Louis Remy de la Fosse schließen und durch Aufstockungen ergänzen lassen; doch seine Pläne blieben unausgeführt. Auch von geplanten Umbauten im Inneren ist nur ein vertäfeltes Spiegelkabinett erhalten. Die nachfolgenden Landgrafen haben keine großen Bautätigkeiten entfaltet. In der Regierungszeit Friedrichs V. Ludwig (1768-1820) erhielt die kleine Landgrafschaft, die 1806 zunächst in das neue Großherzogtum Hessen eingegliedert worden war, auf dem Wiener Kongress ihre volle Souveränität und wurde zugleich um das linksrheinische Oberamt Meisenheim am Glan vergrößert. Es war sicher hilfreich, dass die Homburger Prinzessin Marianne mit dem Bruder des Preußen-Königs verheiratet war, dass mehrere Homburger Prinzen während der Kriege gegen Napoleon unter Österreichs und Preußens Fahnen gekämpft haben.

Abb. 84. Blick auf Schloss und Schlosspark

Abb. 85. Insel im kleinen Tannenwald
(von Th. Albert, um 1850)

„Das Schicksal spiele nur mit Thron und Bettelstabe, Nur schon' es Tempé mir, zur Lust und dann zum Grabe!"
(Landgraf Friedrich V. Ludwig)

Verdient gemacht haben sich Landgraf Friedrich V. Ludwig und seine Gemahlin Caroline von Hessen-Darmstadt, die Tochter der „großen Landgräfin", vor allem um die Gartenanlagen am Homburger Schloss. Der Homburger Schlossgarten wurde in der zweiten Hälfte des 18. Jahrhunderts landschaftlich umgestaltet, doch in einigen Details sind noch Spuren der barocken Gartenanlage erkennbar. Das regelmäßige, ursprünglich barocke Blumenparkett vor dem Königsflügel wurde nach historischen Vorbildern wiederhergestellt. Unterhalb des Schlosses erstreckt sich, zum Teil stark abfallend, ein englischer Landschaftsgarten, der den Schlossteich mit einer „Rousseau-Insel" einschließt. Friedrich V. Ludwig, der wohl auch das Orangeriegebäude errichtet hat, ließ auch die nordwestlich an die Residenz anschließenden Gärten an der Tannenwaldallee anlegen, die bis in den Taunus reichen. Er nannte den Lusthain Großer

Abb. 86. Landgräfin Elizabeth von Hessen-Homburg (Aquarell von G. P. Harding, um 1805)

Tannenwald sein „Tempé“ nach dem Tempe-Tal am griechischen Olymp. Alle seine Söhne, außer dem 1813 bei Großgörschen gefallenen Leopold, besaßen längs der Allee Gärten. Ein Teil dieser Gartenlandschaft, die wohl zwischen 1770-1840 angelegt wurde, soll – soweit dies noch möglich ist – in ihren Strukturen wieder nachvollziehbar gemacht werden.

„My beloved and happy home“
(Landgräfin Elizabeth)

Größere bauliche Veränderungen am Schlosskörper selbst erfolgten erst im Laufe des 19. Jahrhunderts. 1818 heiratete der Erbprinz und spätere Landgraf Friedrich VI. Joseph (*1769, reg. 1820-1829) die englische Prinzessin Elizabeth (1770-1840), auch Eliza genannt, Tochter des englischen Königs George III. und seiner Frau Charlotte von Mecklenburg-Strelitz. Durch die Apanage der Prinzessin kam Geld ins Landgrafenhaus. Anfang der zwanziger Jahre muss das Schloss, in den Grundzügen weiterhin die barocke Anlage, in schlechten Zustand gewesen sein. Das Interesse Elizas und ihres Gemahls für Architektur und Gartengestaltung führte alsbald zu vielfältigen Veränderungen und baulichen Verbesserungen am Schloss und in seiner Umgebung. Weitere baulich-denkmalpflegerische Unternehmungen entfaltete das Paar in Homburg und Umgebung. Dazu zählten die Versetzung des „Heiligen Grabes“ von Gelnhausen nach Homburg, die Sicherung der Mauerreste der Saalburg, der Umbau des Schlosses in Meisenheim und die Errichtung des sogen. „Gotischen Hauses“.

Am Homburger Schloss nahm man zunächst Detailverschönerungen vor. 1825 setzten dann umfangreichere Baumaßnahmen ein. Die wesentlichen Pläne dazu stammten vom großherzoglichen Oberbaudirektor Georg Moller in Darmstadt, der auch die Leitung der Arbeiten übernahm. Im ersten Obergeschoss des früheren Marstalltrakts an der Nordwestseite des unteren Schlosshofs richtete sich das Landgrafenpaar den später sogen. „Englischen Flügel“ als Wohnung ein. Elizabeth, die aus ihrer Heimat modernen Wohnkomfort gewohnt war, sorgte auch für fortschrittliche sanitäre Einrichtungen. 1830 musste die reformierte Schlosskapelle, die über zwei Stockwerke reichte, wegen Baufälligkeit geschlossen werden. Durch Einzug einer Decke wurde ein Bibliothekssaal eingerichtet, der dem Gebäudeteil, der an den Englischen Flügel anschließt, den heutigen Namen „Bibliotheksflügel“ gab. Es folgten Erweiterungsbauten an der alten Orangerie, der Ausbau des Königsflügels, die Schaffung eines Vestibüls im Inneren des Schlosses (anstelle der alten Tordurchfahrt) und die Erneuerung von Treppenhaus und Speisesaal.

Abb. 87/88. Festsaal und ehem. Bibliothek im sogen. „Englischen“ oder „Elisabethen-Flügel“ des Schlosses

Vom Balkon des englischen Flügels aus hatte Landgräfin Elizabeth einen weiten Blick durch die begradigte Tannenwaldallee. An deren Ende und am Eingang zum „Großen Tannenwald“ liegt das von Landgraf Friedrich VI. Joseph und seiner Gemahlin ab 1823 als Jagdschloss erbaute „Gotische Haus“. Unbekannt ist, wer die Konstruktionszeichnungen fertigte; möglicherweise war der Darmstädter Moller an der Konzeption beteiligt. Aber viele Anregungen kamen von Eliza selbst, die am englischen Königshof eine künstlerische Ausbildung erhalten hatte. Unter Anleitung des Architekten James Wyatt verfertigte sie eigene Entwürfe. Anschauungsunterricht in neugotischer Bauweise brachte ihr die Kenntnis von Kew Palace, gartengestalterische Eindrücke die Gartenlandschaft von Kew Gardens, wo sie sich häufig aufgehalten hatte. 1786 hatte sie die berühmte, von Horace Walpole errichtete Anlage von Strawberry Hill kennengelernt. Ihr Interesse für Architektur und Innenausstattung wandte sich in ihrer Heimat zunächst vor allem Frogmore House zu, in dessen Park sie ein Gotisches Häuschen am See entwarf, Cottages gestaltete usw. Elizabeth kannte sicher auch die Wörlitzer Gartenlandschaft des Fürsten Leopold III. Friedrich Franz von Anhalt-Dessau (1740-1814) und das dortige Gotische Haus. So spricht vieles für den starken persönlichen Einfluss der Landgräfin auf die Baugestaltung. Moller konzipierte ab 1825 den Ausbau der Halle des Gebäudes.

Das Gotische Haus setzt sich aus einem hohen Kernbau und einem niedrigen Umgangsbau zusammen. Ein den Flachdächern vorgesetzter Zinnenkranz umgibt das Gebäude, wobei die vier Ecken von je einem polygonalen Erker abgeschlossen werden.

Grundriss und Fassade weisen klare Linienführungen auf. Die Gestalt des Gotischen Hauses erscheint aus zwei Richtungen inspiriert: Zum einen nimmt es Elemente der gotischen Häuschen in der englischen Parkarchitektur auf, die auch in deutschen Landschaftsgärten beliebt waren; zum anderen waren Vorbild auch die neugotischen Schlösser, die in England im späten 18. Jahrhundert entstanden, mit ihrer Mischung aus klassizistischen und neugotischen Stilelementen. Es war ein Rückschlag für das Bauprojekt, daß im November 1823 beim Einsturz des Dachstuhls ein Arbeiter getötet und andere verletzt wurden. Das als Lustschlösschen eingerichtete Haus wurde zu Elizabeths Lebzeiten nicht ganz fertiggestellt und nur selten besucht.

In der Folgezeit erlebte das Gotische Haus zahlreiche Nutzungen: Es war Sitz der Forstverwaltung, Hotel-Restaurant, Ausflugslokal, schließlich auch Diskothek. In den achtziger Jahren des 20. Jahrhunderts mehrfach von Abriss bedroht, konnte es auf Initiative des Denkmalschutzes gerettet und von Grund auf saniert und renoviert werden. Heute ist es mit Stadtarchiv und Heimat- und Hutmuseum ein Homburger Schmuckstück. Zahlreiche kulturelle Veranstaltungen wie Vorträge, Konzerte, Ausstellungen finden hier statt, wie sie sicher auch Landgräfin Elizabeth erfreut hätten.

Abb. 89. Das „Gotische Haus" (heute Museum und Archiv der Stadt Bad Homburg)

Auch die bedeutende Graphik-Sammlung der englischen Prinzessin, die nach ihrem Tod der Nichte Caroline von Reuss zufiel und heute im Unteren Schloss in Greiz verwahrt wird, konnte in einer Gedenkausstellung zu Elizabeths 225. Geburtstag 1995 im Gotischen Haus gezeigt werden. Damals wurden auch ihre Wohnräume im Schloss der Öffentlichkeit wieder zugänglich gemacht. Der Englische Flügel, auch „Elisabethenflügel" genannt, wurde historisch getreu renoviert und eingerichtet. Heute repräsentiert er die „moderne" Wohnkultur, die Elizabeth in Verknüpfung der Vorlieben und „Errungenschaften" ihres englischen Mutterlandes mit der biedermeierlichen Schlichtheit der neuen homburgischen Heimat entwickelt hatte. Höfisch-repräsentativ mutet nur der Speisesaal oder „Pompejanische Saal" mit den prachtvollen Wandmalereien an. Die Ausstattung der Räume mit Bildern, Kunsthandwerk und Möbeln dokumentiert den künstlerischen Geschmack der englischen Landgräfin

„...dass Homburg und Homburgs Bevölkerung sich gewissermaßen zu unserer Familie rechnen."
(Kaiser Wilhelm II., anlässlich des Kaisermanövers 1905)

Viele von Elizabeths Interessen samt künstlerischer Ausbildung und eigenem Engagement für die Künste finden sich wieder bei einer weiteren Engländerin, die im Homburger Schloss für einige Zeit Aufenthalt nahm: Elizabeths Großnichte, die englische Princess Royal und preußische Kronprinzessin Victoria, spätere Kaiserin Friedrich, verbrachte nach dem Tode Kaiser Friedrichs III. am Ende des Jahrhunderts hier einige Zeit, als sie sich in Kronberg Schloss Friedrichshof zum Witwensitz um- und ausbauen ließ.

Abb. 90. Arbeitszimmer Kaiser Wilhelms II. im sogen. „Königsflügel" des Schlosses

Die kleine Landgrafschaft Hessen-Homburg war nach dem kinderlosen Tod des letzten Landgrafen Ferdinand, der als letzter der Söhne Friedrichs V. seit 1848 in Homburg regiert hatte, im März 1866 zunächst dem Haus Hessen-Darmstadt heimgefallen, musste aber, da das Großherzogtum als bundestreuer Verbündeter Österreichs zu den Verlierern des Krieges im selben Jahr gehörte, schon nach wenigen Monaten an Preußen abgetreten werden. Das Ländchen wurde Teil der neugebildeten preußischen Provinz Hessen-Nassau. Schloss Homburg und seine Gartenanlagen hatte sich der König und spätere Kaiser Wilhelm I. 1868 zur alleinigen Nutzung vorbehalten. In der Folge hielt sich die königliche bzw. kaiserliche Familie häufig in der Homburger Sommerresidenz auf. Wilhelm I. nahm erste Umbauten im Schlossinneren vor, um Appartements für sich und die Königin einzurichten. Sein Enkel Wilhelm II., der schon während des Kriegs 1870/71 zusammen mit seiner Mutter Victoria einige Zeit hier verbrachte, wandte Homburg besonderes Interesse zu. Letztmals hielt er sich am

29. August 1918 im Schloss auf. Da er sich, sehr für Kunst, Archäologie und Architektur interessiert, selbst mit Architekturentwürfen befasste, hat er in der Baugestalt des Schlosses wie in anderen Bereichen des Homburger Stadtbilds seine Spuren hinterlassen. Auch die Rekonstruktion der Saalburg geht auf seine Initiative zurück.

Am Bibliotheksflügel des Schlosses ließ Wilhelm II. 1901 die sogen. „Romanische Halle" anbauen. Der Kaiser hatte die romanischen Säulen des ehemaligen Klosters Brauweiler zum Geschenk erhalten und seinen bevorzugten Baumeister Louis Jacobi, den Wiedererbauer der Saalburg, beauftragt, sie für einen Anbau am Schloss zu verwenden. Von den Umbauten im Schlossinneren, die den Königsflügel prägen, sind noch die neugestalteten Wohnräume des Kaisers zu sehen, ebenso der „Gelbe Saal" vor dem Speisesaal, die freie Nachahmung eines Salons des späten 18. Jahrhunderts. Hier bietet sich auch heute noch die Gelegenheit, die Wohnumgebung Wilhelms II. so authentisch wie kaum anderswo zu erfahren, denn die Räume wurden z.T. noch während des Ersten Weltkriegs neu eingerichtet.

Nach 1918 wurden die preußischen Schlösser und Anlagen einer besonderen Verwaltung unterstellt. Nach dem Ende des 2. Weltkriegs folgte die Übernahme der bis dato von Preußen betreuten Anlagen durch das neugebildete Land Hessen. Die am 1. April 1946 eingerichtete Verwaltung der Staatlichen Schlösser und Gärten Hessen hat ihren Sitz seit 1949 im Homburger Schloss, das in Führungen durch die historischen Räume für die Öffentlichkeit zugänglich ist. Reaktiviert wurde seit den 80er Jahren des letzten Jahrhunderts auch die vormalige Schlosskirche, die mit der Einweihung der evangelischen Erlöserkirche als Stadtkirche für die nunmehr unierten lutherischen und reformierten Gemeinden Homburgs 1908 in Verfall geraten war. Eine Bürgerinitiative engagierte sich für die denkmalgerechte Wiederherstellung. Seit 1989 ist die renovierte Schlosskirche als Ort vielfältiger Veranstaltungen, Konzerte und Theateraufführungen wieder eine Zierde des Homburger Kulturlebens.

Literaturangaben

Baedekers Bad Homburg. Stadtführer, Freiburg 1975; 2. Aufl, bearb. von Angelika BAEUMERTH, Freiburg 1985.

Heinz BIEHN, Schloss Homburg vor der Höhe. Amtlicher Führer, Bad Homburg v.d.H. 1972; durchgesehen von Wolfgang EINSINGBACH, 1976, 1981.

Marie FRÖLICH / Hans-Günther SPERLICH, Georg Moller. Baumeister der Romantik, Darmstadt 1959.

Walter HEHEMANN, Wortwin von Steden-Hohenberch und seine Familie vor dem Hintergrund der Adels- und Burgenlandschaft am unteren Main, Friedrichsdorf/Ts. 1997.

Ich schreibe, lese und male ohne Unterlass... Elizabeth, englische Prinzessin und Landgräfin von Hessen-Homburg (1770-1840) als Künstlerin und Sammlerin, Bad Homburg/Greiz 1995.

Heinrich JACOBI, Die Friedrichsburg zu Homburg vor der Höhe – das alte Stammschloss der Landgrafen von Hessen-Homburg, Ms. eines Vortrags 1920, abgedruckt in Festschrift Arnold Hildebrand, 1959.

Landgräfin Elisabeth und das Gotische Haus. Ausstellung Gotisches Haus, Bad Homburg v.d.H. 1985.

Schloss Homburg v.d. Höhe. Englischer Flügel/Elisabethenflügel, bearb. von Iris REEPEN/ Claudia GRÖSCHEL, Bad Homburg 1998.

Jürgen-Rainer WOLF, Inventar der Karten und Pläne des Schlosses Homburg v.d. Höhe im Stadtarchiv Bad Homburg und in den hessischen Staatsarchiven bis 1918. In: Mitteilungen des Vereins für Geschichte und Landeskunde Bad Homburg v.d.Höhe 39/1990.

Anton Merk

Hanau

Schloss Philippsruhe und das Wilhelmsbad

Bautätigkeit unter den Grafen von Hanau

Am 9. August des Jahres 1701 ließ Graf Philipp Reinhard von Hanau-Lichtenberg am Mainufer in Kesselstadt den Grundstein zu einem Landschloss legen. Der junge Architekt Julius Ludwig Rothweil lieferte die Pläne für den an französischen Vorbildern orientierten Schlossbau: Um einen Ehrenhof gruppieren sich die zweigeschossigen Gebäudeteile der Wohntrakte. Seitliche, nur eingeschossige Flügelbauten unterstreichen die Dominanz des Mittelbaus. Bereits 1702 löste der Pariser Ingenieur Jacques Girard den Architekten Rothweil ab und erweiterte die Anlage um zwei an die Seitenflügel anschließende Eckpavillons. 1706 wurden Remise und Marstall dem Hauptgebäude vorgelagert. Gleichzeitig begann der Innenausbau mit den Stukkateuren Eugenio Castelli und Antonio Genone. In Analogie zu ähnlichen Arbeiten aus der gleichen Zeit muss man sich die Inneneinrichtung in weißem Stuck vorstellen.

Nach dem Tode Graf Philipp Reinhards im Jahr 1712 übernahm sein Bruder Johann Reinhard III. dessen Nachfolge und vollendete in den folgenden Jahren Schloss und Parkanlage. Ab 1723 folgten der Bau des Orangeriegebäudes und eine Neugestaltung des Gartens: Mit Hilfe eines axial ausgerichteten Mittelbassins, zwei seitlichen Fontänen, symmetrisch angeordneten Blumenrabatten und kleineren Hecken entstand eine barocke Gartenanlage. Die Stützmauer und die seitlichen, noch heute existierenden Alleen wurden bereits 1696 durch Marx Doßmann angelegt.

Abb. 91. Graf Johann Reinhard III., der letzte regierende Graf von Hanau (Ölbild von J. H. Appelius, um 1730)

Bautätigkeit unter dem Erbprinzen Wilhelm von Hessen-Kassel

Philippsruhe: Mit dem Tod Johann Reinhards III. 1736 erlosch das Hanauer Grafenhaus. Das Erbe der bereits 1642 ausgestorbenen Linie Hanau-Münzenberg ging aufgrund eines damals geschlossenen Erbvertrags auf Hessen-Kassel über. Landgraf Wilhelm VIII. war nicht allzu oft in seinen neuen Landen und nutzte daher auch das Schloss nur sporadisch. Als 1754 der Übertritt des Erbprinzen Friedrich (II.) zum Ka-

Abb. 92. Ansicht von Hanau „gegen Morgen“ (kol. Kupferstich von J. J. Müller, um 1740)

Abb. 93. Erbprinz Wilhelm (IX.) als Graf von Hanau (Pastell, um 1765)

tholizismus bekannt wurde, hat man in der sogen. „Assekurationsakte“ festgelegt, dass die Grafschaft Hanau – als zeitweilig wieder eigenständiges Territorium – unmittelbar auf den Enkel Wilhelm (IX.) übergehen sollte. Er übersiedelte mit seiner Mutter Landgräfin Marie nach Hanau, wo er mit Erreichen der Volljährigkeit 1764 die Regierung antrat. In den fast 30 Jahren, in denen Hanau noch einmal eine eigene hessen-hanauische Residenz war, haben Landgräfin Marie, die 1772 in Hanau starb, und der Erbprinz Schloss Philippsruhe regelmäßig als Sommerresidenz benutzt. In dieser Zeit wurde vor allem der Garten des Schlosses verändert: die Alleen wurden zu Laubengängen geschnitten und Hecken eingebaut. Aus dem ornamental-architektonischen Garten des Barock wurde der spielerische, der Schäfer-Lyrik der Anakreontik verpflichtete Garten des Rokoko.

Wilhelmsbad: Die eigentliche bauliche Leistung des Erbprinzen Wilhelm war aber nicht Schloss Philippsruhe, sondern das Wilhelmsbad. Die historische Kur- und Badeanlage verdankt ihre Entstehung ursprünglich zwei Kräuterfrauen, die hier im Jahre 1709 eine Waldquelle entdeckten. Der gräflich-hanauische Rat und Leibmedicus Jeremias Müller sprach dem Wasser heilsame Wirkung zu. Bald war die Quelle als „guter Brunnen“ im weiten Umkreis bekannt. Die eigentliche Geburtsstunde der Badeanlage Wilhelmsbad schlug 1777, als Erbprinz Wilhelm dem Architekten Franz Ludwig von Cancrin den

Abb. 94. Wilhelmsbad (kol. Radierung von H. Grape, um 1830)

Auftrag zum Baubeginn erteilte. Der Prinz war bei dem Projekt persönlich so engagiert, dass durchaus auch seine Handschrift in Wilhelmsbad durchscheint; Cancrin konnte zudem auf eine Serie von ausformulierten Entwürfen des Architekten Heerwagen zurückgreifen. Nach nur eineinhalbjähriger Bauzeit stand die weitläufige Anlage bereits den ersten Gästen zur Verfügung. Nach diesem frühen Erfolg entschloss sich Wilhelm im Oktober 1778 zur Erweiterung der Anlage auf die heutigen Ausmaße mit vier Pavillons, zwei Langhäusern, dem Kurhaus und dem reizvollen „Scheunentheater". Cancrin zeigte sich flexibel und arbeitete die Erweiterungen in seinen Plan ein.

Abb. 95. Burgruine und Karussell im Wilhelmsbad (Gemälde von A. W. Tischbein, um 1785)

Wilhelm ließ darüber hinaus die das Wilhelmsbad umgebene Waldlandschaft – als einer der ersten deutschen Fürsten – in einen englischen Landschaftspark mit zahlreichen Attraktionen verwandeln. Dazu gehören der Brunnentempel mit den Statuen des Mainzer Bildhauers Johann Jacob Juncker, das Karussell in Gestalt eines römischen Rundtempels mit seiner raffinierten Antriebskonstruktion, der Schneckenberg als Aussichtshügel, die Teufelsschlucht mit schwankender Kettenbrücke und der Braubach als elegant sich schlängelndes, künstlich angelegtes Gewässer, auf dem die Kurgäste mit dem Boot fahren konnten. In der Anlage des Parks ist Erbprinz Wilhelm gegenüber dem Garten von Philippsruhe einen entscheidenden Schritt weitergegangen. In Philippsruhe wurde die Natur noch benutzt, um „grüne" Architekturen wie Irrgarten, Hecken, Laubengänge zu schaffen. In Wilhelmsbad war das Ziel, die Natur durch künstlerische Eingriffe zu verschönen und eine „ästhetische" Natur zu schaffen, die der erholsamen Betrachtung dient. In diese Parklandschaft pflanzte Wilhelm auch

1 Vgl. zuletzt Rainer von Hessen, Der Wilhelmsbader Freimaurerkonvent 1782 – Aufklärung zwischen Vernunft und Offenbarung. In: Aufklärung in Hessen, Facetten ihrer Geschichte, Wiesbaden 1999, S. 10ff.

sein ganz privates Refugium, eine künstliche Burgruine samt dazugehöriger Küche, die auf einer Insel in einem künstlich angelegten Weiher steht. Die Ruine zeigt innen einen schönen frühklassizistischen Zopfstil, mit Gemälden des Hanauer Hofmalers Anton Wilhelm Tischbein und Möbeln aus dem elsässischen Straßburg. Im selben Weiher gibt es noch eine zweite Insel, auf der eine Pyramide, nach dem Vorbild des antiken Cestiusgrabes in Rom, an den 1784 gestorbenen Sohn Friedrich erinnert.

Bald gehörte das Wilhelmsbad zu den elegantesten und angesehensten Badeorten Deutschlands. Prominente Gäste, gekrönte und ungekrönte Häupter fanden sich ein, etwa Freiherr von Knigge, Frau Rat Goethe mit ihrem Sohn Johann Wolfgang oder Thomas Jefferson, der spätere dritte Präsident der Vereinigten Staaten von Amerika. Einen Höhepunkt erlebte der Kurort, als sich 1782 auf Einladung von Wilhelms Bruder Karl die Freimaurer aus ganz Europa zu einem Konvent trafen.[1] – Nach dem Weggang von Erbprinz Wilhelm im November 1785 nach Kassel, wo er als Landgraf Wilhelm IX. die Regierung antrat, um 1803 erster Kurfürst von Hessen-Kassel zu werden, wurden nur noch die begonnenen Bauarbeiten zu Ende geführt. Weitere Planungen fanden nicht statt. Mit dem Beginn des 19. Jahrhunderts ging der Badebetrieb zusehends zurück.

Bautätigkeit unter Kurfürst Wilhelm II.

Philippsruhe: Hanau wurde 1806 zunächst von Napoleon mit Beschlag belegt und gehörte dann zeitweilig zum Dalberg'schen Großherzogtum Frankfurt. Nach der Rückkehr des Kasseler Kurfürsten wurde eine umfassende Renovierung des Schlosses

Abb. 96/97. Schloss Philippsruhe (kol. Stich von J. C. Zehender, 1776, und unsign. Aquarell, um 1830)

Philippsruhe erforderlich. Zu diesem Zweck beauftragte Kurfürst Wilhelm II. von Hessen-Kassel, der 1820 die Regierung übernommen hatte, den Baumeister Johann Conrad Bromeis, der die Arbeiten in den Jahren 1826-1830 leitete. Die im Barock ausgestatteten Räume erhielten neue Dekorationen im Stile eines biedermeierlichen Spätklassizismus. Aus dieser Zeit stammen die Innenausstattung des Weißen Saales, das südliche Seitentreppenhaus im Corps de Logis, das Treppenhaus des Remisengebäudes und der Gartenpavillon, das sogen. „Teehaus". Die nicht mehr vorhandende Gestaltung des Musikzimmers ist durch Fotos dokumentiert. Schon seit Beginn des 19. Jahrhunderts war auch der Philippsruher Park, aufbauend auf der barocken Grundstruktur, umgestaltet worden zu einem Landschaftsgarten mit gewundenen Wegen und einer Mittelallee von der Sala terrena des Schlosses bis zum großen Bassin. In die Geschichtsbücher fand Wilhelmsbad Eingang, als hier am 22. Juni 1832 in der Nachfolge des Hambacher Festes über 8000 Menschen mit schwarz-rot-goldenen Fahnen für ein demokratisches Deutschland demonstrierten.[2]

2 Vgl. E. G. Franz, Nachhall Hambachs in Kurhessen. Die Volksfeste von Bergen und Wilhelmsbad. In: Geschichtliche Landeskunde 1/1964, S. 173-83.

Bautätigkeit unter dem Landgrafen Friedrich Wilhelm

Schloß Philippsruhe: Nach der Annektion Kurhessens durch Preußen 1866 kam Schloss Philippsruhe durch den zwei Jahre vor dem Tod des letzten Kurfürsten Friedrich Wilhelm im böhmischen Exil, am 26. März 1873 abgeschlossenen Verzichts- und Abfindungsvertrag an seinen gleichnamigen Vetter aus der landgräflichen, sogen. „Rumpenheimer" Linie des Hauses. Rumpenheim mit dem 1780/90 errichteten Schloss, an das lange Zeit nur die malerische Ruine am Mainufer westlich von Offenbach erinnerte, die jetzt zur stilvollen Wohnanlage ausgebaut wird, gehörte seit 1866 territorial zu Hessen-Darmstadt. Landgraf Friedrich Wilhelm, zunächst dänischer, dann als Ehemann der Prinzessin Anna von Preußen auch preußischer General, ließ Schloss Philippsruhe in den Jahren 1875-1880 durch den dänischen Architekten Friedrich Ferdinand Meldahl umbauen und durchgreifend erneuern. Dieser vergrößerte den Mitteltrakt um drei Fensterachsen nach vorn und errichtete das heutige Haupttreppenhaus, den vorgelagerten Säulenportikus und die Kuppel. Ein Großteil der Räume erhielt neue Stuckdekorationen in den Formen des Neoklassizismus und des Dritten Rokoko und Holzeinbauten der Neorenaissance, eine in dieser Form auch im Historismus vergleichsweise seltene Kombination der drei Stile, die auch in der Einrichtung wiederkehrt. Die Detailplanung übernahm in Abstimmung mit Meldahl der Architekt Richard Dielmann aus Frankfurt. Namhafte Handwerker wurden für Stuckarbeiten (Johannes Dielmann) und die Holzvertäfelungen (Jean Körner) verpflichtet. Die kunstvollen Fayenceöfen stammen von der

Abb. 98. Landgraf Friedrich Wilhelm von Hessen-Rumpenheim (Ölbild von W. Hau, 1843)

Abb. 99. Fayence-Ofen im Festsaal von Schloss Philippsruhe

Abb. 100. Sogen. „Enfilade“ in der Beletage von Schloss Philippsruhe

Magdeburger Tonwarenfabrik. Der Berliner Kunstschmied Eduard Puls schuf das Geländer des Treppenhauses, das kunstgeschmiedete Haupttor die Pariser Werkstätten von Bergeotte und Dauvillier. Heute ist die Inneneinrichtung von Schloss Philippsruhe das bedeutendste historistische Ensemble im gesamten Rhein-Main-Gebiet.

Gleichzeitig mit dem Umbau des Schlosses wurde auch der Park endgültig im Stil eines englischen Gartens umgestaltet. Der Plan dazu stammte von dem schwedischen Gartenarchitekten Jens Person Lindahl, die Ausführung übernahm weitgehend der Frankfurter Gartenbaudirektor Heinrich Siesmayr. Hatte man bis zu diesem Zeitpunkt zumindest das barocke Gartenparterre noch beibehalten, so wurde nun eine komplett neue Planung umgesetzt. Der Garten wurde tiefer gelegt, landschaftlich moduliert und mit einem neuen Wegesystem versehen. Aus dem alten Garten blieben nur die Stützmauer, die seitlichen Alleen und die versetzte goldene Stiege erhalten. Entstanden ist so ein abwechslungsreicher Landschaftspark mit einem in die Landschaft eingebetteten großen Mittelbassin mit Fontäne.

Bautätigkeit nach der Übernahme durch die Stadt Hanau

Philippsruhe als Museum: 1950 konnte die Stadt Hanau *Schloss Philippsruhe*, das sie schon ab 1945 als Rathaus genutzt hatte, von der damals noch „Kurhessischen Hausstiftung“ erwerben. Damit bot sich die reizvolle Möglichkeit, die Sammlungen der Stadt Hanau und die Bestände des Hanauer Geschichtsvereins zu einem Historischen Museum Hanau zu vereinen und damit eine museale Tradition, die bis in die 70er Jahre des 19. Jahrhunderts zurückreicht, neu zu beleben. Als die bis dahin als Rathaus genutzten Räume 1964 geräumt wurden, konnte mit der Einrichtung als Museums begonnen werden. Von 1981 bis zum Jahr 1984 wurde das Museum nochmals neu gestaltet und erweitert. Diese Arbeit hatte gerade ihren Abschluss gefunden, als die Brandkatastrophe von 1984 das Museum zerstörte und eine dreijährige Aufbauarbeit zunichte machte. Nach der gründlichen Renovierung des hauptsächlich durch Löschwasser beeinträchtigten Mittelbaus des Schlosses ist das Museum Hanau Schloss Philippsruhe in vergrößerter Form wieder neu eingerichtet worden.

Dem Museum steht das gesamte Hauptgebäude zur Verfügung: die Schauräume des Erdgeschosses und der Beletage als ständige Ausstellungsräume und das zweite Obergeschoss für Wechselausstellungen. Das Museum ist in fünf Hauptabteilungen gegliedert: Im Erdgeschoss befinden sich die Ausstellungen zum 20. Jahrhundert, zur Gründerzeit und Industrialisierung, im Obergeschoss sind neben Romantik, Vormärz und der Abteilung „Brüder Grimm“ die Kunst und das Kunsthandwerk des 17. und 18.

Jahrhunderts untergebracht. Besonders hervorzuheben ist dabei die reiche Sammlung Hanauer Fayencen. Als eigenständige Einrichtung schließt sich das Hanauer Papiertheatermuseum an. Zahlreiche Verlage des 19. Jahrhunderts lieferten Bögen mit Proszenium, Dekoration und Figuren zum Ausschneiden, Aufleimen und Aufstellen. Neben den kompletten Papiertheatern und den Figuren bietet das Hanauer Papiertheatermuseum eine ganzjährig bespielte Papiertheaterbühne, die sich bei jung und alt großer Beliebtheit erfreut.

Für das leibliche Wohl der Besucher bietet das Museumscafé den geeigneten Rahmen. Aufgrund des exklusiven Ambientes wurde es zu einem beliebten Treffpunkt in Hanau. In der warmen Jahreszeit kann man vom Balkon des Museumscafés einen Blick auf die Philippsruher Allee bis nach Kesselstadt werfen. Die Schlossbewirtschaftung betreibt eine gehobene Gastronomie. Darüber hinaus besteht die Gelegenheit, in festlichem Rahmen zu heiraten. Eine besondere Attraktion sind die jährlichen Brüder-Grimm-Märchenfestspiele, die eine große Zahl Besucher in den Park locken. Im Remisengebäude ist mit dem Hanauer Kulturverein und der Remisengalerie eine weitere kulturelle Einrichtung untergebracht. Den Park schmücken Arbeiten von herausragenden deutschen Bildhauern der Gegenwart, u. a. Alf Lechner, Michael Croissant, Heinz-Günter Prager, James Reineking, Claus Bury und Franz Erhardt Walther

Wilhelmsbad: Natürlich gehört das Flanieren und Kaffeetrinken im Park von Wilhelmsbad seit eh und je zu den bevorzugten Vergnügen der Besucherinnen und Besucher. Aber auch das klassizistische „Comoedienhaus", das einzige Scheunentheater unseres Landes, mit nur rund 200 Plätzen von großem intimen Reiz, findet bei Schauspiel-, Kabarett-, Kleinkunst- oder Musikveranstaltungen stets sein begeistertes Publikum. Und noch eine Besonderheit lädt zum Besuch mit der ganzen Familie ein: Das 1983 eröffnete Hessische Puppenmuseum im Arkadenbau und die den Besuchern offenstehende renovierte Burgruine, die wie der gesamte Staatspark Wilhelmsbad von der Verwaltung der Hessischen Schlösser und Gärten betreut wird.

Literaturhinweise:

Heinrich Bott, Philippsruhe und Kesselstadt. In: Hanauer Geschichtsblätter 20, 1965, S. 177-186.

Karl Dielmann, Historisches Museum Hanau im Schloss Philippsruhe, Hanau 1967.

Klaus Hoffmann, Die Schloss- und Parkanlagen von Philippsruhe im 19. Jahrhundert (= Hanauer Geschichtsblätter 32), Hanau 1994.

Anton Merk, Erinnerungsblätter zur Wiedereröffnung der Schlossräume Philippsruhes vom 15.2.-14.4.1987 nach der Restaurierung im Hist. Museum Hanau.

Gerhard Bott, Wilhelmsbad bei Hanau. Amtlicher Führer, München 1963.

Gerhard Bott, Die hessischen Bäder Wilhelmsbad und Hofgeismar im 18. Jahrhundert. In: U. Eisenbach / G. Hardach (Hrsg.), Reisebilder aus Hessen, Darmstadt 2001, S. 47-61.

Gerhard Bott, „Mein Juwel, mein Lieblingsort". Wilhelmsbad bei Hanau. Marburg 2002.

Bettina Clausmeyer-Ewers/Irmela Löw, Staatspark Wilhelmsbad Hanau. Parkpflegewerk. (Edition der Verwaltung der Staatl. Schlösser und Gärten Hessen, Monographien 6), Regensburg 2002.

„Natur wird Kultur". Gartenkunst in Hanau. Hanau 2002.

„Wir Wilhelm von Gottes Gnaden." Die Lebenserinnerungen Kurfürst Wilhelms I. von Hessen, 1743-1821. Aus dem Französischen übersetzt und herausgegeben von Rainer von Hessen, Frankfurt 1996.

Eva-Marie Felschow

Die Universitäten Marburg und Gießen als landesherrliche Gründungen

Abb. 101. Das ehem. Franziskaner- oder Barfüßerkloster als „Collegium Marpurgense“ (aus Wilhelm Dilichs „Chronik“, 1605)

Von den heute in Hessen noch bestehenden, auf landesherrliche Initiative zurückgehenden Einrichtungen gehören die beiden Universitäten Marburg und Gießen zweifellos zu den bedeutendsten. Bei ihnen handelt es sich um zwei der ältesten deutschen Universitäten. Die Phase ihrer Gründung kann mit den Begriffen „Reformation” und „Konfessionelles Zeitalter” umrissen werden.

Das ältere Marburg[1] wurde 1527 von Landgraf Philipp dem Großmütigen als erste protestantische und als erste hessische Universität gegründet. Philipp griff dabei auf Pläne seines Vaters, Landgraf Wilhelms II., zurück, der im Zuge des Landesausbaus und der Intensivierung der Landesherrschaft bereits Überlegungen zur Gründung einer Universität angestellt hatte. Entscheidende Voraussetzung zur Realisierung dieser Pläne durch Philipp war die Reformation, die die Möglichkeit zur Einziehung von Kirchen- und Klostergut sowie für dessen Verwendung zum Aufbau eines hessischen Schulwesens eröffnete, wodurch der finanzielle Spielraum für das kostspielige Unternehmen einer Universitätsgründung abgesteckt wurde. Wichtiger Gedanke hierbei war die Fürsorgepflicht des Landesherrn für die ihm anvertrauten Untertanen. An der neuen, als hessische Landesuniversität gegründeten Hochschule sollte neben Beamten und Juristen für den Verwaltungsdienst im Territorium ein streng im Luthertum wurzelnder Pfarrerstand ausgebildet werden zur Verwendung in Kirchen und Schulen. Die Universitätsgründung war somit für Landgraf Philipp Teil eines umfassenden Bildungsprogramms.

Trotz der Neuakzentuierung durch den Übergang zum evangelischen Bekenntnisstand knüpfte man bei der Organisation der neuen Universität an die Tradition der mittelalterlichen Hohen Schulen an. Man übernahm die schon klassische Einteilung in vier Fakultäten; dies waren die Theologische und Juristische, gefolgt von der Medizinischen und Philosophischen. Der Theologischen Fakultät, die u.a. auf die strikte Einhaltung des Konfessionszwangs zu achten hatte, kam bis ins 18. Jahrhundert die führende Rolle zu. Auch hinsichtlich der Hierarchie orientierte man sich am mittelalterlichen Vorbild: An der Spitze der Universität stand der Rektor, an derjenigen der vier Fakultäten jeweils ein Dekan. Weitaus schwieriger gestaltete sich dagegen die im Mittelalter übliche Erlangung eines kaiserlichen und päpstlichen Privilegs zur allgemeinen Anerkennung der von der Universität verliehenen akademischen Grade. Ein

1 H. Hermelink, S. A. Kaehler, Die Philipps-Universität zu Marburg 1527-1927. Fünf Kapitel aus ihrer Geschichte (1527-1866), Marburg 1927; W. Heinemeyer, Zur Gründung des „universale studium Marpurgense“, in: Academia Marburgensis. Beiträge zur Geschichte der Philipps-Universität Marburg, hrsg. von W. Heinemeyer, Th. Klein und H. Seier, Marburg 1977, S. 49-92; H. Schneider, Marburg, Universität, in: Theologische Realenzyklopädie Bd. 22, Berlin New York 1992, S. 68-75 mit weiteren Literaturhinweisen.

Privileg des Papstes war für eine protestantische Universität ohnehin illusorisch; das so nötige Privileg des Kaisers konnte Landgraf Philipp erst Jahre nach der Universitätsgründung – 1541 – dank einer glücklichen politischen Konstellation erhalten. Damit war die entscheidende Voraussetzung für eine legitime, allseits anerkannte Universität geschaffen. Als Universitätsstandort wählte man die oberhessische Stadt Marburg, der bereits durch die Errichtung des Hofgerichts die Funktion eines geistigen Zentrums für das hessische Territorium zugewachsen war.

Nach der Aufteilung Hessens unter die Söhne Philipps 1567 blieb die Hochschule in Marburg vorerst als gemeinhessische Einrichtung, als „Samtuniversität" unter der gemeinsamen Aufsicht der beiden älteren Linien bestehen. Nachdem bereits am Ende des 16. Jahrhunderts erste Spannungen zwischen dem zum reformierten Bekenntnis neigenden Hessen-Kassel und den am strengen Luthertum festhaltenden Marburger und Darmstädter Fürsten in der Kirchen- und Konfessionspolitik zutage getreten waren, spitzten sich die konfessionellen Fronten 1604/1605 infolge des durch den Tod Landgraf Ludwigs IV. anstehenden Marburger Erbes dramatisch zu[2]. Gemäß testamentarischer Verfügung fiel Hessen-Marburg zu zwei gleichen Teilen an Kassel und Darmstadt: Stadt und Universität Marburg gehörten künftig zu Kassel, während der südlichere Teil mit Gießen Darmstadt zugeteilt wurde. Der letzte Wille des Marburger Landgrafen – die gesamte Erbschaft im lutherischen Glauben zu belassen – wurde durch den 1605 vollzogenen offenen Übertritt des in Kassel regierenden Landgrafen Moritz zum Calvinismus zunichte gemacht. Marburg und damit auch die dortige bisherige Samtuniversität wurden calvinistisch, was die lutherisch gesinnten Professoren der Marburger Theologischen Fakultät zur Flucht ins nahe Gießen veranlaßte. Noch im gleichen Jahr eröffnete der Darmstädter Landgraf Ludwig V. hier ein lutherisches Gymnasium nebst einem Pädagogium.

Dieses „Gymnasium illustre" in Gießen stellte nur einen Schritt auf dem weiteren Weg zu einer eigenen Universitätsgründung dar, die mit der Erlangung des kaiserlichen Privilegs im Mai 1607 vollzogen wurde[3]. Bezüglich der Organisation und der Ausstattung der Gießener Universität verfuhr man wie in Marburg. Auch Gießen hatte von Anfang an die damals üblichen vier Fakultäten. Die neue „Academia Giessena" war unmittelbares Ergebnis der politischen und konfessionellen Auseinandersetzungen im Hause Hessen und sollte in Zukunft die ursprünglich mit Marburg verbundene lutherische Tradition fortsetzen. Bei der Gründung beider hessischer Universitäten waren Territorium und lutherische Konfession die maßgeblichen Faktoren; in beiden Fällen war der Landesherr die entscheidende Schlüsselfigur des Gründungsvorgangs. So war es konsequent, daß sich die Marburger Universität nach ihrem Gründer „Philippina" nannte und die Gießener Hochschule „Ludoviciana" (bis 1945).

Abb. 102. Schmuckseite der Marburger Universitäts-Matrikel (mit Wappen und Porträt des Rektors Helius Eobanus Hessus, 1538)

2 M. Rudersdorf, Ludwig IV., Landgraf von Hessen-Marburg 1537-1604. Landesteilung und Luthertum in Hessen. Mainz 1991 (= Veröff. des Instituts für Europ. Geschichte Mainz Abt. Universalgeschichte 144).

3 Die Universität Gießen von 1607 bis 1907. Beiträge zu ihrer Geschichte. Festschrift zur dritten Jahrhundertfeier, 2 Bde., Gießen 1907; Academia Gissensis. Beiträge zur älteren Gießener Universitätsgeschichte, hrsg. von P. Moraw und V. Press, Marburg 1982 (= Veröff. der Hist. Komm. für Hessen 45); P. Moraw, Kleine Geschichte der Universität Gießen von den Anfängen bis zur Gegenwart, 2. Aufl., Gießen 1990; Ders., Die Universität von den Anfängen bis zur Gegenwart (1607-1995), in: 800 Jahre Gießener Geschichte 1197-1997, hrsg. von L. Brake und H. Brinkmann, Gießen 1997, S. 446-484 mit weiteren Literaturhinweisen.

Abb. 103. Altes Kollegiengebäude der Universität Gießen von 1611 (Aquarell aus dem sogen. Pronner'schen Atlas von 1754)

Abb. 104. Die drei Szepter der Universität Gießen (in der Mitte das uspr. Marburger Szepter aus der Zeit nach 1541)

Während des Dreißigjährigen Krieges wurde die neue hessen-darmstädtische Landesuniversität nach der Eroberung Oberhessens zeitweilig von Gießen nach Marburg verlegt (1625–1650), während die reformierte Rivalin nach Kassel auswich. Der Westfälische Friede stellte die alten Verhältnisse wieder her. Die Idee einer Samtuniversität für beide hessische Landesteile wurde nun endgültig aufgegeben, da diese aufgrund der nach wie vor bestehenden konfessionellen Differenzen nicht realisiert werden konnte. Die Universitätsgüter und die Stipendien teilte man in zwei Teile, ebenso die Bibliothek und das Archiv. Die Universität Gießen erhielt dabei den Teil der Marburger Universitäts-Dotation, der im darmstädtischen Oberhessen lag. So kam u.a. das Grünberger Antonitergut in den Universitäts-Besitz; das Antoniterkreuz wurde später zum Wappen der Universität Gießen. Auch das Szepterpaar, das Landgraf Philipp einst seiner Marburger Gründung gestiftet hatte, wurde in die Teilung einbezogen. Daher wird ein „Marburger Universitätsszepter" heute noch als wertvoller Schatz in Gießen aufbewahrt und symbolisiert bis in die Gegenwart die gemeinsame Tradition der beiden hessischen Universitäten, die seit 1650 in direkter Nachbarschaft und Konkurrenz nebeneinander bestanden und bestehen.

Nach dem Ende des Dreißigjährigen Krieges verliefen die Wege der beiden Universitäten für die nächsten zwei Jahrhunderte in recht ähnlichen Bahnen. Aus der Gründungssituation herrührend waren Marburg und Gießen zwei typische kleine protestantische Landesuniversitäten, deren Professorenschaft sich nach den Spielregeln der „Familienuniversität" aus einem kleinen, eng miteinander versippten Personenkreis rekrutierte. Die Studenten waren überwiegend Landeskinder, wobei die meist nicht allzu hohe Frequenz wiederholt Anlaß zur Sorge bot. Seit dem Beginn des 18. Jahrhunderts waren die Landesherren in Kassel und Darmstadt bestrebt, Reformen an ihren Hochschulen in Gang zu bringen, um mit zeitgemäßen Neuerungen Schritt zu halten und einen allmählichen Modernisierungsprozeß einzuleiten. Dabei lag die Initiative bei dem jeweiligen landesherrlichen Hof und bei den Mitgliedern der Regierung, während die etablierte Marburger und Gießener Professorenschaft Reformmaßnahmen eher mit Widerstand bzw. mit passivem Abwarten begegnete. In Kassel und in Darmstadt orientierten sich die Reformvorstellungen am modernsten des damaligen Universitätswesens, zunächst an Halle und den sächsischen Universitäten, später an der alle anderen Hochschulen überflügelnden Georgia Augusta in Göttingen[4]. Allerdings waren den Reformabsichten in beiden hessischen Territorien, die durch die Verwüstungen des Dreißigjährigen Krieges in besonderem Maße in Mitleidenschaft gezogen worden waren, von vornherein durch knappe Staatsfinanzen Grenzen gesetzt. Hessen-Darmstadt sah sich 1772 sogar gezwungen, durch zwei Schuldenvergleiche die Sanierung des seit Jahrzehnten chronisch verschuldeten Landeshaushalts in Angriff zu

4 Vgl. E.-M. Felschow, Reformbestrebungen an deutschen protestantischen Universitäten im 18. Jahrhundert – die Beispiele Marburg und Gießen, in: Reich, Regionen und Europa in Mittelalter und Neuzeit. Festschrift für Peter Moraw, hrsg. von P.-J. Heinig u.a., Berlin 2000, S. 599-618.

nehmen. Zu den begrenzten finanziellen Möglichkeiten kam erschwerend hinzu, dass für beide hessischen Landgrafenhäuser die Ausstatttung der Universitäten – betrachtet im Gesamtgefüge politischen Handelns – nur von untergeordneter Bedeutung war. Sowohl in Kassel als auch in Darmstadt lag der Schwerpunkt des landesherrlichen Interesses bei Finanz- und Kreditgeschäften, bei Militärangelegenheiten und bei der baulichen Ausgestaltung der Residenzen. Dennoch war man sich hier wie dort der Notwendigkeit einer guten zeitgemäßen Ausbildung künftiger Staatsdiener für eine straffere und effizientere Verwaltung bewusst und war daher bemüht, Reformen durchzuführen und die Attraktivität sowie die Frequenz der Landesuniversitäten zu erhöhen.

Der hessen-kasselische Landesherr bediente sich in diesem Zusammenhang vorrangig einer geschickten Personalpolitik: Durch die Anstellung namhafter auswärtiger Gelehrter sollten neue Ideen an die Marburger Universität gelangen. Mit der Berufung des aus Halle verdrängten Philosophen Christian Wolff, der von 1723 bis 1740 in Marburg wirkte, gelang dies auf spektakuläre Weise. Andere ehrgeizige Berufungspläne – wie etwa die Absicht, 1740 einen der entschiedensten Vertreter frühaufklärerischer Ideen, Johann Christoph Gottsched, zu gewinnen – scheiterten an mangelnden finanziellen Möglichkeiten und an der zu geringen Anziehungskraft der Philippina. Durch die unter Landgraf Wilhelm IX. erfolgte Versetzung eines Großteils des Lehrkörpers des Collegium Carolinum von Kassel nach Marburg (1786) erfuhr die Marburger Professorenschaft eine Ergänzung und Verjüngung. Schon vier Jahre zuvor hatte man mit der Berufung des Göttinger Juristen Johann Heinrich Chr. von Selchow eine weithin anerkannte Gelehrtenpersönlichkeit gewonnen, durch deren Tätigkeit die Attraktivität der Marburger Juristenfakultät beträchtlich gesteigert wurde. Neben diesen Verbesserungen im Personalbereich konnten durch Reformmaßnahmen in der Medizinischen Fakultät und durch die Einrichtung eines staatswirtschaftlichen Instituts wichtige Neuerungen im Lehrbetrieb durchgeführt werden.

Im Vergleich zu Hessen-Kassel ging der landesherrliche Hof in Darmstadt bei der Umsetzung von Reformen mit weitaus mehr Nachdruck vor und ergriff wesentlich rigidere Maßnahmen. Dies zeigen u.a. die am Beginn des 18. Jahrhunderts mehrfach durchgeführten Universitätsvisitationen und die nur kurze Zeit dauernde Einrichtung eines sogenannten „inspector academicus", der als zentrale Kontrollinstanz das Pflichtbewußtsein der Professoren vor Ort überprüfen und etwaiges Fehlverhalten nach Darmstadt melden sollte. Nach dem Regierungsantritt Landgraf Ludwigs IX. im Jahre 1768 und der Berufung des angesehenen Staatsrechtlers Friedrich Carl von Moser zum leitenden Minister erreichten die Reformen im Universitätsbereich nochmals einen Höhepunkt[5]. Da Moser eine breite kameralistische Ausbildung der künftigen Staats-

Von Gottes Gnaden Wir CARL/ Landgraff zu Hessen/ Fürst zu Hersfeld/ Graff zu Catzenelnbogen/ Dietz/ Ziegenhayn/ Nidda und Schauenburg/ rc. rc.

Fügen hiermit jedermänniglich/ ins besondere der studirenden Jugend/ wie auch andern so es angehet/ zu wissen/ als Wir von geraumer Zeit wahrgenommen/ wie wenig die Nohtwendigkeit und Vortrefflichkeit derer Physicalischen und Mathematischen Wissenschafften von denen mehristen erkant und betrachtet werde/ indem die jungen Leute sobald sie auß denen Trivial-Schulen eximiret worden/ an statt ihr Gemüth zuforderst in diesen Sciencien zu excoliren/ gleich ad Altiora sich zu appliciren/ und zur Theologie Jurisprudentz oder Medecin zu schreiten gewohnet sind/ welches voreyliges Verfahren aber Unsere gnädigste Approbation auß bewegenden Ursachen niemalen gefunden/ daß Wir dannenhero auß Landes-Vätterlicher Fürsorg und Fürstl. Wohlmeynung den Entschluß gefasset/ alhier in Unserer Residentz-Stadt Cassel ein solch Collegium Illustre zu établiren und anzurichten/ in welchem die studirende Jugend zu der Physica experimentali curiosa und Anatomia, ingleichem der Edlen Mathesi und deren Theilen/ als Geometria, Trigonometria, Algebra, Astronomia, Geographia, Mechanica, Statica, Optica, Catoptrica, Dioptrica, und was sonst deme anhängig/ sowol in Lectionibus publicis, als Collegiis privatis informiret und angeführet werden könne/ allermasen Wir dann dieses Collegii Illustris solenne Inauguration albereits am 2. Tag Novemb. des nächst-verwichenen Jahrs mit allgemeinem Applausu würcklich haben vor sich gehen lassen. Damit jedoch hierbey gute Ordnungen eingeführet und sorgfältig beobachtet werden/ so ist Unser gnädigster Wille und Befehlich/ daß

I. Erst.

Abb. 105. Bekanntmachung Landgraf Karls über die Eröffnung des Collegium Carolinum 1710

5 Zu Moser und dessen Reformprogramm vgl. B. DÖLEMEYER, Friedrich Carl von Mosers Reformprogramm für Hessen-Darmstadt, in: Aufklärung in Hessen. Facetten ihrer Geschichte. Wiesbaden 1999, S. 151-162; K. WITZEL, Friedrich Carl v. Moser. Ein Beitrag zur hessen-darmstädtischen Finanz- und Wirtschaftsgeschichte am Ausgang des 18. Jahrhunderts, 1929 (= Quellen u. Forschungen zur hess. Geschichte 10).

Abb. 106/107. Chemisches Laboratorium Justus Liebigs (Innenansicht Zeichnung von W. Trautschold, 1842)

diener für unabdingbar ansah, betonte er die notwendige Aufnahme der Kameralwissenschaften in den universitären Lehrplan. Diese Forderung Mosers, für die dann auch der Landgraf gewonnen werden konnte, hatte für die Gießener Universität die weitreichendsten Konsequenzen. Nach dem Wunsche des leitenden Ministers wurden die neuen Disziplinen in einer eigenen „Ökonomischen Fakultät" vereinigt, die 1777 ihren Lehrbetrieb aufnahm und bis 1785 bestand[6]. In ihr wurden eine Reihe praxisnaher Fächer wie Policey- und Finanzwissenschaft, Veterinärmedizin, Landwirtschaft sowie Forst- und Bergwerkswissenschaft gelehrt. Nach dem frühen Ende der Fakultät blieb ein Großteil dieser neuen Disziplinen im Lehrangebot der Universität Gießen verankert; sie trugen wesentlich zur Ausbildung einer großen Fächervielfalt bei und begründeten eine bis heute wichtige Lehrtradition in Gießen.

Wenn auch nur ein Teil der im 18. Jahrhundert angestoßenen Reformen tatsächlich umgesetzt werden konnte und manche der Reformansätze infolge unzureichender finanzieller Mittel auf halben Wege steckenblieben, so fand doch bis zum Ende des Alten Reiches an beiden hessischen Universitäten eine zeitübliche Erneuerung – allerdings in bescheidenem Rahmen – statt. Die in Gang gesetzten Modernisierungen hatten in beiden Hochschulen zur Aufnahme moderner Lehrinhalte und zur Überwindung der Vormachtstellung der Theologischen Fakultät geführt. Der von Halle und Göttingen ausgehende wissenschaftliche Umbruch hatte die Juristische Fakultät, in der die meisten der neuen säkularen Lehrinhalte beheimatet waren, zur tonangebenden werden lassen; die Zeiten des Konfessionszwangs waren endgültig vorüber. Auf dieser Basis traten die beiden hessischen Universitäten in das 19. Jahrhundert ein und hatten sich unter völlig veränderten Rahmenbedingungen weiter zu behaupten. Mit der sich nun vollziehenden Ausbildung eines Gesamtuniversitätssystems mußten Philippina und Ludoviciana in belebendem Wettstreit und in harter Konkurrenz mit den übrigen Universitäten ihren Platz in einer sich bald abzeichnenden Rangfolge suchen.

Glücklicher verlief dabei die Entwicklung zunächst für Gießen, wo das Neue mit der Person des Chemikers Justus Liebig (1803-1873) im Jahr 1824 überraschend und abrupt einbrach. Die Tätigkeit des bald weit über Deutschland hinaus bekannten Chemieprofessors trug maßgeblich zur Hebung der immer noch mit Sorge beobachteten Besucherfrequenz bei und brachte studentischen Zulauf aus ganz Europa. Zudem wirke Liebig als Verfechter einer Berufungspolitik, die anstelle sozialer Beziehungen Leistung zum ausschlaggebenden Kriterium erhob, modernisierend auf angrenzende naturwissenschaftliche Fächer und auf Teile der Medizin ein, bevor er 1852 einem Ruf nach München folgte[7]. In Marburg gestalteten sich dagegen die Verhältnisse schwieriger. Nach der Rückkehr des in der napoleonischen Zeit exilierten Kurfürsten Wilhelm I. 1813 litt die Universität mehr denn je unter einer allzu knapp be-

6 D. KLIPPEL, Die Ökonomische Fakultät der Ludwigs-Universität Gießen, in: Gießener Universitätsblätter 27 (Dez. 1994), S. 25-35.

7 Zu Liebig als Universitätspolitiker vgl. Universität und Ministerium im Vormärz. Justus Liebigs Briefwechsel mit Justin von Linde, bearbeitet von E.-M. FELSCHOW und E. HEUSER, Gießen 1992 (= Studia Giessensia 3).

Abb. 108. Der Universitäts-Neubau Karl Schäfers von 1872/79 (heute „Alte Universität") mit der Dominikaner-Klosterkirche

Abb. 109. Die 1877/80 errichtete „Neue Universität" in Gießen (Foto 1928)

messenen finanziellen Ausstattung. In dieser Situation kamen Pläne einer Fusion der beiden hessischen Universitäten auf; eine Idee, die erst mit dem Entstehen des Nationalgedankens und der Zurückdrängung des einst so wichtigen territorialen und konfessionellen Denkens in Erwägung gezogen werden konnte. Bezeichnenderweise führte stets die jeweils schwächere Universität – 1818 und 1826 war dies Marburg, später Gießen – Argumente für eine solche Fusion ins Feld[8]. Infolge mannigfacher Vorbehalte sowohl auf hessen-kasselischer als auch auf hessen-darmstädtischer Seite blieb der Dualismus Marburg – Gießen erhalten. Durch den Übergang Kurhessens an Preußen ergab sich im Jahr 1866 dann eine völlig neue Situation.

Marburg gehörte nun dem größten Hochschulverbund Deutschlands an und erfuhr durch die großzügige Förderung des preußischen Staates einen gezielten Ausbau, vor allem in den Geisteswissenschaften. Die Philippina entwickelte sich zu einer Hochschule mittlerer Größe und verschaffte sich einen deutlichen Vorsprung gegenüber der alten Gießener Rivalin, was u.a. in höheren Studentenzahlen zum Ausdruck kam. Gießen dagegen blieb eine kleine Universität in einem kleinen Territorium. Die Ludoviciana suchte sich durch ein breitgefächertes Fächerspektrum sowie durch die Berufung junger, noch am Anfang ihrer Karriere stehender Wissenschaftler ein eigenes Profil zu geben. Die Verbundenheit zum landesherrlichen Hause (seit 1806 Großherzogtum Hessen) bestand nach wie vor. 1891 übertrug die Universität das würdevolle Amt des Ehrenrektorats, das seit 1723 nicht mehr besetzt worden war, Großherzog Ludwig IV. Vielleicht wollte man in einer Zeit immer stärkeren zentralistischen Denkens durch

8 P.-J. Heinig, Projekte einer Fusion der Universitäten Gießen und Marburg im 19. Jahrhundert, in: Academia Gissensis (wie Anm. 3), S. 409-426.

Abb. 110. Neubaukomplex der geisteswissenschaftlichen Institute der Universität Marburg (eingeweiht 1967)mit Blick auf Stadt und Schloss

diese Geste die Erinnerung an die eigenen Wurzeln wachhalten. Nach dem Tode Ludwigs IV. im Frühjahr 1892 übernahm dessen Sohn, Großherzog Ernst Ludwig, die Würde des Gießener „Rector Magnificentissimus" und behielt diese bis zum Ende seiner Regierungszeit im Jahr 1918. Der letzte regierende Großherzog hatte ohnehin eine besondere Beziehung zu seiner Landesuniversität. Ernst Ludwig hatte in Gießen Rechtswissenschaften studiert (inscribiert am 29. Okt. 1890) und wurde von der Philosophischen, der Juristischen und der Theologischen Fakultät der Universität Gießen mit der Ehrenpromotion ausgezeichnet, wobei die Verleihung des theologischen Ehrendoktors erst kurz vor dem Ende des Ersten Weltkriegs – zum 25. Regierungsjubiläum am 13. März 1917 – erfolgte. Noch im Volksstaat Hessen und in der Zeit des NS-Regimes gedachte die Gießener Universität ihres ehemaligen Landesherrn und sandte ihm bis zu seinem Tode im Jahr 1937 alljährlich ein Glückwunschschreiben zu seinem Geburtstag.

Die alte Rivalität zwischen den beiden hessischen Universitäten riss 1945/46 noch einmal mit aller Schärfe auf, als das durch Bombenangriffe schwer zerstörte Gießen um den Erhalt der Ludwigs-Universität kämpfte. Der damalige Marburger Rektor, der Philosoph Julius Ebbinghaus, nutzte geschickt die finanziellen Vorbehalte der Regierung Bergsträsser und der ersten Groß-Hessischen Regierung gegen eine Eröffnung Gießens und plädierte für einen Zusammenschluss beider Hochschulen, was angesichts der besseren Ausgangsposition der Philippina faktisch eine Vereinnahmung Gießens durch Marburg bedeutet hätte. Auch diesmal blieb jedoch das Nebeneinander von Marburg und Gießen bestehen, wenn auch die alte Ludoviciana unterging, da in Gießen zunächst nur eine „Justus-Liebig-Hochschule für Bodenkultur und Veterinärmedizin" mit reduziertem Lehrangebot eingerichtet wurde, die erst 1957 wieder den Status einer Volluniversität erreichte.

Abb. 111. Bücherturm und Lesesaal der Gießener Universitätsbibliothek (errichtet 1957/59)

In der Gegenwart sind es erneut knapper werdende öffentliche Mittel, die die Diskussion um eine Arbeitsteilung von Marburg und Gießen, um eine Zusammenlegung einzelner Institute und Kliniken entfacht haben. Die seit der Gründung bestehende Konkurrenzsituation wird auch in Zukunft ein entscheidendes Charakteristikum im Verhältnis von Marburg und Gießen sein. Dabei wird in einer Zeit immer stärkeren Wettbewerbs für die Universitäten zunehmend wichtiger, ihre Individualität und ihre Tradition zu betonen. Bei den beiden in Kürze anstehenden Universitätsjubiläen – Marburg begeht im Jahr 2002 seine 475-Jahrfeier, Gießen feiert im Jahr 2007 sein vierhundertjähriges Bestehen – werden daher der Blick auf die eigene Geschichte und die Erinnerung an den landesherrlichen Gründer eine zentrale Rolle spielen.

Yorck Haase

Hoftheater in den hessischen Residenzen Kassel und Darmstadt

Theatralische Festlichkeiten an den Höfen der Landgrafen

Die geistigen Umbrüche in der Zeit von Humanismus und Renaissance brachten auch für die theatralischen Darstellungsformen tiefgreifende Veränderungen. Im Gegensatz zur bislang unangefochtenen Hierarchie der Kirche war unter Berufung auf das klassische Altertum der Mensch als Individuum neu entdeckt und zum Gegenstand der Betrachtung geworden. Nicht mehr nur religiöse Themen wie bei den mittelalterlichen Mysterien-, Weihnachts- und Passionsspielen waren jetzt Inhalt der szenischen Spiele; die Welt des Altertums, der antiken Mythologie, trat nun daneben. Das Theater verweltlichte. Die Impulse kamen aus Italien, wo man Dramen antiker Autoren wieder aufführte und nach klassischem Muster neue Theaterstücke verfasste. Besonders an den italienischen Renaissancehöfen erblühte eine lebhafte Theaterkultur. Nach antikem Vorbild wurden zum Teil prächtige Theaterbauten errichtet. Die Entwicklung fand mit der Zeit auch an den mitteleuropäischen Fürstenhöfen ihre Nachahmung. Die bisherigen Formen höfischer Festlichkeiten wie Jagden, Turniere und Umzüge wurden mit theatralischen Darbietungen angereichert.

Eine zweite Quelle, aus der die neuzeitliche Theaterentwicklung entsprang, war die zu großer Blüte gelangte Schauspielkunst im elisabethanischen England mit Dramatikern wie Marlowe, Ben Jonson und dem alle überragenden William Shakespeare. Dort hatte sich ein neuer Stand angesehener Berufsschauspieler herangebildet, die sich unter dem Protektorat hoher adeliger Herren zu Theatertruppen zusammenschlossen. Einige dieser Truppen – wenn auch nicht immer die besten – bereisten bald den Kontinent und beeinflussten dort mit ihren Gastspielen das Theaterleben in den Städten und Schlössern.

Zu den deutschen Fürstenhöfen, an denen sehr früh beide Strömungen der neuen Kunstgattung Theater Eingang fanden, gehörte der landgräfliche Hof in *Kassel*. Landgraf Moritz, der 1592 kaum zwanzigjährig den Kasseler Thron bestiegen hatte, war einer der genialsten Fürsten seiner Zeit. An Wissenschaft und Kunst war er gleichermaßen interessiert. Er beherrschte acht Sprachen, komponierte, verfasste lateinische und deutsche Dramen und übersetzte antike Tragödien und Komödien ins Deutsche.

Abb. 112. Landgraf Moritz von Hessen-Kassel (Kupferstich)

Abb. 113. Aufführung von „Apollo mit Musen“ 1601

Sein Hof galt schon bald als ein Kunstzentrum von europäischem Rang. An der 1596 von ihm gegründeten Ritterschule „Collegium Mauritianum” war die Aufführung lateinischer und griechischer Schulkomödien für die Zöglinge wichtiger Bestandteil ihrer Ausbildung. Wie sehr das Interesse des Landgrafen der Schauspielkunst galt, bewies er durch die Anstellung englischer Komödianten. Er empfing sie freundlich und förderte sie mit allen Mitteln. Rund zwanzig Jahre blieben sie dem Kasseler Hof verbunden. Als erste Truppe verpflichtete er um 1594 die des Robert Browne. Schon ein Jahr später standen einige seiner Schauspieler am Kasseler Hof in festen Dienstverhältnissen. Sie hielten sich jedoch nicht ständig in Kassel auf, sondern bekamen als „Fürstl. hess. Comoedianten” Reiseurlaub. Dazu durften sie auch die von Moritz angeschafften teuren Kostüme mitnehmen. 1607/08 agierte die Truppe des Ralph Reeve in der Position der „Landgraefflich Engellendischen Comödianten zu Caßel”. Da zu den Aufführungen fast immer Musik gehörte, hatten die Engländer gute Musiker bei sich, die vor allem den Landgrafen begeisterten.

Die Aufführungen fanden zunächst auf einer überdachten Bühne im Freien statt. 1603 wurde mit der Errichtung eines Theaterbaus begonnen, nach Moritzens Lieblingssohn „Ottoneum” genannt. Damit schuf der Landgraf, der selbst Entwürfe für die Bühne zeichnete, in Kassel das erste Gebäude auf deutschem Boden, das ausschließlich theatralischen Zwecken dienen sollte. Das Gebäude muss zeitgenössischen Berichten zufolge sehr groß gewesen sein. Der Zuschauerraum war nach antikem Vorbild amphitheatralisch gestaltet und mit einem blauen Leinentuch überspannt, auf dem goldene Sterne gemalt waren. Die Bühne hatte eine Verwandlungsmaschinerie und war mit einem Vorhang versehen. Das Gebäude hatte drei Eingänge: für den Hof, für die Komödianten und für das Volk. Das bedeutet, dass an den Spektakeln außer dem Hofstaat auch Teile der Bürgerschaft teilnehmen konnten. Die Blütezeit des 1606 fertiggestellten Ottoneums war jedoch recht kurz. 1613 gaben die zu kostspielig gewordenen englischen Komödianten ihre letzte Vorstellung; die letzte bekannte Aufführung im Ottoneum fand 1617 statt. Der bald darauf ausbrechende Dreißigjährige Krieg forderte die Einschränkung des Hofstaates. Das Ottoneum wurde in der Mitte des 17. Jahrhunderts als Gießhaus und als Soldatenkirche genutzt und später unter Landgraf Karl in ein Kunsthaus umgebaut. Von 1884 an beherbergte es das städtische Naturkundemuseum.

Abb. 114. Das 1603/05 als Schauspielhaus errichtete „Ottoneum“ in Kassel (später zeitweilig Sitz des „Collegium Carolinum“, 1696 zum „Kunsthaus“ für die landgräflichen Sammlungen umgebaut)

Weniger bemerkenswert verlief zu dieser Zeit die Theaterentwicklung in *Darmstadt*. Der dort fast gleichzeitig mit Moritz regierende Landgraf, sein Vetter Ludwig V. (1596-1626), war ein prachtliebender Fürst, der sich und seinen Hof bedeutend in Szene zu setzen wusste. Dies geschah, wie an vielen Fürstenhöfen dieser Zeit, vor allem bei Hoffestlichkeiten mit Turnieren, Tanz und theatralischen Darbietungen, wobei die Festteilnehmer nicht nur Zuschauer waren, sondern auch Mitwirkende; der ganze Hof war Bühne. Anlässe waren meist fürstliche Hochzeiten, Geburtstage oder Taufen, wie etwa 1606 die Taufe der Prinzessin Juliane. Mit der bei dieser Gelegenheit aufgeführten Invention „Die Eintracht ist der Götter und aller Frommen Freund" wurde gleichzeitig die Versöhnung Ludwigs mit seinem in Butzbach residierenden Bruder Philipp gefeiert, mit dem er eine Zeitlang entzweit war.

Theatergeschichtlich bedeutsam war im Jahre 1627 die Aufführung der Oper „Daphne" anlässlich der Hochzeit des jungen Landgrafen Georg II. mit Sophie Elisabeth von Sachsen. Komponist dieser allerersten deutschen Oper war der aus dem Kasseler Collegium Mauritianum hervorgegangene Heinrich Schütz; Textdichter war Martin Opitz. Schauplatz dieses Ereignisses war jedoch nicht Darmstadt, sondern Schloss Hartenfels bei Torgau. Nach sächsischem Vorbild und italienischem Muster stellte Georg dann 1629 eine stattliche Hofkapelle zusammen, die auch bei Ballettkomödien aufzuspielen hatte und bei Wasserfesten mit fingierten Seeschlachten auf dem Großen Woog, die Georg zweimal, 1654 und 1660, veranstalten ließ. Beliebt waren zu jener Zeit auch sogenannte „Wirtschaften", bei denen das Fürstenpaar zur Umgehung von Etiketteproblemen als Wirt und Wirtin auftraten.

Abb. 115. Landgraf Ernst Ludwig von Hessen-Darmstadt (Ölbild von J. C. Fiedler)

Konnten die Aufführungen nicht im Freien stattfinden, wurde für die Darmstädter Festlichkeiten das Reithaus genutzt, das jedoch bald nicht mehr den Bedürfnissen entsprach. 1683 ließ die kunstsinnige Landgräfin Elisabeth Dorothea, die für ihren unmündigen Sohn Ernst Ludwig die Regentschaft führte, das Reithaus in ein Komödienhaus umbauen. So hatte auch Darmstadt schon recht früh ein festes Theatergebäude, in dem der hochangesehene Komponist Wolfgang Carl Briegel, seit 1671 Hofkapellmeister, erstmals Opern zur Aufführung brachte.

Unter dem Barock-Landgrafen Ernst Ludwig erlebte das Darmstädter Theater eine kurze Blütezeit. Auf seiner Kavalierstour hatte er den Opernbetrieb des Versailler Hofes kennengelernt, dem er in seiner kleinen Residenz nachzueifern suchte. 1709 verpflichtete er den Komponisten Christoph Graupner nach Darmstadt, für den er das Komödienhaus durch den zunächst gastweise engagierten Architekten Louis Remy de La Fosse in ein repräsentatives Opernhaus umbauen ließ, das 1711 mit Graupners Oper „Telemach" festlich eröffnet wurde. In den Folgejahren fanden dort regelmäßig Aufführungen statt, zu denen neben der Hofgesellschaft auch Darmstädter Honoratioren Zutritt hatten. Zusätzlich engagierte Ernst Ludwig 1712 gegen hohe Gagen eine Truppe französischer Schauspieler, die gemeinsam mit Teilen der Hofgesellschaft Dramen von Racine, Corneille und Molière aufführten. 1718 fand das glanzvolle, aber kostspielige Barocktheater ein jähes Ende, da das kleine Land den hohen finanziellen Belastungen nicht mehr gewachsen war. Danach ruhte ein halbes Jahrhundert lang am Darmstädter Hof jeglicher Theaterbetrieb.

Abb. 116. Rückfront des De la Fosse-Theaters gegenüber der Leibgarde-Kaserne (Zeichnung von E. A. Schnittspahn, 1865)

Abb. 117. Bühnenprospekt des vom Münchner Hofbaumeister François Cuvilliès für Kassel geplanten Komödienhauses (um 1749)

Abb. 118. Theatergruppe vor dem Darmstädter Schloss (Gemälde von J. P. Rodingh, Ausschnitt)

Auch in *Kassel* hatte man sich nach Ende des Dreißigjährigen Krieges nach größerer Pracht und mehr Vergnügen gesehnt. Auch dort waren Hochzeiten und andere fürstliche Familienfeiern gern genutzter Anlass zu großen, mehrtägigen Festen mit Turnieren, Jagden, Tanz und Feuerwerk. Unter Landgraf Karl (1677-1730) erfreute man sich in den Anfangsjahren vor allem an höfischen Balletten und an Kostümierungsauftritten. Um 1700 wurde die Hofmusik ausgebaut. Die vorwiegend italienischen Künstler hatten in den Wintermonaten Opernaufführungen zu bestreiten. Gespielt wurde, wie in Darmstadt, in dem zur Bühne umgebauten Reithaus, außerdem im Ballhaus an den Kolonnaden. Ursprüngliche Pläne zum weiteren Ausbau der Oper konnten zunächst nicht ausgeführt werden, da Landgraf Karl durch seine kostspieligen Bauten in finanzielle Schwierigkeiten geraten war. Erst in seinen letzten Regierungsjahren kam es unter dem neu engagierten Hofkapellmeister Fortunatus Chelleri zu repräsentativen Aufführungen. Nach Karls Tod schwiegen auch am Kasseler Hof für längere Zeit die Musen. Der älteste Sohn Friedrich residierte als König in Schweden, und sein als Statthalter eingesetzter Bruder, der spätere Landgraf Wilhelm VIII., interessierte sich mehr für seine Gemäldesammlung. Das geplante Komödienhaus blieb auf dem Papier. Erst unter Landgraf Friedrich II. (1760-85) erlebte das Theater eine neue Blüte. Dem allgemeinen kulturellen Zug seiner Zeit folgend galt seine Vorliebe der italienischen Oper und der französischen Theaterkunst. 1766-69 wurde das Palais des Prinzen Maximilian in ein ansehnliches Opernhaus umgebaut. Für sein Théâtre Français ließ Friedrich 1773 das Ballhaus zu einem Komödienhaus ausbauen. Neben Komödien wurden dort Vaudevilles und Ballette aufgeführt.

In diesen Jahren endete auch in *Darmstadt* die theaterlose Zeit, allerdings nur durch gelegentliche Gastspiele deutscher Theatergesellschaften, denen für ihre Aufführungen das landgräfliche Opernhaus zur Verfügung gestellt wurde. Als erste kam 1768 die Truppe des Johann Martin Leppert. Ihre Auftritte endeten jedoch nach wenigen Monaten abrupt, als beim Schlussapplaus einer Vorstellung Landgraf Ludwig VIII. in der Hofloge tot zusammenbrach. Großen Erfolg bei Hof hatte später die „Gesellschaft junger Schauspieler, Tänzer und pantomimischer Kinder" des Prinzipals Felix Berner, die 1778 und 1781 in Darmstadt gastierte. Zu einer Neubelebung der höfischen Theatertradition kam es in den 1780er Jahren durch Liebhaberaufführungen, die Erbprinz Ludwig mit Mitgliedern des Hofes inszenierte. Die Spiele waren jetzt aber nicht mehr Bestandteil des höfischen Zeremoniells, sondern dienten ganz dem Vergnügen der Rokokogesellschaft.

Abb. 119. Das Kurfürstliche Hoftheater an der Oberen Königstraße in Kassel (Stahlstich von L. Rohbock/J. Poppel, 1850)

Kurfürstlich-hessisches Hoftheater in Kassel

Der 1785 in Kassel an die Regierung gelangte Landgraf Wilhelm IX. (ab 1803 Kurfürst Wilhelm I.) war den Künsten und der Wissenschaft wenig gewogen. Dazu war er extrem sparsam. Großzügig war er nur gegenüber der Baukunst. Oper, Ballett und Orchester wurden aufgelöst, die wertvollen Kostüme wurden verkauft. Das Kasseler Theaterleben wurde über zwei Jahrzehnte von reisenden Schauspieltruppen bestimmt, die hauptsächlich während der Frühjahrs- und der Herbstmesse spielten. Als 1787 das Komödienhaus abbrannte, wobei der Theaterunternehmer Böhm seine gesamte Habe verlor, überließ der Landgraf den Theatertruppen das Opernhaus.

Mit Vertrag als „Fürstliche Direktion des Schauspiels" wirkte ab 1792 der Kriegs- und Domänenrat David August von Apell als eine Art Verbindungsmann zwischen dem Hof und den Schauspielertruppen. Der Großmann'schen Truppe, die von 1790 bis 1792 gastierte, folgte 1793 Carl Haßlochs Gesellschaft. Trotz Schwierigkeiten und sparsamster Haushaltsführung zunächst einigermaßen erfolgreich, sah sich Haßloch 1804 nicht mehr in der Lage, das Theater unter den gegebenen Bedingungen weiter zu bespielen und legte sein Amt als „Kurfürstlicher Hofschauspielunternehmer" nieder. Daraufhin beauftragte der Kurfürst von Apell, er solle das Theater selbst als „Kurfürstliche Theaterdirektion" weiterführen. Aber der gab ein Jahr später resignierend auf. Auch den Unternehmern Kruse und Willmann, die schließlich bereit waren, den Theaterbetrieb aufrecht zu erhalten, drohte schon bald die Luft auszugehen.

Doch dann kam zunächst alles ganz anders. Das Kurfürstentum wurde von den Franzosen besetzt, Kurfürst Wilhelm floh, und Kassel wurde 1807 Hauptstadt des neu geschaffenen Königreichs Westphalen mit König Jérôme Bonaparte an der Spitze. Für den prunkliebenden, bedenkenlos allen Lebensfreuden zugewandten jungen König wurde das Theater bald zu einem der wichtigsten Mittel königlicher Repräsentation und Amusements. Aus Braunschweig wurden eine französische Schauspielergesellschaft und die Hofkapelle des früheren Herzogs übernommen. Als Hofkapellmeister setzte Jérôme 1808 für kurze Zeit gegen dessen Willen den renommierten Komponisten und Musikschriftsteller Johann Friedrich Reichardt ein. Die deutsche Oper wurde 1810 aufgelöst; französische Oper, französische Dramatik und vor allem Ballette bestimmten das königliche Hoftheater mit beträchtlichem, für Kassel ganz ungewohntem Aufwand. Bunte Abwechslung und Vielseitigkeit (bis zu 200 verschiedene Stücke in einem Jahr!) verdrängten jedes künstlerische Streben. Zusätzlich zum Opernhaus ließ sich Jérôme in seiner Residenz Napoleonshöhe – wie er Wilhelmshöhe umbenannt hatte – ein kleines Hoftheater einrichten, das mehrmals wöchentlich bespielt wurde.

Abb. 120. Jérôme Bonaparte, König von Westfalen (Stich nach Zeichnung von J. F. Kinson)

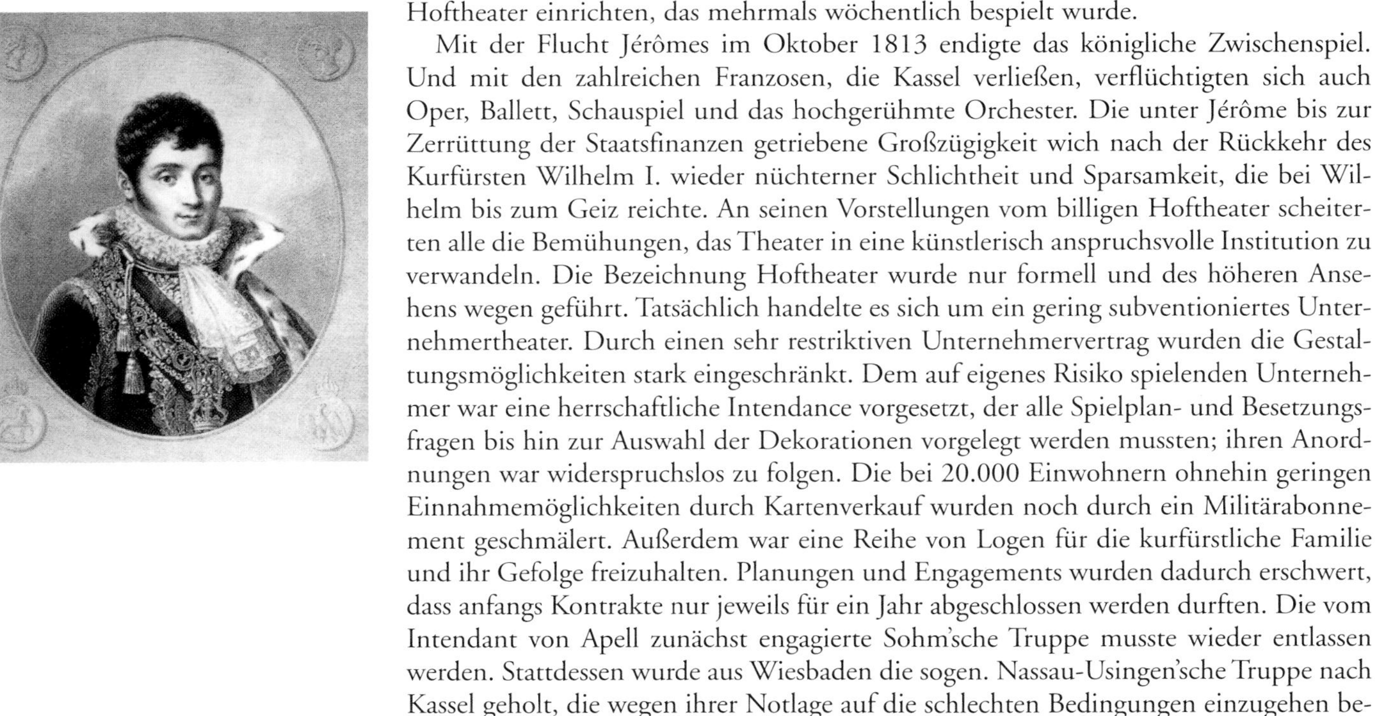

Mit der Flucht Jérômes im Oktober 1813 endigte das königliche Zwischenspiel. Und mit den zahlreichen Franzosen, die Kassel verließen, verflüchtigten sich auch Oper, Ballett, Schauspiel und das hochgerühmte Orchester. Die unter Jérôme bis zur Zerrüttung der Staatsfinanzen getriebene Großzügigkeit wich nach der Rückkehr des Kurfürsten Wilhelm I. wieder nüchterner Schlichtheit und Sparsamkeit, die bei Wilhelm bis zum Geiz reichte. An seinen Vorstellungen vom billigen Hoftheater scheiterten alle die Bemühungen, das Theater in eine künstlerisch anspruchsvolle Institution zu verwandeln. Die Bezeichnung Hoftheater wurde nur formell und des höheren Ansehens wegen geführt. Tatsächlich handelte es sich um ein gering subventioniertes Unternehmertheater. Durch einen sehr restriktiven Unternehmervertrag wurden die Gestaltungsmöglichkeiten stark eingeschränkt. Dem auf eigenes Risiko spielenden Unternehmer war eine herrschaftliche Intendance vorgesetzt, der alle Spielplan- und Besetzungsfragen bis hin zur Auswahl der Dekorationen vorgelegt werden mussten; ihren Anordnungen war widerspruchslos zu folgen. Die bei 20.000 Einwohnern ohnehin geringen Einnahmemöglichkeiten durch Kartenverkauf wurden noch durch ein Militärabonnement geschmälert. Außerdem war eine Reihe von Logen für die kurfürstliche Familie und ihr Gefolge freizuhalten. Planungen und Engagements wurden dadurch erschwert, dass anfangs Kontrakte nur jeweils für ein Jahr abgeschlossen werden durften. Die vom Intendant von Apell zunächst engagierte Sohm'sche Truppe musste wieder entlassen werden. Stattdessen wurde aus Wiesbaden die sogen. Nassau-Usingen'sche Truppe nach Kassel geholt, die wegen ihrer Notlage auf die schlechten Bedingungen einzugehen bereit war. Erster Unternehmer war ab 1814 der Komponist und Kapellmeister Carl Wilhelm Ferdinand Guhr, der jedoch die geschäftlichen Probleme unterschätzt hatte. Bereits nach einem Jahr schied er aus dem Vertrag wieder aus, blieb dem Theater aber bis 1821 als Musikdirektor erhalten. Als Nachfolger schlug Apell dem Kurfürsten den Schauspieler Karl Feige vor, der sich bald als Praktiker mit Spürsinn erwies und schließlich 34 Jahre lang die Geschicke des Kasseler Theaters bestimmen sollte. Um möglichst hohe Einnahmen zu erzielen, waren Zugeständnisse an den Publikumsgeschmack nötig. Im Schauspiel waren Stücke wie die von Kotzebue und rührselige Produktionen einer Johanna von Weißenthurn vorherrschend. Im musikalischen Bereich nahmen neben der Oper leichte Singspiele und Liederpossen weiten Raum ein.

Eine neue Entwicklung trat mit dem Tod des alten Kurfürsten im Februar 1821 ein. Sein Nachfolger Wilhelm II. war ein prachtliebender, auf Repräsentation bedachter Fürst, dem zwar wenig geistige und musische Interessen nachgesagt wurden, der aber dennoch dem Theater zugeneigt war, das er zu einer der ersten Bühnen Deutschlands machen wollte. Gleich nach seinem Regierungsantritt unterstellte er das Hoftheater der höfischen Verwaltung. Karl Feige wurde zum Generaldirektor auf Lebenszeit ernannt; sein Gehalt wurde – ebenso wie das seiner Frau, einer beliebten Schauspielerin – um mehr als das Zehnfache erhöht. In ähnlicher Weise stiegen die gesamten Subventionen. Das neue Gagenniveau machte es möglich, ein hervorragendes Ensemble aufzubauen. 1822 konnte Louis Spohr als Hofkapellmeister gewonnen werden. Sein Wirken als Dirigent und die ausgezeichneten Aufführungen seiner Werke verschafften der Kasseler Oper Geltung im In- und Ausland. Das Kasseler Orchester gehörte mit 55 Musikern zu den größten in Deutschland. Da der Kurfürst für die Prachtentfaltung bei der Ausstattung keine Ausgaben scheute, konnten zwei hochrangige Bühnenbildner gewonnen werden: der aus Darmstadt kommende Johann Georg Primavesi (1821-55 in Kassel tätig) und der schon vorher gastweise engagierte Friedrich Christian Philipp Beuther (1825-56).

Abb. 121a/b. Dekorationsentwürfe von Fr. Chr. Philipp Beuther für Inszenierungen von Carl Maria von Webers Opern „Oberon“ und „Der Freischütz“ in Kassel (1823)

Die Oper mit den glanzvollen Ausstattungsmöglichkeiten hatte bald gegenüber dem Schauspiel das Übergewicht. Doch auch in dieser Sparte war man zu großen Leistungen fähig. Allerdings blieb der Spielplan weiterhin dem Unterhaltungsbedürfnis des Publikums angepasst. Auch wenn Feige bestrebt war, die klassische Dramatik zu Wort kommen zu lassen, blieben Modeautoren wie Kotzebue, Iffland, Raupach und Weißenthurn in der Mehrzahl. Für das Schauspiel konnte Feige zwei bedeutende Künstler verpflichten: Ludwig Löwe, der danach lange Jahre zu den ersten Kräften des Wiener Burgtheaters zählte, und Carl Seydelmann, der später an der Berliner Hofbühne glänzte. Seydelmann wurde nach seinem vergeblichen Versuch, 1828 das Kasseler Theater zu verlassen, kontraktbrüchig. Von einem verlängerten Gastspiel in Darmstadt kehrte er nicht mehr zurück. Als Konsequenz musste daraufhin das gesamte Personal auf Befehl des Kurfürsten einen Diensteid ablegen.

1832 endete die Glanzperiode des Kasseler Hoftheaters. Nach Krawallen im Gefolge der Pariser Julirevolution 1830 und angesichts der anhaltenden Unruhen wegen der kurfürstlichen Mätressenwirtschaft hatte Wilhelm II. 1831 Kassel für immer verlassen. Die Regierung wurde seinem zum Mitregenten ernannten Sohn, Kurprinz Friedrich Wilhelm, übertragen. Für das Hoftheater, das dem Kurfürsten nun nicht mehr als Stätte seiner Unterhaltung und Repräsentation dienen konnte, hatte es zur Folge, dass alle Zuschüsse gestrichen wurden. Er wünsche, ließ er verlauten, das Hoftheater „in eine gewöhnliche Theater Entreprise umgewandelt zu sehen".

Nach längerer Schließung kam es von März bis Juli 1833 zu einer Interimsbespielung durch die Truppe des Berliner Prinzipals Heinrich Bethmann, die Spohr auf Anordnung des Regenten aus Meiningen geholt hatte. Im November 1833 wurde das Hoftheater zur Freude der Kasseler Bevölkerung wieder eröffnet, musste aber jetzt mit einem sehr viel niedrigerem Etat auskommen. Ein neues Ensemble wurde aufgebaut, in das auch einige Künstler der Bethmann'schen Gesellschaft übernommen wurden. Dem Unterhaltungsbedürfnis des Regenten und des Publikums folgend, wurde der Spielplan des Schauspiels vorwiegend von heiteren Stücken bestimmt. Im musikalischen Sektor waren die große französische und die italienische Oper Mode. Die Zahl der neu inszenierten deutschen Opern blieb dagegen gering. Ein wichtiges Ereignis war indessen die Aufführung von Wagners „Fliegendem Holländer", den Kassel auf Initiative Spohrs unter Umgehung des Kurprinzen als zweite Bühne nach der Dresdener Uraufführung herausbrachte.

Abb. 122. Zuschauerraum des alten Hoftheaters in der Oberen Königstraße in Kassel (Foto um 1905)

Geleitet wurde das Hoftheater zunächst von einer Dreier-Direktion: Feige und Spohr waren zuständig für die künstlerischen Bereiche, Hofrat Wilhelm Vogel für die Verwaltungsaufgaben. Ab 1839 war Feige dann bis zu seiner Pensionierung 1849 wieder Generaldirektor, ab 1846 allerdings unter der Oberaufsicht des Generalintendanten Josias von Heeringen, der nach Feiges Ausscheiden bis 1866 alleiniger Leiter des Hoftheaters werden sollte. Wie zuvor schon mit Feige, kam es auch zwischen Spohr und Heeringen zu Spannungen. 1857 wurde Spohr, der auch dem Regenten (seit 1847 Kurfürst) Friedrich Wilhelm wegen seiner liberalen Gesinnung missliebig war, gegen seinen Willen und unter Herabsetzung des ihm auf Lebenszeit zugesicherten Gehalts verabschiedet.

Hervorzuheben ist noch die Errichtung einer Pensionskasse für alle Mitglieder des Hoftheaters im Jahre 1845. Die Kapitalansammlung geschah – neben Zuwendungen aus der kurfürstlichen Kasse – vorwiegend aus dem Ertrag von jährlich zwei Benefizvorstellungen und durch Abzug von zwei Prozent der jährlichen Gage.

Die Annektion Kurhessens durch Preußen im Jahre 1866 brachte für das Kasseler Theater eine gravierende Veränderung. Es blieb zwar weiterhin im Range eines Hoftheaters, jetzt sogar unter günstigeren finanziellen Bedingungen, doch es war kein kurfürstlich-hessisches Hoftheater mehr, sondern – ohne direkte Einflussnahme durch den Landesherrn – als „Königliches Theater" dem preußischen „Generalintendanten der Kgl. Schauspiele zu Berlin" unterstellt.

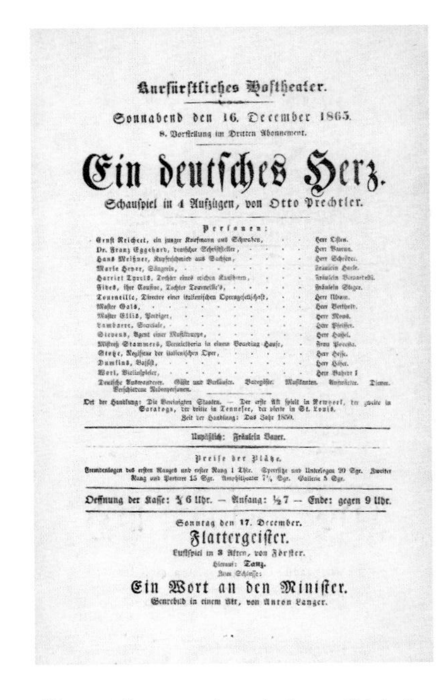
Kurfürstliches Hoftheater.

Sonnabend den 16. December 1865.

8. Vorstellung im Dritten Abonnement.

Ein deutsches Herz.

Schauspiel in 4 Aufzügen, von Otto Prechtler.

Personen:

Ernst Reichert, ein junger Kaufmann aus Schwaben,	Herr Osten.
Dr. Franz Eggehard, deutscher Schriftsteller,	Herr Barena.
Hans Meißner, Kupferschmied aus Sachsen,	Herr Schröder.
Marie Heyer, Sängerin,	Fräulein Harke.
Harriet Tyrels, Tochter eines reichen Kaufherrn,	Fräulein Bernardelli.
Fides, ihre Cousine, Tochter Tourneille's,	Fräulein Stiger.
Tourneille, Director einer italienischen Operngesellschaft,	Herr Ulram.
Master Gals,	Herr Berthold.
Master Ellis, Prediger,	Herr Mons.
Lambarre, Secretair,	Herr Pfeiffer.
Stevens, Agent einer Musiktruppe,	Herr Hassel.
Mistreß Stammers, Vermietherin in einem Boarding-Hause,	Frau Peresda.
Stetze, Regisseur der italienischen Oper,	Herr Heise.
Dumkins, Bassist,	Herr Höfer.
Worl, Violinspieler,	Herr Bahrer I

Deutsche Auswanderer. Gäste und Verkäufer. Badegäste. Musikanten. Aufwärter. Diener. Verschiedene Nebenpersonen.

Ort der Handlung: Die Vereinigten Staaten. – Der erste Akt spielt in Newyork, der zweite in Saratoga, der dritte in Tennesee, der vierte in St. Louis.
Zeit der Handlung: Das Jahr 1850.

Unpäßlich: Fräulein Bauer.

Preise der Plätze.

Fremdenlogen des ersten Ranges und erster Rang 1 Thlr. Sperrsitze und Unterlogen 20 Sgr. Zweiter Rang und Parterre 15 Sgr. Amphitheater 7½ Sgr. Gallerie 5 Sgr.

Oeffnung der Kasse: ¾ 6 Uhr. – Anfang: ½ 7 – Ende: gegen 9 Uhr.

Sonntag den 17. December.

Flattergeister.

Lustspiel in 3 Akten, von Förster.

Hierauf: Tanz.

Zum Schluße:

Ein Wort an den Minister.

Genrebild in einem Akt, von Anton Langer.

Abb. 123. Theaterzettel aus der letzten Spielzeit des Kurfürstlichen Hoftheaters Kassel (1865)

Großherzoglisches Hoftheater in Darmstadt

Trotz seiner Musik- und Theaterbegeisterung hatte Landgraf Ludwig X. (1790-1830, ab 1806 als Großherzog Ludewig I.) an seinem Hof zunächst kein eigenes Theater. Zwar hatte er 1784 als Erbprinz das marode gewordene Opernhaus renovieren lassen, doch meist wurden dort Konzerte gegeben, nur gelegentlich Opern. Ein großes Theaterfest gab es 1785 unter seiner Leitung aus Anlass der Vermählung seiner Cousine und Schwägerin Auguste Wilhelmine mit dem späteren König Max I. Joseph von Bayern. Neben zahlreichen anderen Lustbarkeiten wurden drei Opern aufgeführt, darunter als Höhepunkt die Festoper „Richard Löwenherz", von A. E. Grétry mit prächtigen Dekorationen des Hofmalers Johann Joseph Laubacher. Da Darmstadt keine Theaterstadt mehr war, mussten die Gesangssolisten aus Mannheim geholt werden.

Zu seinem Hoftheater kam Ludewig schließlich auf Umwegen und durch Zufall. Seit 1807 spielte die recht leistungsfähige Theatertruppe des Prinzipals Xaver Krebs in Darmstadt, zunächst im Gasthaus „Zum Erbprinzen", später in der „Alten Post"

Abb. 124/125. Darmstädter Bühnenbildentwürfe von Joh. Joseph Laubacher für Grétry's Oper „Richard Löwenherz" (1785) und Johann Georg Primavesi für Mozarts „Don Juan" (1818)

gegenüber vom Schloss. Als Krebs zunehmend in finanzielle Schwierigkeiten geriet und schließlich der Konkurs drohte, übernahm der Großherzog kurzerhand die ganze Bühne samt Personal mit allen Schulden, um sie ab 24. Mai 1810 als „Großherzogliches Residenz-Theater" weiterzuführen. In aller Eile wurde das landgräfliche Theater erneut als Spielstätte hergerichtet; am 26. Oktober 1810 wurde es als „Großherzogliches Operntheater" mit Mozarts „Titus" eröffnet. Doch auf Dauer konnte der kleine Barockbau den künstlerisch weitgesteckten Zielen des Großherzogs nicht genügen, der vor allem das Erhabene und Monumentale im Opernkunstwerk liebte. Bereits 1819 konnte das neue Großherzogliche Hoftheater eingeweiht werden, das sich Lude-

Abb. 126. Georg Mollers „Hof-Opern-Theater" (Stich von H. Schilbach/ E. Rauch,1819)

wig von seinem Hofbaudirektor Georg Moller hatte errichten lassen. Die Ausmaße und die von Ignatz Dorn geschaffene Bühnenmaschinerie ermöglichten größte Theaterspektakel. Das Haus war nicht nur für den Hofstaat und für privilegierte Kreise bestimmt, auch das bürgerliche Publikum hatte Zutritt. Dennoch war es mit fast zweitausend Zuschauerplätzen in einer Stadt mit rd. 20.000 Einwohnern etwas überdimensioniert. Georg Moller, der auch Leiter der Theatermalerei war, trat als Bühnenbildner nur gelegentlich in Erscheinung. Hoftheatermaler war bis zu seinem Weggang nach Kassel Johann Georg Primavesi. Ihm folgte 1822 der tüchtige Ernst Friedrich Schnittspahn, der fast sechs Jahrzehnte für das Hoftheater tätig war.

Ludwigs Theaterbegeisterung galt ausschließlich der Oper, um die er sich bis ins Detail kümmerte. An allen wichtigen Opernproben nahm er teil, wobei er meist selbst die musikalische Einstudierung vornahm. Die Oper war so sehr auf seine Person ausgerichtet, dass in seiner Abwesenheit keine Opernaufführung stattfand. Die Prachtentfaltung mancher Aufführung galt als kaum zu überbieten. Dem gegenüber führte das Schauspiel eher ein Schattendasein, obwohl es mit seinen weniger kostspieligen Aufführungen rein quantitativ den Spielplan beherrschte. Auch mit seinen Leistungen konnte sich das Ensemble zeitgenössischen Berichten zufolge durchaus sehen lassen. 1828 konnten sogar für kurze Zeit zwei berühmte Schauspielvirtuosen gewonnen werden: die bildhübsche Therese Peche und der in Kassel vertragsbrüchig gewordene Carl Seydelmann. Beide sahen jedoch unter den gegebenen Umständen für sich keine Entfaltungsmöglichkeiten und verließen Darmstadt schon nach einem Jahr.

In eine ernste Krise geriet das Hoftheater nach dem Tod Ludewigs I. im Revolutionsjahr 1830 – eine zeitlich ähnliche Entwicklung wie in Kassel. Der neue Großherzog Ludwig II. hatte für das Theater wenig übrig, wollte jedoch vorerst nicht auf ein Hoftheater verzichten. Das Personal wurde zunächst verkleinert, das Budget gekürzt. Die oberste Theaterleitung übertrug Ludwig II. seiner kunstinteressierten Gemahlin, der Großherzogin Wilhelmine, die für kurze Zeit Karl Theodor Küstner aus Leipzig als Intendant holte. Die finanziellen Schwierigkeiten wurden aber immer drückender. Hinzu kamen interne Querelen, an denen das Publikum lebhaften Anteil nahm. Im Juni 1831 wurde der Spielbetrieb gänzlich eingestellt. Das Theatergebäude wurde fünf Jahre lang nur noch für Konzerte und Maskenbälle genutzt. Erst nach der Hochzeit des Erbgroßherzogs mit der bayerischen Prinzessin Mathilde, als ab 1838 vom Hof und von der Stadt größere Zuschüsse geleistet wurden, konnte der Theaterbetrieb wieder aufgenommen werden. Häufig wechselnde Leitungen, zumeist aus Kommissionen gebildet, ließen einen deutlich geprägten künstlerischen Kurs nicht erkennen. Dass sogar die Festaufführung zur Verlobung der Großherzogstochter Marie mit dem russischen Zarewitsch Alexander im Jahr 1840 als Abonnementvorstellung

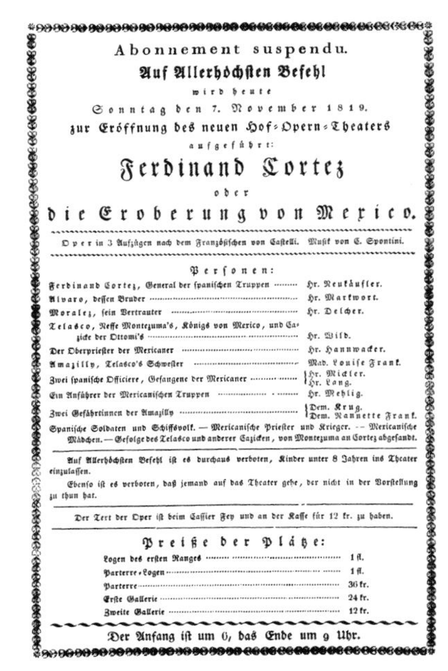

Abonnement suspendu.

Auf Allerhöchsten Befehl

wird heute

Sonntag den 7. November 1819.

zur Eröffnung des neuen Hof-Opern-Theaters

aufgeführt:

Ferdinand Cortez

oder

die Eroberung von Mexico.

Oper in 3 Aufzügen nach dem Französischen von Castelli. Musik von C. Spontini.

Personen:

Ferdinand Cortez, General der spanischen Truppen .... Hr. Neukäufler.
Alvaro, dessen Bruder .... Hr. Markwort.
Moralez, sein Vertrauter .... Hr. Delcher.
Telasco, Neffe Montezuma's, Königs von Mexico, und Cazicke der Ottomi's .... Hr. Wild.
Der Oberpriester der Mexicaner .... Hr. Hannwacker.
Amazilly, Telasco's Schwester .... Mad. Louise Frank.
Zwei spanische Officiere, Gefangene der Mexicaner .... Hr. Mickler. Hr. Lang.
Ein Anführer der Mexicanischen Truppen .... Hr. Mehlig.
Zwei Gefährtinnen der Amazilly .... Dem. Krug. Dem. Nannette Frank.
Spanische Soldaten und Schiffsvolk. — Mexicanische Priester und Krieger. — Mexicanische Mädchen. — Gefolge des Telasco und anderer Cazicken, von Montezuma an Cortez abgesandt.

Auf Allerhöchsten Befehl ist es durchaus verboten, Kinder unter 8 Jahren ins Theater einzulassen.

Ebenso ist es verboten, daß jemand auf das Theater gehe, der nicht in der Vorstellung zu thun hat.

Der Text der Oper ist beim Cassier Fey und an der Kasse für 12 kr. zu haben.

Preiße der Plätze:

Logen des ersten Ranges .... 1 fl.
Parterre-Logen .... 1 fl.
Parterre .... 36 kr.
Erste Gallerie .... 24 kr.
Zweite Gallerie .... 12 kr.

Der Anfang ist um 6, das Ende um 9 Uhr.

Abb. 127. Theaterzettel zur Eröffnungsvorstellung des neuen Hoftheaters in Darmstadt 1819

DARMSTADT.
Großherzogliches Hoftheater.
Bei festlich beleuchtetem Hause.
Zur Feier des Allerhöchsten Namens-Festes Ihrer Königl. Hoheit der Großherzogin.
Die
Sicilianische Vesper.
Personen:
Die vier Jahreszeiten.
Die sicilianische Vesper.
Anfang 6 Uhr, Ende nach 10 Uhr.

Abb. 128. Darmstädter Theaterzettel für Verdis „Sicilianische Vesper" (1847)

angesetzt war, kann als ein Zeichen für das Fortbestehen der Finanzprobleme gewertet werden.

Erst mit dem Regierungswechsel 1848 begannen für das Hoftheater bessere Zeiten. Der theaterbegeisterte Großherzog Ludwig III. war vor allem ein Freund und Förderer des Balletts. Die Tanztruppe hatte zeitweise 66 Mitglieder. 1850 berief er den bisher als Ballettmeister am Hoftheater tätigen Carl Teschner zum Theaterdirektor. Besondere Attraktionen waren in diesen Jahren prachtvoll ausgestattete Opernaufführungen mit ausufernden Balletteinlagen, zu denen das Publikum gelegentlich in Sonderzügen aus Nachbarstädten anreisen konnte. Aufsehenerregend war 1857 die deutsche Erstaufführung der Verdi-Oper „Die sizilianische Vesper". Das ausgedehnte Ballett im dritten Akt war mit großem szenischem Aufwand zu einem gewaltigen Spektakel ausgebaut. Am glänzenden Erfolg hatte auch die neu installierte Gasbeleuchtung Anteil. Verdis Oper „Don Carlos" erlebte ihre deutsche Erstaufführung 1868 ebenfalls in Darmstadt. Beifall fanden nicht zuletzt die effektvollen Einfälle des Maschinenmeisters Carl Brandt, den Richard Wagner 1872 mit der technischen Einrichtung des Bayreuther Festspielhauses betraute.

Eine Zäsur brachte das Jahr 1871, als am 24. Oktober das Theatergebäude bis auf die Außenmauern ausbrannte. Als Provisorium wurde das alte landgräfliche Opernhaus reaktiviert, das nach fünfmonatigem Umbau als Ersatzspielstätte dienen konnte. Vom Theatermaler Carl Beyer wurden für dieses Haus in kurzer Zeit 24 neue Dekorationen geschaffen. Meinungsverschiedenheiten gab es um den Wiederaufbau des Moller-Theaters. Der zeitweise mit der Intendanz betraute Bruder des Großherzogs,

Abb. 129. Brand des Darmstädter Theaters 1871 (Stich nach Zeichnung von L. Goebel)

Abb. 130. Nicht verwirklichter Entwurf Gottfried Sempers für den Wiederaufbau des Darmstädter Theaters (1872)

Abb. 131. Das wiederaufgebaute Hoftheater mit dem 1878 errichteten „Landesehrenmal" für die Kriegsgefallenen von 1870/71

Prinz Alexander, hatte Gottfried Semper mit den Planungen eines Neubaus beauftragt. Dessen Entwürfe fanden zwar nach mehrfachen Änderungen die Zustimmung des Großherzogs; aus Kostengründen wurde das Theater aber letztendlich durch die Großherzogliche Ober-Baudirektion in den Außenfassaden des Mollerbaus wiederaufgebaut. Das Dach wurde durchgehend auf die Höhe des Schnürbodens angehoben, das Gebäude an der Rückfront erweitert. Bei der Bühneneinrichtung konnte Carl Brandt seine beim Bau des Bayreuther Festspielhauses gemachten Erfahrungen einbringen. Der Zuschauerraum mit 1200 Plätzen war in Neorenaissance-Stil gehalten. Mit Wagners „Lohengrin" konnte das Hoftheater am 19. Oktober 1879 wiedereröffnet werden.

Der wenige Monate zuvor benannte neue Theaterdirektor Theodor Wünzer förderte vorrangig das Sprechtheater mit programmatischen Klassikerinszenierungen. Daneben gab es allerdings auch, wie zu allen Zeiten, viel Unterhaltungstheater. Für effektvolle Bühnenausstattung sorgte der Architekt Hermann Müller. Im Musiktheater machte Willem de Haan, seit 1879 erster Kapellmeister, die Darmstädter mit den Musikdramen Richard Wagners vertraut. Das Ballett hatte nach dem Tod Ludwigs III. 1877 seine vorherrschende Stellung verloren.

1894 wurde die Theaterleitung dem Schauspieler und Regisseur Emil Werner übertragen. Unter seiner achtzehnjährigen Direktion wurde solides, der Tradition verpflichtetes Theater geboten. Der junge Ernst Ludwig, seit 1892 Großherzog, nahm auf das

Abb. 132. Die Bühne des Hoftheaters zu Ende des 19. Jahrhunderts (Foto)

Abb. 133. Zuschauerraum und Bühne nach dem Umbau von 1904/05 (kol. Zeichnung von K. Kempin)

Theater zunächst wenig Einfluss. Mit Nachdruck befasste er sich jedoch mit den Plänen für eine erneute Umgestaltung des Theatergebäudes, das schon bald nach dem Wiederaufbau 1879 deutliche Mängel hatte erkennen lassen. Während des Umbaus in der Spielzeit 1904/05 diente das alte Landgrafentheater noch einmal als Interimsspielstätte. Die Bühne des Hoftheaters wurde auf den neuesten technischen Stand gebracht; auf ihrer Rückseite wurden ein Werkstatttrakt und ein Kulissenmagazin angebaut. Stark verändert wurde der Zuschauerraum; die sichtbehindernde Hufeisenform der Ränge wurde beseitigt, die Anzahl der Ränge von vier auf drei reduziert. Überraschend für eine Zeit, in der Darmstadt mit den Ausstellungen der Künstlerkolonie auf der Mathildenhöhe zu einem Zentrum der modernen Kunstrichtungen geworden war, ist die Ausgestaltung des Zuschauerraums im historisierenden Louis-Seize-Stil. Dabei hatte es bereits während der ersten Künstlerkolonie-Ausstellung 1901 mit dem von Joseph Maria Olbrich geschaffenen „Spielhaus" den Versuch für eine neue Theaterform gegeben. Zwischen dem progressiven Spielhaus auf der Mathildenhöhe und dem konservativen Hoftheater war es jedoch zu keinerlei Kontakten gekommen.

Dennoch kamen, wenn auch zunächst nur zögernd, auch auf der Bühne des Hoftheaters neue Kunstformen zum Zuge. Den ersten Schritt tat der Bühnenbildner Kurt Kempin, der 1907 auf unmittelbare Anregung Ernst Ludwigs für eine Aufführung von Oscar Wildes „Salome" an Stelle der illusionistischen Kulissenmalerei eine stilisierte Bühnenausstattung mit dreidimensionalen Aufbauten schuf. Trotz des großen Erfolges beim Publikum konnte sich das moderne Theater erst nach dem Leitungswechsel 1912 unter dem Intendanten Paul Eger durchsetzen. Von nun an nahm auch der

Abb. 134. J. M. Olbrichs „Spielhaus" auf der Mathildenhöhe (1901)

Abb. 135. Bühnenbildentwurf von K. Kempin für Oscar Wildes „Salome" (1907)

Anfang 6 Uhr.

Großherzogliches Hof-Theater · Darmstadt.

C 44 C 44

Sonntag, den 6. Juni 1915. 176. Abonnements-Vorstellung.

Auf Allerhöchsten Befehl.

Frühlings-Spiele.

Wagner-Zyklus.

Zweite Abteilung. Vierte Vorstellung:

Götterdämmerung.

Siegfried: Kammersänger Heinrich Hensel

Brünnhilde: Kammersängerin Berta Schelper

Kleine Preise.

Kartenverkauf: an der Tageskasse

Anfang 6 Uhr. Ende nach 11 Uhr.

Dienstag, den 8. Juni.

Abb. 136 a/b. Darmstädter „Frühlingsfestspiele“ 1914: Programmzettel für Wagners „Götterdämmerung“ und Bühnenbild-Skizze Großherzog Ernst Ludwigs für „Aida“

Großherzog am Theatergeschehen lebhaften Anteil. Zu den Aufführungen von „Aida” (1914) und „Parsifal” (1915) lieferte er eigene Bühnenbildentwürfe.

In den Jahren 1913 und 1914 fanden in Darmstadt „Frühlingsfestspiele” statt, bei denen die Werke Richard Wagners im Vordergrund standen. Die neuartige Form der Inszenierung seiner Musikdramen wurde als revolutionär empfunden. Mit renommierten Gesangssolisten und berühmten Gastdirigenten (Arthur Nikisch, Leo Blech, Bruno Walter) erregten die Festspiele großes Aufsehen. Generalmusikdirektor war 1914-18 der schon damals hoch angesehene Felix Weingartner; neben ihm wirkte als Kapellmeister Erich Kleiber.

Das Ende der Monarchie in Deutschland brachte auch das Ende der Hoftheater in den fürstlichen Residenzen – in Darmstadt jedoch nicht sofort. Noch im April 1919 richtete der seit 1918 amtierende Intendant Adolf Krätzer sein Entlassungsgesuch an den abgesetzten Großherzog. Erst einige Wochen danach ging das Theater als „Hessisches Landestheater” in die Verwaltung des Volksstaats Hessen über. Die Zeit der Hoftheater war damit auch in Hessen zu Ende. Ein Erinnerungsrest ist jedoch verblieben: Im Unterschied zu anderen Bühnen im jetzigen Bundesland Hessen werden heute die früheren Hoftheater der ehemaligen hessischen Residenzen Kassel und Darmstadt, ebenso wie das Theater der vormals nassauischen Residenz Wiesbaden, in der Trägerschaft des Landes als „Staatstheater” geführt.

Literaturhinweise:

Christiane ENGELBRECHT / Wilfried BRENNECKE / Franz UHLENDORFF / Hans Joachim SCHAEFER, Theater in Kassel. Aus der Geschichte des Staatstheaters Kassel von den Anfängen bis zur Gegenwart, Kassel 1959.

Hans HARTLEB, Deutschlands erster Theaterbau. Eine Geschichte des Theaterlebens und der englischen Komödianten unter Landgraf Moritz dem Gelehrten von Hessen-Kassel, Berlin/Leipzig 1936.

Reinhard LEBE, Ein deutsches Hoftheater in Barock und Biedermeister. Die Kasseler Bühne zu Zeiten Feiges und Spohrs. Kassel 1964.

Hermann KAISER, Barocktheater in Darmstadt, Darmstadt 1951. – Das Großherzogliche Hoftheater zu Darmstadt 1810-1910, Darmstadt 1964. – Modernes Theater in Darmstadt 1910-1933. Ein Beitrag zur Stilgeschichte des deutschen Theaters zu Beginn des 20. Jahrhunderts, Darmstadt 1955

275 Jahre Theater in Darmstadt. Ausstellung des Hessischen Staatsarchivs Darmstdt und der Hessischen Landes- und Hochschulbibliothek Darmstadt (Theatergeschichtliche Sammlung). Katalog, Darmstadt 1986.

Sigrid RETT, Das Großherzogliche Hoftheater in Darmstadt. Seine Entwicklung zum Haus der Geschichte, Darmstadt 1998.

Bernd Modrow

Fürstliche Gartenkunst

Die hessischen Staatsparks Wilhelmsthal und Fürstenlager

In den drei Jahrhunderten von 1600 bis 1900 sind wesentliche gartenkünstlerische Leistungen vollbracht worden, die heute zum kulturellen Erbe des Bundeslandes Hessen zählen. Es waren zumeist Schöpfungen der Fürstenhäuser, die mit den Umwälzungen von 1918/19 in das Eigentum der damaligen Reichsländer übergingen. Zu ihrer Betreuung wurden in größeren Staaten, so im ehemaligen Preußen und in Bayern, besondere staatliche Verwaltungen aufgebaut. Im 1945/46 neugeschaffenen Bundesland Hessen wurde erst damals eine Verwaltung der Staatlichen Schlösser und Gärten gegründet. Zu ihren Aufgaben zählt die Verwaltung des ihr anvertrauten gartenkulturellen Erbes für künftige Generationen. Eine Reihe wertvoller Anlagen befinden sich in der Obhut der Hessischen Hausstiftung, sind weiterhin Privatbesitz oder werden von anderen Landesdienststellen oder Kommunen verwaltet. Es ist das Verdienst der Fürstenhäuser, dass wir heute 300 Jahre Gartenkunstgeschichte in Hessen verfolgen können.

Abb. 137. Prospekt der ersten Erweiterung der urspr. „Moritzaue" in Kassel (um 1690)

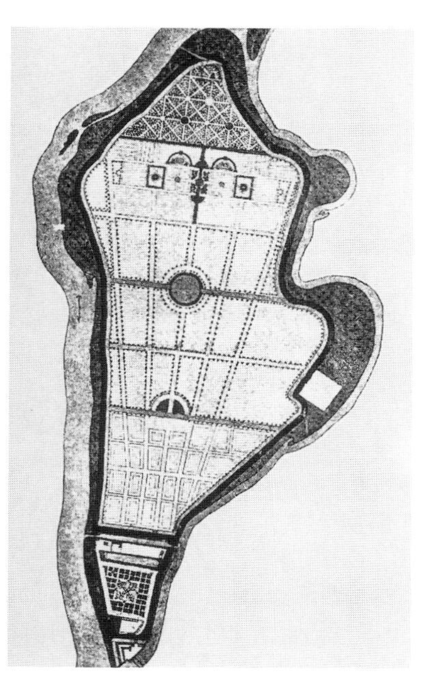

Die Gärten der Renaissance

Die aus dem 16. und 17. Jahrhundert überlieferten Gärten waren in der Regel durch Mauern umschlossen. Ein Beispiel hierfür ist der Renaissancegarten, den Landgraf Wilhelm IV. von Hessen (1567-1592) in der Kasseler Karlsaue auf dem Gelände der heutigen Hessenkampfbahn, anlegen ließ. Dieser „Lustgarten" war schachbrettartig gegliedert und reich an Skulpturenschmuck, mit Brunnen und Heckenbögen. Landgraf Moritz (1592-1627), den die Historie „den Gelehrten" nennt, hat den Ausbau der Anlage seines Vaters weiter gefördert. Er konnte große Teile der Aue in seinen Besitz bringen. Bis zur Mitte des 17. Jahrhunderts wurde die schon bald nach dem Fürsten benannte „Moritzaue" künstlerisch und botanisch bereichert mit Lauben aus geschnittenen Hecken sowie Wasserkünsten (Abb. 137). Durch Überformung in den Folgejahren ging dieser Renaissancegarten verloren.

Ein weiteres Beispiel ist der Garten, den der Neffe des „gelehrten“ Moritz, Graf Johann von Nassau (1629-1677), in der Mitte des 17. Jahrhunderts in Idstein anlegen ließ. Diesen von Mauern umgebenen Garten bestimmten Heckengänge, Treillagen, Wasserbecken, ein Parterre mit ungewöhnlichen Beetformen sowie eine aufwendig geschmückte Grotte. Die Planung ist auf den Ulmer Architekten und Theoretiker Joseph Furttenbach d.Ä. (1591-1667) zurückzuführen. Der Garten löste sich allerdings bereits zu Beginn des 19. Jahrhunderts auf, wurde jedoch nie überbaut. Gestützt auf das in den 1980er Jahren gefundene umfangreiche Archivmaterial über die Gartenanlage konnte 1989 eine Rekonstruktion der wesentlichen Grundlinien im Gelände erfolgen.

Abb. 138. Staatspark Karlsaue, Blick von der Insel Siebenbergen

Barocke Gartenkunst

Ab Ende des 17. Jahrhunderts kamen neue Kunstvorstellungen und Künstler zunächst noch aus Italien, dann vor allem aus Frankreich und den Niederlanden. Auf Reisen wurden Eindrücke und Ideen gesammelt. So reiste Landgraf Karl von Hessen-Kassel (1670-1730) im Jahre 1700 nach Italien, wo er sich durch die dort aufgesuchten Gärten inspirieren ließ. Ergebnis war die mit dem Architekten Francesco Giovanni Guerniero geplante Anlage des sogen. „Karlsbergs” in Kassel mit ihren Wasserkünsten, die Keimzelle des nachmaligen Parks Wilhelmshöhe.

Viele Fürsten der Zeit suchten der Repräsentation des absolutistischen Staates nachzueifern, die der „Sonnenkönig” Louis XIV. in Frankreich verkörperte. Der auf den König zentrierten Herrschaftsform entsprachen die Gartenschöpfungen des Architekten und Gartenkünstlers André Le Nôtre (1613-1700), der zum europäischen Vorbild wurde. Unter den Fürsten, aber auch unter den Architekten und Künstlern entwickelte sich ein großer Wetteifer. Im heutigen Hessen entstanden großartige Anlagen von höchster Qualität. Dazu gehört neben dem bereits erwähnten Karlsberg die „Karlsaue” in Kassel. Bestimmt von der an Stelle eines Schlosses errichteten Orangerie wurde der Park streng achsen-symmetrisch angelegt und mit seitlichen Wasserkanälen gefasst. Lange Alleen, die den gesamten Park durchziehen, gliedern die Anlage. Vorbild für die Planung war die ab 1678 durch Jules Hardouin Mansart und Le Nôtre geschaffene Anlage von Marly-le-Roi bei Paris (Abb. 138).

Die Barock-Residenz Arolsen wurde zu Beginn des 18. Jahrhunderts für den Fürsten Friedrich Anton Ulrich von Waldeck geschaffen. Verantwortlicher Baumeister war ab 1713 Julius Rothweil (um 1680-1771), der vorher bereits Entwürfe für Schloss Philippsruhe bei Hanau und für das Weilburger Schloss mit der Oberen und Unteren

1 Dezalliér D'ARGENVILLE, La Théorie et la Pratique du Jardinage, 1760, Nachdruck Hildesheim.

Orangerie und Schloss Windhof gefertigt hatte. Grundlage für die Anlage der barokken Gärten waren die Stilmerkmale und Gestaltungsprinzipien, die Dézallier d'Argenville in seinem Werk „La Théorie et la Pratique du Jardinage“ entwickelt hatte[1]. Waren bei Anlagen in hängigem Gelände, wie am Kasseler Karlsberg oder in Weilburg, noch gewisse italienische Einflüsse zu erkennen, so wurden die Anlagen in der Ebene von rein französischen Vorbildern bestimmt. Hierher gehören neben der bereits besprochenen Karlsaue auch der fürstlich nassauische Schlosspark Biebrich, der Garten am fürstäbtlichen Schloss in Fulda und die Gartenanlagen der Landgrafen von Hessen-Darmstadt, der Orangeriegarten in Bessungen wie der Herrengarten hinter dem Darmstädter Schloss.

Das Nützliche und das Schöne verband der an den ebengenannten Herrengarten angrenzende „Prinz-Georgs-Garten" in Darmstadt, der unter Landgraf Ludwig VIII. (1691-1768) ab 1748 entstand. Er blieb über die Jahrhunderte in der Grundstruktur, der Verbindung von Lust- und Küchengarten, unverändert und konnte aufgrund der mit dem umfangreichen Quellenmaterial verknüpften Befunde in den vergangenen Jahren als Modell eines fürstlichen Gartens der zweiten Hälfte des 18. Jahrhunderts wiederhergestellt werden (Abb. 139/140). Gärten waren somit nicht nur unter dem Gesichtspunkt der Gartenkunst von Interesse.

Abb. 139/140. Prinz-Georg-Garten in Darmstadt: Historische Ansicht des Pretlack'schen Gartenhauses (Gouache von E. A. Schnittspahn, 1841) und Blick über die wiederhergestellte Gartenanlage zum Pretlack-Haus

Rokokoanlagen

Aus der Spätphase des Barock, dem Rokoko, ist in Hessen ein hervorragendes Beispiel zu nennen: Wilhelmsthal bei Calden, das später noch eingehender behandelt werden soll. Bestimmend für die Rokoko-Gärten waren der große Formenreichtum und die Abwechslung, die Verwendung des Wassers und der kunstvoll konzipierte Figurenschmuck. Eindrücke der ursprünglichen Gestaltung sind heute in Wilhelmsthal vor allem im Bereich der Grottenanlage noch nachvollziehbar.

Die Zeit der Aufklärung: der anglo-chinesische Garten

Das 18. Jahrhundert war von einem tiefgreifenden Bewusstseinswandel bestimmt, der sich auch in einer neuen Form der Gartengestaltung niederschlug. Ausgehend vom liberalen England entwickelte sich ein neuer Begriff der Gartenkultur. Der „Englische Garten" zwängte die Natur nicht mehr in geometrisch-formale Strukturen ein, wie das in den französischen Barockgärten üblich war, sondern stellte die „Natürlichkeit" über das künstlich Geschaffene. Während in England die ersten Landschaftsgärten bereits in der ersten Hälfte des 18. Jahrhunderts entstanden, fand der neue Landschaftsstil in Deutschland erst in der zweiten Jahrhunderthälfte Eingang, hat sich dann aber schnell verbreitet. Gartenarchitekten wurden nach England geschickt, um sich in der neuen Gartenkunst ausbilden zu lassen. Dabei haben auch familiäre Beziehungen der deutschen Fürsten zum englischen Hof eine Rolle gespielt.

Signalwirkung für Deutschland hatte vor allem der bis heute vielbesuchte Wörlitzer Park, den Fürst Leopold Franz von Anhalt-Dessau (1740-1817) nach mehreren Englandreisen 1769/73 durch seinen Architekten Friedrich Wilhelm von Erdmannsdorf (1736-1800) anlegen ließ. Das Vorbild von Wörlitz und die hier dokumentierte neue Denkweise führten zu revolutionsartigen Veränderungen, auch in zahlreichen bereits bestehenden Parkanlagen. Das galt auch für die Territorien des heutigen Hessen. Unter dem aufgeklärten Landgrafen Friedrich II. von Hessen-Kassel (1760-1785), der mit der englischen Prinzessin Marie verheiratet war, wurden die barocken Gartenstrukturen des Karlsbergs bereits ab 1763 in eine landschaftliche Anlage umgewandelt, wobei allerdings die Kaskaden und der Herkules erhalten blieben. In ähnlicher Weise erfolgte eine landschaftliche Überformung auch in anderen großen Parks: in der Kasseler Karlsaue, in Wilhelmsthal, im Schlossgarten von Philippsruhe bei Hanau und im nunmehrigen Bistum Fulda: im Fuldaer Schlossgarten und in der neuangelegten Fasanerie von Adolfseck.

Zu den Neuanlagen zählte der Park des Wilhelmsbads bei Hanau, das der nachmalige Landgraf Wilhelm IX., der damals als Erbprinz in der Grafschaft Hanau herrschte, in den Jahren 1777-1785 auf der Fläche eines ehemaligen Steinbruchs errichten ließ (Abb. 141).Viele Elemente, die in diesem frühen, von der englischen Heimat der Mutter beeinflussten Park entstanden sind – eine Burgruine, eine Eremitage, die Teufelsbrücke, eine Pyramide usw. – ließ Wilhelm später als regierender Landgraf in Kassel auf der Wilhelmshöhe wiederholen. Auch das wie Wilhelmsbad mit einem „guten Brunnen" verbundene Fürstenlager bei Bensheim-Auerbach, dessen Anfänge in die Jahre 1766/68 zurückreichen, war eine frühe Landschafts-Anlage ohne barocke Vorläufer; sie soll später noch vertiefend behandelt werden.

Abb. 141. Eremitage im Staatspark Wilhelmsbad

Abb. 142. Pagode im Dorf Mulang,
Park Wilhelmshöhe

Der anglo-chinesische Gartenstil, der zuerst von William Chambers (1723-1796) in Kew Gardens am Ostrand Londons kreiert wurde, entwickelte sich etwa zeitgleich in Frankreich und auch in Deutschland. So entstanden anglo-chinesische Gartenpartien mit chinesischen Pavillonbauten, Bogenbrücken oder auch Pagoden u.a. im Groschlag'schen Garten im kurmainzischen Dieburg, in der Kasseler Karlsaue, im damals noch „Weißenstein" genannten Park Wilhelmshöhe mit dem Dorf „Mulang" oder im noch zu besprechenden Park von Wilhelmsthal (Abb. 142).

Der Landschaftsgarten des 19. Jahrhunderts

Der Wandel der sozialen und wirtschaftlichen Strukturen führte zu Beginn des 19. Jahrhunderts zu großartigen gartenkünstlerischen Leistungen in Form von Landschaftsgärten mit besonderen Gartenbildern. Diese Zeit ist gerade für die Gartenkunst in Hessen von größter Wichtigkeit, da jetzt eine Vielzahl bedeutender Gärten und Parks geschaffen wurden, die heute weitgehend erhalten sind.

Bedeutende Gartenkünstler/Gartenarchitekten wie Friederich Ludwig von Sckell (1750-1871), Joseph Peter Lenné (1789-1866) und Eduard Petzold (1815-1891), der in Muskau für den Fürsten Pückler gearbeitet hatte, waren auch in Hessen tätig. F. L. von Sckell hat unter Fürst Friedrich August von Nassau-Usingen (1803-1816) und Herzog Wilhelm von Nassau (1816-1839) in den Jahren 1817-1823 den Schlosspark Biebrich vor der neuen Herzogsresidenz Wiesbaden landschaftlich umgestaltet und wesentlich erweitert. Lenné und Gustav Meyer wurden in Bad Homburg mit der Planung und Ausführung des Kurparks und mit der Neugestaltung des Schlossparks betraut; es waren die Landgräfinnen Ulrike (1731-1792), Caroline (1746-1821) und Elisabeth (1770-1840), die aus dem Schlossgarten und den neuangelegten Prinzengärten entlang der Tannenwaldallee eine Homburger Gartenlandschaft entstehen ließen (Abb. 143). E. Petzold war für die Familie Riedesel in den Parks Eisenbach und Staden tätig.

Abb. 143. Chinoiserien im Kleinen Tannenwald, Bad Homburg v. d. H. (Aquarell von J. Jacobi, Anf. 19. Jh.)

Abb. 144. Schloss und Park Weißenstein von Norden (Stich von G. W. Weise nach J. H. Tischbein d.Ä., 1787)

Besondere Bedeutung für Hessen gewann der kurhessische Gartendirektor Wilhelm Hentze (1793-1874), der die Entwicklung der Kasseler Parks auf der Wilhelmshöhe und in der Karlsaue, der Anlagen in Wilhelmsthal, Hofgeismar und in Hanau mit Philippsruhe und Wilhelmsbad, sowie der Parks in und bei Fulda, das 1816 zum wiederhergestellten Kurfürstentum Hessen gekommen war, wesentlich beeinflußt hat.[2] Der Bergpark Wilhelmshöhe erhielt unter den Landgrafen Friedrich II. und Wilhelm IX., der als Kurfürst ab 1803 Wilhelm I. hieß, durch den Hofgärtner Daniel August Schwarzkopf (1738-1817) und den erwähnten Gartendirektor Hentze seine endgültige Gestalt (Abb. 144). Durch Hentze erhielten auch die Fasanerie bei Fulda, die Karlsaue und Wilhelmsthal unter Kurfürst Wilhelm II.(1820-1831/48) ihre bis heute gartendenkmalpflegerisch erhaltene Ausformung.

Historismus

Ende des 19. Jahrhunderts haben neben den bis dahin tonangebenden hochfürstlichen Häusern in zunehmendem Maße auch andere vermögende Familien des Adels und des zum Teil nobilitierten Großbürgertums um ihre schlossartigen Villen Parks und Gär-

2 Über ihn Claudia GRÖSCHEL, Wilhelm Hentze, ein Gartenkünstler des 19. Jahrhunderts, Diss. Univ. Bern 1996.

ten angelegt. Zu nennen wären Braunfels, Schloss Friedrichshof bei Kronberg, Rauischholzhausen, Ramholz bei Schlüchtern und verschiedene andere Orte. Der Historismus, der durch eine eklektische Stilmischung gekennzeichnet ist, hat auch die Weiterentwicklung anderer Gärten und Parks beeinflußt.

***

Zwei bedeutende Parkanlagen sollen nun näher behandelt werden: Es sind dies der Park Wilhelmsthal bei Calden im Norden und der Staatspark Fürstenlager im Süden des Landes Hessen.

Staatspark Wilhelmsthal bei Calden

Eine ganz besondere Anlage aus der Zeit des Rokoko sind Schloss und Park Wilhelmsthal bei Calden, die sich der kunstsinnige Landgraf Wilhelm VIII. von Hessen-Kassel ab 1743 an Stelle der alten Wasserburg Amalienthal errichten ließ. Die Pläne für das Schloss und den Park entwarf der Münchener Hofarchitekt François de Cuvilliés (1695-1768). Cuvilliés hat sich allerdings selbst kaum in Calden aufgehalten. Die Leitung der Arbeiten vor Ort oblag Johann Georg Funck (1721-1799). Der Bestandsplan von 1746 von Simon Louis du Ry zeigt auf, welche Partien des Parks bis dahin fertiggestellt waren (Abb. 145). Der siebenjährige Krieg (1756-1763) brachte eine längere Unterbrechung.

Abb. 145. Entwurf von Simon Louis Du Ry für die Gartenanlage Wilhelmsthal (1746)

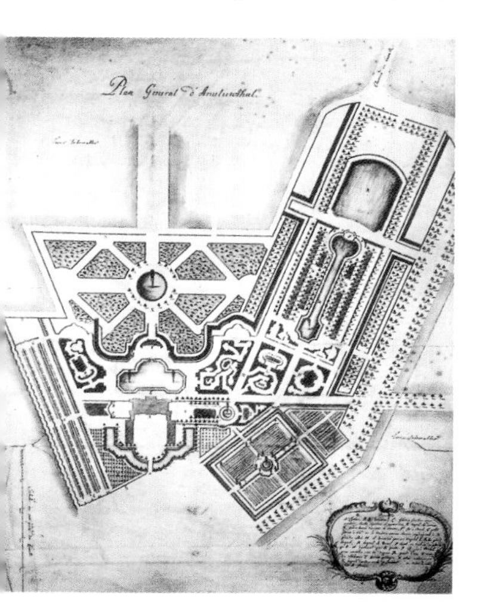

Wilhelmsthal als Jagdschloss ist in ein Achsensystem mit Sternalleen integriert. Der Park selbst bildet ein großes Fünfeck in Trapezform. Heckenkabinette umgaben das Schloss auf drei Seiten mit einem Querweg auf der Breitseite. Die Fächerstrahlen, die den Park durchzogen, waren aufwendig und abwechslungsreich ausgestaltet. Ähnlichkeiten zu den 20 Jahre später geschaffenen Anlagen in Veitshöchheim mit den vielen Heckenkabinetten sind vorhanden. Vorbilder für die Anlage waren jedoch diejenigen des Kurfürsten Clemens August von Köln, der in Schloss Poppelsdorf in Bonn und in Brühl von Dominique Girard Broderieparterre, Wasserbecken und chinesische Häuser anlegen ließ. In Wilhelmsthal gab es nur in unmittelbarer Umgebung des Schlosses Broderiebeete, dafür aber eine Fülle von phantasievollen Heckenquartieren mit Kabinetten und Wasserkünsten in reichsten Rokokoformen.

Im Plan von 1753/55 wird die Hauptachse auf der Gartenseite durch ein großes Wasserbecken akzentuiert, das durch Kaskadenanlagen mit dem darüberliegenden Kanal in Verbindung steht. Eine vierreihige Lindenallee verband diese Kaskadenanlage mit dem ovalen großen oberen Reservoir. Die südliche Hauptachse ist geprägt durch den Grottenbereich. Sie stellte eine aufwendig gestaltete Szene dar, mit Kanal, Wasserspiel und vergoldeten Figuren. Die Grottenanlage war nach Entwürfen von Cuvilliés bereits 1744-45 gestaltet worden. Die Figuren aus vergoldetem Blei, die den Grottenbereich schmücken, sind Teil eines umfangreichen Figurenprogramms des gesamten Parks. Eine ringsum von Hecken geschlossene Fläche ist besetzt mit Baumreihen.

Hinter dem Grottenbezirk, in der Verlängerung der Achse, befanden sich noch zwei weitere Partien mit Wasserstücken, auf den Längsseiten Bosketts, Baumreihen und Hecken. Hier befand sich ein sogenannter Sprudelbrunnen mit Wasserfall, der von dem dahinterliegenden Ententeich gespeist wurde (Abb. 146). Der Entengarten um den Teich herum war bestimmt durch die seitlich angeordneten Chinesischen Häuser nach Cuvilliés-Entwürfen von 1747/48, die denen von Brühl ähnlich waren. Bereits 1800 wurden sie wegen Baufälligkeit abgerissen. Seitlich befanden sich Kolonnaden und zum Weinberg hin beheizbare Nischen, in denen frostempfindliche Pflanzen standen. Zwei Inseln mit Federvieh, besonders Enten, waren den chinesischen Häusern vorgelagert.

Abb. 146. Grotte im Staatspark Wilhelmsthal

Nach dem Tode Wilhelms VIII. im Jahre 1760 ließ Landgraf Friedrich II. die Arbeiten 1764 wiederaufnehmen und bis 1773 weiterführen; die Hauptachse blieb jedoch unvollendet, und der nördliche Fächerstrahl kam nicht zur Ausführung. Da Hirschfeld den Park Wilhelmsthal in seiner „Theorie der Gartenkunst" noch 1785 als „von holländischem Geschmack" bezeichnete, dürften die hauptsächlichen Umgestaltungen erst nach dem Regierungsantritt Wilhelms IX. 1785 erfolgt sein. Unter ihm wurde der Rokokogarten in der Zeit von 1796 bis 1806 durch den damaligen Hofgärtner Carl Friedrich Hentze nach Angaben des landgräflichen Garteninspektors Schwartzkopf umgestaltet. Die Wegeführung der Rokokoanlage wurde aufgehoben und in landschaftliche Formen umgewandelt. Die Kaskaden der Hauptachse waren bereits abgebrochen, eingeebnet und mit Gras bewachsen. Auch die strengen Formen der Wasserstücke des Grottenbereiches wurden aufgelöst. Auffallend für die formale Anlage waren regelmäßige Anpflanzungen von Obstgehölzen östlich des Weinberges, parallel zu den Teichen der Grotte und nördlich des Schlosses. Mauern mit eingebauten Nischen dienten zur Anpflanzung kälteempfindlicher Gewächse. Diese Elemente aus dem Rokokoplan wurden auch im Landschaftsgarten übernommen und sind heute noch zumindest im Fundament erhalten (Abb. 147).

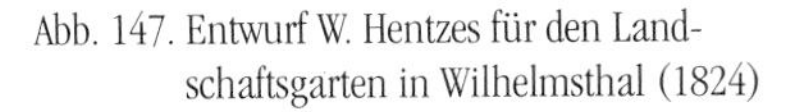

Abb. 147. Entwurf W. Hentzes für den Landschaftsgarten in Wilhelmsthal (1824)

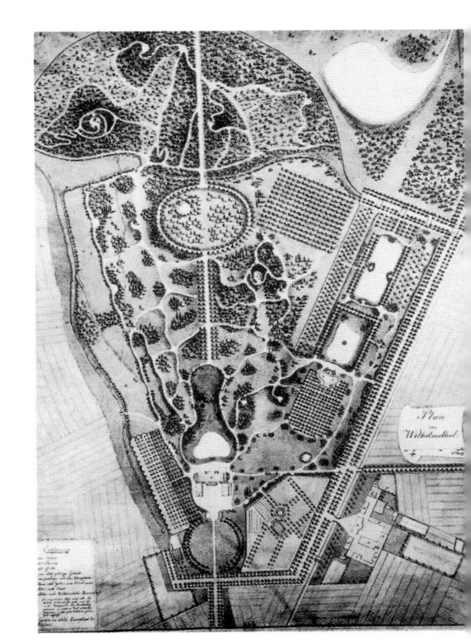

Auf der Kuppe des Weinbergs ließ Wilhelm IX. 1799-1801 von Simon du Ry den „Wartturm" errichten. Das Steinmaterial stammte vermutlich von der abgebrochenen Kaskade. Der Wartturm war absichtlich aus der Achse herausgestellt worden und befand sich an der Stelle, wo Friedrich II. 1766 einen kleinen Rundtempel hatte erbauen lassen. Der Ruinenbau des Wartturms war typisch für den Landschaftsgartenstil dieser Zeit. Vorbild war der Tower von Pains Hill in England. Die Wegeführung mit der Erdmodellierung wurde elegant und äußerst harmonisch durchgeführt, so dass Hügel und Täler mit Aus- und Durchblicken entstanden. Die Grundstruktur des Hentzeschen Planes von 1824 ist bis heute erhalten geblieben.

In den Jahren 1962-1965 wurde eine Restaurierung der Grottenanlage vorgenommen, mit Wiederherstellung des Kanals und seitlicher Anpflanzung von Feldahorn (acer campestre). Die wiederaufgestellten Figuren sind der Rest des umfangreichen Figurenprogramms, das einst den ganzen Parks bestimmt hat. Der überlieferte Befund sowie der Hentze-Plan von 1824 dienen als wesentliche Grundlage bei den wiederherstellenden Pflegearbeiten der Verwaltung der Staatlichen Schlösser und Gärten.

Staatspark Fürstenlager in Bensheim-Auerbach

Abb. 148. Ansicht des Fürstenlagers (kol. Stich von J. F. Gout/Heyer, um 1790)

Das in einem engen Tal gelegene Fürstenlager verdankt seine Entstehung einer 1739 entdeckten heilkräftigen Quelle in der Gemarkung Roßbach bei Auerbach. Der sofort einsetzende Zulauf zu diesem „guten Brunnen" versiegte binnen kurzem, da die Quelle völlig verschlämmte. Erst 1766 wurde sie erneut gefasst. Mit den jetzt angelockten Kurgästen kam im Folgejahr auch der regierende Landgraf Ludwig VIII. von Hessen-Darmstadt und beauftragte Ingenieurleutnant Johann Jakob Hill und Baudirektor Philipp Mann mit der Planung einer repräsentativen Badeanlage mit einem regelmäßig angelegten, formalen Kurpark, die so nicht zur Ausführung kamen (Abb. 148). Nach dem Bau einiger schlichter Pavillons und der Anlage eines bequemen Weges von Auerbach bis zum Gesundbrunnen, wurden die Arbeiten 1768, nach dem Tod des Landgrafen, wieder eingestellt. Man hatte zwar versucht, mit Werbeschriften einen regelrechten Kurbetrieb in Gang zu bringen, der Einnahmen für den weiteren Ausbau und die notleidende landgräfliche Schatulle erzielen könnten, doch scheiterte das letztlich an der geringen Menge und der mangelnden Qualität des Wassers.

Als das Darmstädter Erbprinzenpaar, der künftige Landgraf Ludwig X. und seine Frau Luise, das idyllische Tal des Fürstenlagers am Auerbacher Guten Brunnen zu Beginn der 1780er Jahre für sich entdeckten, um sich hier ihren Sommersitz einzurichten, waren sie geprägt von den gartenkünstlerischen Ideen der Mutter, der sogen. „großen Landgräfin" Karoline Henriette (1721-1774), die in ihren letzten Lebensjahren mit der Umgestaltung des „Bosketts" im Darmstädter Herrengarten zu einem „englischen" Landschaftsgarten begonnen hatte, von dem Freundschaftskult, der in ihrer Umgebung im sogenannten Kreis der „Empfindsamen" gepflegt wurde, und von der modischen Zuwendung zur ländlichen Idylle.

Abb. 149/150. Das „Dörfchen" im heutigen Staatspark Fürstenlager: Prinzenbau, Kavalierbau und Damenbau (Gouache von E. A. Schnittspahn 1848) und heutiger Zustand des Herrenhauses

In der zweiten Hälfte des 18. Jahrhunderts entstanden in zahlreichen Parks kleine Dorfanlagen. Dazu gehörten das ab 1775 im Park von Chantilly errichtete „Hameau", das ab 1776 angelegte „Dörfle" im Park von Hohenheim bei Stuttgart. Weitere Beispiele sind das bereits erwähnt chinesische Dorf „Mulang" im Park Wilhelmshöhe von 1782, das bekanntere „Hameau" im Trianon in Versailles (ab 1783) oder das Dörfchen im Park Schönbusch bei Aschaffenburg (ab 1788). Diese Dörfer waren in der Regel Staffagen im Park und dienten für Schäferspiele zur Demonstration des einfachen ländlichen Lebens. Das im Fürstenlager entstandene Dörfchen sollte jedoch mehr sein. Es war das Zentrum des Parks, in dem sich die landgräfliche Familie in den Sommermonaten mit Gästen und (verkleinerter) Hofhaltung, d.h. zusammen ca. 60 Personen, aufhielt. Die Familie lebte nicht in einem Schloss, sondern im relativ bescheidenen Herrenhaus in der Mitte des Dorfes. Der dörfliche Grundcharakter blieb erhalten, als Ludwig X. die Anlage um den Gesundbrunnen nach seinem Regierungsantritt 1790 erweitern und durch neue Gebäude ergänzen ließ. (Abb. 149/150).

Über den Kreis der „Empfindsamen", in dem sich jüngere Damen des Darmstädter Hofes, vielfach auch bürgerliche Beamte, Gelehrte und Schriftsteller, zu denen zeitweilig auch der junge Johann Wolfgang Goethe zählte, im Zeichen von Empfindsamkeit, schwärmerscher Freundschaft und Naturbegeisterung zusammenfanden, wie sie etwa Goethes „Felsweihgesang" dokumentiert, ist viel geschrieben worden. Landgräfin Karoline war zwar selbst nicht beteiligt, stand den Ideen aber nahe, wie dies auch die von ihr verfügte Beisetzung in einer bereits zu Lebzeiten eingerichteten Grotte in ihrem Herrengarten als Rückzug in die Einsamkeit des Parks bezeugt. Das gilt ähnlich auch für Erbprinz Ludwig, der durch seinen Mentor Johann Heinrich Merck mit den

Abb. 151 und 152. (unten). Freundschaftstempel (Gouache von E. A. Schnittspahn 1864 und Foto des erneuerten Tempels 1999)

Abb. 153. (rechts). Erinnerungsdenkmal für die Prinzessinnen Friederike und Charlotte von 1784 (Gouache von E. A. Schnittspahn, 1849)

Ideen vertraut war, wie für Luise, die als seine Cousine ebenfalls in Darmstadt aufgewachsen war. Zum Geburtstag Ludwigs im Juni 1781 hatte Luise im Herrengarten einen aus einfachen Tannenstämmen und –ästen gefertigten Freundschaftstempel errichten lassen (Abb. 151/152). Der von Ludwig und Luise noch vor der Anlage des Landschaftsgartens auf der Höhe über dem Fürstenlager aufgestellte Freundschaftsaltar trägt die Inschrift „A la vraie amitié – Der wahren Freundschaft heilig". Drei Jahre später wurde am gegenüberliegenden Hang ein Denkmal für Luises frühverstorbene Schwestern, die mit Erbprinz Karl von Mecklenburg-Strelitz verheirateten Prinzessinnen Friederike (1752-1782) und Charlotte (1755-1784) aufgestellt, das in der Inschrift ebenfalls die Freundschaft betont: „En mémoire de Frédérique et Charlotte, deux amies chéries, par Louise leur soeur" (Abb. 153). Ein Vorbild für die auf hohem Sockel stehende Urne war der von König Friedrich II. von Preußen gestiftete Gedenkstein für Landgräfin Karoline im Darmstädter Herrengarten.

Auch die von Karoline im Herrengarten errichtete Eremitage wurde im Fürstenlager, weitab vom Gesundbrunnen in der Einsamkeit des Waldes wiederholt. Die Reduktion der Parkgestaltung auf wenige Schmuckplätze und geschlängelte Alleen inmitten von Wiesen und Weinbergen, der allmähliche Übergang vom Park in die Landschaft, unterstrichen die Nähe zur Natur und die Illusion der natürlichen Entstehung des Parks. Naturschwärmerei und Freundschaftskult traten hier eine Verbindung mit dem scheinbar der Natur noch nicht entfremdeten Leben der Bauern ein. Entlang der Hänge, die das Tal mit dem Gesundbrunnen in Ost-West-Richtung einschließen, wurden außer den Gedenksteinen zahlreiche kleine Pavillons errichtet, die dem freundschaftlichen Zusammentreffen dienten. Nach dem Regierungswechsel 1790 wurde auch die endgültige Ausgestaltung der Park- und Gartenanlagen in Angriff genommen, die von Hofgärtner Johann Georg Geiger geplant wurde. Die bereits vorhandenen Parkbauten und Gedenksteine ließ er durch ein Alleennetz verbinden, das sich, ausgehend vom Gesundbrunnen als Zentrum, im Park über die Hänge ausdehnte. Im Gegensatz zu den Hill'schen Plänen für ein repräsenatives Bad waren auch die neueingebrachten Staffagenbauten – die Russischen Kapelle, die Eremitage, die Javandsburg, das Teehäuschen – bewußt ländlich einfach gestaltet. Die vorhandenen Wiesen und Weinberge wurden in die Parkgestaltung integriert, der ländliche Charakter zusätzlich durch Obstbaumalleen und den zentral gelegenen Küchengarten betont. Von den Hängen boten sich weite Ausblicke in die Rheinebene, den Odenwald sowie zu näher gelegenen Points de vue wie dem Auerbacher Schloss oder der Starkenburg in Heppenheim. In einer besonderen Weise wurde im Fürstenlager die neue Naturauffassung mit den Prinzipien für die Anlage von Landschaftsgärten verbunden. Alles sollte wie natürlich wirken, obwohl es künstlich geschaffen wurde.

Die wesentlichen Elemente der frühen landschaftlichen Parkgestaltung vom Ende des 18. Jahrhunderts und das Dörfchen im Tal sind bis heute erhalten. Seit den 1980er Jahren und verstärkt durch die Sturmschäden von 1990 findet eine Restaurierung des Parks auf der Basis eines 1992 erarbeiteten Parkpflegewerkes statt.

Zum Schluss:

Die Anlagen wurden von den Fürstenhäusern geschaffen, von den Gartenkünstlern und Gärtnern angelegt und in der Folge gepflegt. Es bedarf besonderer Kenntnisse und Kunstfertigkeiten, um diese Kunstwerke über die Jahrhunderte zu erhalten, und sie auch für zukünftige Generationen zu bewahren und erlebbar zu machen. Heute drohen viele Anlagen durch unsachgemäße Nutzung zerstört zu werden.

Literaturhinweise:

Bernd Modrow, Gartenkunst in Hessen, Historische Gärten und Parkanlagen, Worms 1998.

Ders., Aufklärung und Gartenkunst am Beispiel hessischer Parkanlagen. In: Aufklärung in Hessen, Facetten über Geschichte. Hrsg. Hess. Landeszentrale für politische Bildung, Wiesbaden 1999, S. 84-94.

H. Becker / M. Rohde, Parkpflegewerk Karlsaue (Edition Verwaltung der Staatl. Schlösser und Gärten Hessen), Bad Homburg 2002. – H. Becker, Die Geschichte der Karlsaue in Kassel, Planungsgeschichte und Bestandserfassung. In: Die Gartenkunst 8/1996, S. 29-58.

Hans Dorn / Monica Freiin von Geyr / Bernd H. K. Hofmann, Parkpflegewerk für den Staatspark Fürstenlager / Auerbach, hrsg. von der Verwaltung der Staatl. Schlösser und Gärten Hessen, Bad Homburg 1992. – Vgl. dazu Heinz Biehn / Karl Zedler: Das Fürstenlager. Amtl. Führer der Verwaltung der Staatl. Schlösser und Gärten Hessen, Bad Homburg 1962; Claudia Gröschel, Das Fürstenlager bei Bensheim-Auerbach. Hrsg. von der Verwaltung der Staatl. Schlösser und Gärten Hessen, Bad Homburg/Leipzig 1996.

Wolfgang Einsingbach / Franz Xaver Portenlänger, Calden – Schloss und Garten Wilhelmsthal. Amtlicher Führer der Verwaltung der Staatl. Schlösser und Gärten Hessen, Bad Homburg 1980.- Vgl. dazu: Hugo Brunner, Wilhelmsthal. In: Alt Hessen, Beiträge zur kunstgeschichtlichen Heimatkunde, hrsg. von Aloys Holtmeyer, Bd. 4, Marburg 1925. – Friedrich Bleibaum, Schloss Wilhelmsthal. In: Die Bau- und Kunstdenkmäler im Regierungsbezirk Kassel, Bd. VII/1-2: Kreis Hofgeismar, Kassel 1926.

Manfred Handke /B. Modrow/ Martina Nath-Esser, Parkpflegewerk für den Schlosspark Biebrich, hrsg. von der Verwaltung der Staatl. Schlösser und Gärten Hessen, Bad Homburg 1987.

J. Korsmeier, Prinz-Georg-Garten, Darmstadt Parkpflegewerk (= Edition der Verwaltung der Staatl. Schlösser und Gärten Hessen, Bd. 5), Bad Homburg 1995.

Gisela Siebert

Schloss Kranichstein

Das Jagdmuseum als „Denkmal" fürstlichen Jagens

Als der letzte hessische Großherzog Ernst Ludwig am 1. September 1917 seinem Hofmarschall Kuno Graf von Hardenberg den Auftrag erteilte, aus allen noch bestehenden Schlössern in Familienbesitz „sämtliche auf Jagd und Jagdwesen bezüglichen Gemälde nach Kranichstein zu verbringen und daselbst in einer besonderen Sammlung zu vereinigen", legte er den Grund zu einer bis heute einzigartigen Präsentation jagdhistorischer Zeugnisse seines Hauses. „Diese Sammlung sei dann später als ein Denkmal eines eigenartigen Stückes hessischer Kulturgeschichte der Öffentlichkeit zugänglich zu machen." Dem Wunsch Ernst Ludwigs entsprechend konnte schon ein Jahr später, am 18./19. September 1918, wenige Wochen vor der November-Revolution, in den oberen Räumen des Schlosses das Jagdmuseum Kranichstein eröffnet werden, zu dem in schlechtem Kriegsdruck ein von Hardenberg verfaßter erster Führer erschien.. Im bereits zitierten Vorwort dazu heißt es weiter: „Kranichstein stellt sich nun ...durch die Fülle des Zusammengebrachten als eine Sammlung von höchstem jagdlichen Interesse dar. Man dürfte ihresgleichen kaum in Deutschland noch einmal finden."[1]

Die Bestimmung Kranichsteins zum Jagdmuseum war zukunftsweisend. Sie hat zur Erhaltung und Pflege sowohl der Sammlungen als auch des Schlosses selbst entscheidend beigetragen.

Vom „Einsiedelrod" zum „Kranichstein"

Der Name Kranichstein weist zurück auf den adligen Burgmann Henne Kranich von Dirmstein, der 1399 von Graf Eberhard V. von Katzenelnbogen für seine Dienste an der Darmstädter Burg mit dem „Einsiedel-Rod an dem Messeler Weg in der Darmstädter Mark" belehnt wurde. Die in den Wald vorgeschobene Rodung im Nordosten der Stadt, durch die Wiesenmulde des Ruthsenbaches vom offenen Feld getrennt, ist heute noch zu erkennen; sie muß für ihre Besitzer neben den landwirtschaftlichen Nutzungsmöglichkeiten auch für die Jagd von höchstem Interesse gewesen sein. Bei der Belehnung eines der nachfolgenden Besitzer, Hans Kranich von Kirchheim

1 Kuno Graf von Hardenberg, Das Jagdschloss Kranichstein und die Jagdmaler des Landgräflichen Hofes zu Darmstadt, Darmstadt 1918.

(+1485/86), wurde ausdrücklich auf seinen Dienst als Jäger der Katzenelnbogener Grafen hingewiesen.[2]

Nachdem die Grafschaft und damit auch Darmstadt 1479 an die Landgrafen von Hessen gefallen war, erhielt Henne Scherer, als landgräflicher Jäger und Falknermeister in der Obergrafschaft von Landgraf Wilhelm III. hochgeschätzt, 1489 den jetzt „Kranichrod" genannten Besitz zu freiem eigenen Erbgut. 1549 verkauften Scherers Erben das Kranichrod für 220 Gulden an den landgräflichen Amtmann Johann von Rensdorf, der es in den folgenden 20 Jahren prosperierend bewirtschaftete. Er baute außer Ställen und einer Mühle wohl auch ein standesgemäßes Haus, wie es die 1564 erstmals auftauchende Bezeichnung „Kranichstein" vermuten läßt. Nach der Teilung Hessens unter den Söhnen Philipps des Großmütigen 1567, als Landgraf Georg I. sein künftiges Territorium Hessen-Darmstadt in Besitz nahm, richtete sich sein Interesse bald auf das attraktive Gut vor den Toren der nunmehrigen Haupt- und Residenzstadt. Er forderte Kranichstein als früheres Lehen, auf dem zu Unrecht gebaut worden sei, zurück, zahlte Rensdorf mit der stattlichen Summe von 5000 Gulden aus und ließ den Besitz zu einem für die landgräfliche Ökonomie wichtigen Hofgut ausbauen.

Mit gleicher Zielstrebigkeit nahm sich Landgraf Georg der Wald- und Wildhege an. Die Aufforstung vieler Morgen Nadelwald, die Einrichtung des ersten Wildparks bei Kranichstein (damals noch Tiergarten genannt), der Besatz mit neuen Wildarten wie den aus Tecklenburg eingeführten Kaninchen, die später den Bessungern ihren Spitznamen „Lappings" geben sollten, aber auch die Anlage zahlreicher Teiche für Fischzucht und Entenfang, von denen heute noch der Kranichsteiner Teich, der Steinbrücker Teich und der Große Woog in Darmstadt erhalten sind, bezeugen Georgs jagdwirtschaftliche Bemühungen. In der weit zurückreichenden Jagdtradition der hessischen Landgrafen setzte er damit durchaus eigenständige Akzente.

Schon gegen Ende der 70er Jahre ließ sich Landgraf Georg auf dem ehemals Rensdorfschen Gutshof durch den aus Kassel geholten Baumeister Jakob Kesselhut, der seit 1569 in Darmstadt wirkte, ein eigenes steinernes Jagdhaus errichten. Den Namen Kranichstein behielt er bei; das Haus des Vorgängers wurde vermutlich in die Nordwestecke des Neubaus integriert, der nur in diesem Bereich unterkellert war.[3] Kesselhut hat das Schloss in Form einer Drei-Flügel-Anlage mit ungleich langen Seitenflügeln errichtet. Eine vom Hofjagdmaler Georg Adam Eger 1760 gemalte Ansicht dokumentiert den seit Georg I. kaum veränderten Baubestand. Das Bild entstand, als ein von den Hunden parforce-gejagter Hirsch bis in das Treppenhaus des Schlosses flüchtete. Es zeigt den freien ungepflasterten und von der Jagdszene bunt belebten Hof, umgrenzt von den drei Flügeln des Schlosses. Die helle Fassade der beiden zweigeschossigen Wohnflügel wird durch in rote Sandsteinrahmen gefasste Fenster geglie-

Abb. 154. Aus dem Jagdtagebuch Landgraf Ludwigs VIII. von Hessen-Darmstadt: Hirschjagd am Steinbrücker Teich im Nov. 1756

2 Karl E. Demandt, Zur Vorgeschichte von Jagdschloss Kranichstein. In: Archiv f. hess. Geschichte und Altertumskunde NF 36/1978, S. 153-159.

3 Vgl. dazu Peter Weyrauch, Renaissance in Kranichstein. Das Haus Cranigstein des Johann von Renstorff. In: Archiv f. hess. Geschichte und Altertumskunde, NF 53/1995, S. 243-264.

Abb. 155. Ende einer Hirschjagd im Hof von Jagdschloss Kranichstein, Sept. 1760 (Gemälde des Hofjagdmalers G. A. Eger)

dert. Der Mitteltrakt wird mit zwei Achsen um die Nordwestecke herumgeführt und stößt hier an den etwas niedrigeren, mit großen Toren versehenen Scheunentrakt. Einziger Schmuck sind die Giebelflächen an den Südseiten, die über der Mitte der Wohnflügel aufgesetzten Zwerchhäuser und die beiden Eckrisalite, durch die man in das obere Stockwerk gelangte. Unter den Wohnräumen im Obergeschoss entlang den zur Hofseite gelegenen Korridoren waren im Erdgeschoss Ställe, Remisen und in der linken Ecke, wo sich der Keller befindet, die Küche untergebracht, am Ende des Ostflügels die Kapelle. Die nur im Ansatz erkennbare Umfassungsmauer hat wohl auch die im Bild nicht sichtbare Südseite abgeschlossen.

Vom Jagdschloss zur Sommerresidenz

Unter dem jagd- und baufreudigen Barock-Landgrafen Ernst Ludwig kam das reizvolle Kavaliershaus westlich des Schlosses dazu, und abgetrennt, südlich des Ruthsenbachs, das gemeinhin auf 1689/90 datierte, zunächst nur einstöckige Jagdzeughaus, das im Kern möglicherweise noch älter ist. Seine endgültige äußere Form mit dem hohen Mansarddach erhielt es nach den neuesten Bauuntersuchungen erst 1741 unter dem in der Darmstäder Tradition als „Jagd-Landgraf" bezeichneten Ludwig VIII., der die vom Vater aus Geldnot eingestellte Parforce-Jagd 1751 noch einmal neubelebte.[4]
Ob Erweiterung und Aufstockung in Zusammenhang mit der zeitweiligen Stationierung von Teilen des neuaufgestellten Leibregiments „Garde de Dragons" in Kranichstein stehen, muss offenbleiben. Man nannte das Kranichsteiner Wachkommando wegen der hier besonders guten Verpflegung die „Brühfleischfresser". Unter Ludwig VIII., für den Kranichstein zumindest in den Sommermonaten bevorzugte Residenz wurde,[5] erhielt die äußere Ostecke des Schlosses den barocken Rondellturm mit geschweifter Haube und Laterne, deren Wetterfahne auf dem Eger-Bild erkennbar ist. Aus seinen Fenstern im Obergeschoß des Schlosses konnte man fünf Schneisen des Wildparks einsehen, von denen heute nur noch die Straße nach Messel gut zu erkennen ist.

Eine weitere Aus- und Umbauphase begann offenbar mit dem Regierungsantritt Landgraf Ludwigs X., des späteren ersten Großherzogs, der sich im Gegensatz zu seinem im fernen Pirmasens residierenden Vater, der die Jagd weitgehend abgeschafft hatte, sowohl für die Jägerei wie für die Kavallerie interessierte. Bereits am ersten Tag seiner Regierung befahl er die Neuaufstellung des Reiterregiments „Chevauxlegers", das im Februar 1791 mit drei Schwadronen und über 100 Pferden in Kranichstein einquartiert wurde.[6] Der dendrochronologisch gesicherte Umbau im Jahr 1791, bei dem das Untergeschoß als große Stall- und Gerätehalle freigeräumt wurde, während im gebauten Oberstock mit Ersatz des ursprünglichen Fachwerks durch Mauern heizbare Mannschaftsräume eingebaut wurden, kann sicher auf die zumindest vorläufige Unterbringung der Reiterei in Kranichstein bezogen werden. Die Erzieherin der späteren Königin Luise, Salome von Gélieu, erwähnt in einem Bericht über den Sommeraufenthalt der Landgrafenfamilie in Kranichstein 1792 neben den reizvollen Gartenanlagen und Teichen, der großen Mauer und der „Meierei" auch Stallungen für „70

Abb. 156. Landgraf Ludwig VIII. mit Jagdgesellschaft (Kupferstich von B. Vogel nach Gemälde von J. C. Brachfeld, um 1750

4 Vgl. den von Dr. Hans Hermann Reck, Wies baden, mitgeteilten vorläufigen Ergebnisberich der von ihm durchgeführten bauhistorische Untersuchung.
5 Die nach dem Tod Ludwigs VIII. 1769 aufge stellten Nachlassinventare erfassen die Hinterlas senschaft im Darmstädter Marktpalais (vorhe Ütterodt'sches Haus) und in Kranichstein, StAD I 4 Nr. 396/8, 398/2, 399/1.
6 Vgl. Karl Zimmermann, Geschichte des 1. Groß herzogl. Hess. Dragonerregiments ... Teil I, Darm stadt 1878, S. 5; auch im Hof- und Staatskalende 1791 wird Kranichstein als „Standquartier" de Chevauxlegers genannt.

bis 80 Pferde und Maultiere", die mit Trommelschlag gefüttert wurden.[7] Die „Schwolleschee" wurden spätestens nach der Rückkehr von der Mainzer Belagerung 1792/93 in die wohl zwischenzeitlich ausgebauten Kasernen am Darmstädter Luisenplatz (das spätere „Alte Palais") und im Bessunger Jagdhof verlegt, doch blieb das Zeughaus Waffen- und Fuhrwerksmagazin für die Darmstädter Regimenter. Eine Jagdzeugmeisterstelle gab es noch bis 1874. Da „Fürstens" ihren Sommeraufenthalt jetzt zumeist im Auerbacher „Fürstenlager" nahmen, durfte der Schloßverwalter ab 1804 im schon vorher zum „Hofküchenbau" umfunktionierten Kavaliershaus eine Gartenwirtschaft für die Darmstädter einrichten.

Der weitere Ausbau als Sommerresidenz mit dem von Oberbaudirektor Georg Moller geplanten repräsentativen Mitteleingang, einem dem Hauptflügel über drei Achsen vorgelagerten Risalit mit neugotischem Staffelgiebel, einem hölzernen Altan über dem Eingang und zweiläufigem bequemem Treppenaufgang im Innern gehört wohl bereits in die Erbgroßherzogs-Zeit Ludwigs III. Ein reizvolles Aquarell des Darmstädter Malers Carl Schweich mit dem Blick auf Kranichstein vom See her aus dem Jahre 1852 findet sich im persönlichen Album Großherzogin Mathildes; es dokumentiert den damaligen Bauzustand mit den unterschiedlichen Giebeln aus Renaissance und Roman-

Abb. 157. Jagdzeughaus in Kranichstein (Ölbild von J. G. Stockmar, um 1745, Ausschnitt)

Abb. 158. Schloss Kranichstein mit dem beim Umbau durch Georg Moller hinzugekommenen neugotischen Mittelrisalit (Aquarell von C. Schweich, 1852)

7 Vgl. Carsten Peter THIEDE/E. G. FRANZ (Hrsg.), Jahre mit Luise von Mecklenburg-Strelitz. Aus Aufzeichnungen und Briefen der Salomé von Gélieu (1742-1822). In: AHG NF 43, 1985, S. 131ff.

tik und dem barocken Rondellturm hinter der hellen Parkmauer. In diese Zeit fallen auch die Bepflanzung des Hofes mit einer von jungen Kastanien gesäumten Grünanlage und die Umgestaltung des Barockgartens in einen Park, die der Hof- und Theatermaler Schnittspahn in seinen Bildern festgehalten hat.

Großherzog Ludwig III. ließ Kranichstein in den 60er Jahren des 19. Jahrhunderts noch einmal umbauen, jetzt wohl vorab als Sommersitz für das Thronfolgerpaar, den künftigen Großherzog Ludwig IV. und seine englische Frau Princess Alice, die im Mai 1863 erstmals in Kranichstein Quartier nahmen. Unter der Leitung von Hof- und Militärbaurat Ludwig Weyland, der sich in Darmstadt vor allem durch Kasernenbauten hervorgetan hat, wurde der Mittelrisalit erhöht und als Querhaus bis zur Gartenfront durchgezogen. Der Treppengiebel und der den Kapellenflügel abschließende alte Renaissancegiebel erhielten ihre heutige Neorenaissanceform mit den ausladenden Voluten. Uhr und Sonnenuhr, das großherzoglich-hessische Wappen und die Inschrift „Ludovicus III / renovatum 1874“ schmücken die Giebelfront über dem jetzt steinernen Altan. Der die Muschel bekrönende goldene Kranich mit dem Stein wurde zum Wahrzeichen des Schlosses bis heute. Kranichstein hat damals zahlreiche fürstliche Verwandtenbesuche erlebt, vor allem die englischen Verwandten, Queen Victoria, den Prinzen von Wales oder auch Onkel Leopold von Belgien, einmal auch Exkaiserin Eugénie von Frankreich. Die Familie Ludwigs IV. ist auch später immer wieder, letztmals wohl 1886, zum „Sommerlager“ nach Kranichstein gekommen. Erst unter dem Sohn Ernst Ludwig wurde Schloss Wolfsgarten zur ständigen Sommerresidenz.des Großherzogshauses.

Abb. 159. Hoffassade das Schlosses in der Neufassung von Ludwig Weyland 1874 (Foto nach der Renovierung 1998)

Die Geschicke des Jagdmuseums

Die erste Epoche Kranichsteins als Jagdmuseum endete im Kriegsjahr 1943. Die Stadt beschlagnahmte das Schloss, und die Bestände mußten ausgelagert werden. Nach dem Bombenangriff auf Darmstadt, von November 1944 bis Juni 1946, wurden die Räumlichkeiten als städtisches Altersheim genutzt. Einen besonderen Akzent setzten die von der Stadt Darmstadt im Herbst 1946 begründeten „Internationalen Ferienkurse für neue Musik“, die bis 1949 in Kranichstein stattfanden. Dann kündigte die Stadt ihren Mietvertrag und hob gleichzeitig die Beschlagnahmeverfügung auf. 1952 konnte die im Jahr zuvor zur Erhaltung jagdlicher Stätten und Traditionen gegründeten „Stiftung Hessischer Jägerhof“ das frühere Jagdschloss vom Prinzen Ludwig von Hessen und bei Rhein erwerben. Ein Jahr später wurde das von Architekt Ernst Hofmann neueingerichtete Jagdmuseum wiedereröffnet. Damit erfüllte sich die Aussage einer lateinischen Inschrift auf einem Kranichsteiner Ofen aus der Zeit Ludwig VIII., die Prinz Ludwig bei der Übergabe des alten Familienerbguts an die Stiftung zitiert hatte: „perdo et conservo" – ich verliere und bewahre. 1958 kaufte die Stiftung auch das einstige Jagdzeughaus, um es vor dem Abriß zu retten.

Nach einem 1986 erstellten Gutachten des Architekturbüros Rittmannsperger zur umfassenden Sanierung des „Baudenkmals Kranichstein" folgte von 1988 bis 1996 eine Renovierung von Grund auf, deren Kosten das Land Hessen, die Stadt Darmstadt und die Stiftung gemeinsam trugen. Im entkernten Scheunenflügel und im Kavaliersbau entstanden Hotel und Restaurants völlig neu. Das Untergeschoß der beiden Museumsflügel wurde detailgetreu in die Stallräume des 16. Jahrhunderts zurückgebaut, in die man zu Zeiten Ludwigs III. Kammern für das Personal eingebaut hatte. Der sogenannte Hirschsaal am Ende des Kleinen Hirschgangs erhielt seine neoklassizistische Raumfassung, der Außenbau die Farbgebung der Mollerzeit. Damit vergegenwärtigt das heutige Kranichstein sowohl das einstige landgräfliche Jagdschloss wie die Sommerresidenz der Großherzöge des 19. Jahrhunderts. Am 24. Juni 1998 wurde das von Forstdirektor Arnulf Rosenstock im Auftrag der Stiftung neu konzipierte „Museum Jagdschloss Kranichstein" ein weiteres Mal feierlich eröffnet.

bb. 160/161. Sogen. „Kleiner Hirschgang" und „Hirschsaal" der Gründerzeit nach der Neueinrichtung des Jagdmuseums

Die Sammlungen

Der eindrucksvolle, nur durch Holzstützen gegliederte und in der Farbfassung seiner Enstehungszeit angelegte Stallraum im Erdgeschoss zeigt heute – neben einem Gang durch die allgemeine Jagdgeschichte – vor allem die prachtvolle Waffensammlung der Landgrafen und Großherzöge aus der Zeit zwischen 1550 und 1918. Sie entstand dadurch, dass seit 1567 die technisch nicht mehr benutzbaren oder veralteten Gewehre und Waffen nicht vernichtet sondern aufbewahrt und mit bewusst gesammelten Stücken angereichert wurden. Kunstvoll gearbeitete Armbrüste, Rad- und Steinschlossgewehre mit kostbaren Einlegearbeiten aus Elfenbein und Perlmutt auf ihren Schäften zeugen von der hohen Kunst der Büchsenmacher, unter denen sich auch zahlreiche Namen aus dem Lande finden: Boßler, Drenkner, Girsch und Probst in Darmstadt, Wittmann und Möllenbeck in Gießen, Freund in Fürstenau und Tanner in Lauterbach. Eine Besonderheit stellt die große Sammlung der im 18. Jahrhundert gebauten Windbüchsen dar, die von Ludwig VIII. bei der Pirschjagd bevorzugt wurden. Zahlreiche jagdliche Blankwaffen wie Saufedern und Hirschfänger, vielerlei Jagdzubehör an Jagd- und Parforcehörnern, Jagdtaschen, Hundehalsbändern und Pulverflaschen komplettieren die einzigartige Waffensammlung des Hauses Hessen-Darmstadt. Verwiesen sei an dieser Stelle auf die kostbaren Jagdwaffen aus dem Hessen-Kasseler Erbe, die man in der Außenstelle der Staatlichen Museen Kassel in Burg Friedrichstein oberhalb Bad Wildungens bewundern kann.

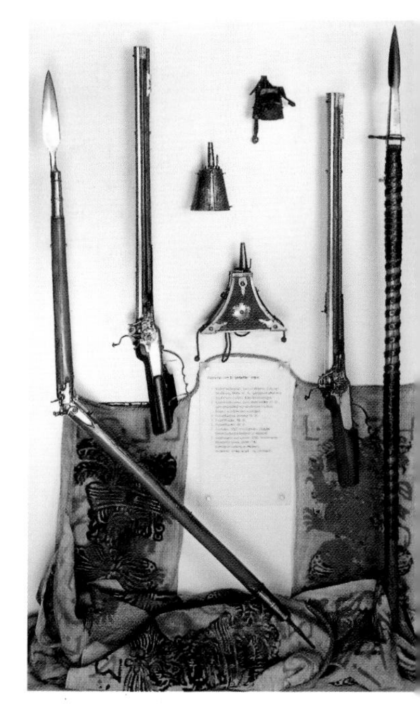

Abb. 162. Vitrine der Waffensammlung zum Thema „Eingestelltes Jagen“

Das Obergeschoß in Kranichstein bewahrt im Mittelflügel das Museumskonzept von Hardenberg. Die von ihm und dem Nachfolger Hofmann zusammengeführten Möbel, Bilder und Trophäen werden in den Renaissance-Wohnräumen präsentiert, die nach den beiden jagdbegeisterten Landgrafen des 18. Jahrhunderts und ihren Hofjagdmalern – vor allem Eger – benannt werden. Dabei wird vorrangig die barocke Jagd gezeigt. Die Schlaf- und Gästezimmer des Seitenflügels – früher jeweils einem Jagdmaler oder Kupferstecher zugeordnet – zeigen heute Raumfassungen des 16. bis 19. Jahrhunderts.

Abb. 163. Ehem. „Griesheimer Haus“ aus der Serie der Jagdhaus-Bilder (Gemälde von J. G. Stockmar, um 1745)

Die landgräflichen Jagdhäuser

Unter den über 300 Ölgemälden, Blechtafeln und Kupferstichen zur Jagd in Hessen-Darmstadt ragen die von Ludwig VIII. in Auftrag gegebenen Parforcejagd-Darstellungen von G. A. Eger, die originellen Hinterglasbilder von N. M. Spengler und die Bilder der Jagdhäuser von Georg Stockmar heraus. Viele der heute längst verschwun-

Abb. 164. Die Landgrafen Georg und Philipp auf der „Niddaer Sauhatz“ 1633 (Federzeichnung von Val. Wagner)

Abb. 165. Sogen. „weißer Hirsch“, geschossen 1741 von Landgraf Ludwig VIII. bei dem im Hintergrund dargestellten Jagdhof Jägertal in Oberhessen (Kupferstich von J. E. Ridinger)

denen Jagdhausanlagen sind uns nur in dieser Sammlung überliefert. Sie dokumentiert die jagdliche Tradition in den wichtigsten Revieren der Landgrafschaft, vor allem in der Umgebung der Residenz vom nordwestlichen Odenwald bis Mörfelden, aber auch im Vogelsberg mit Teilen der Wetterau um Bingenheim und dem Oberforst Romrod und im sogenannten Hinterland um Biedenkopf und Battenberg.

Die Hessen-Darmstädter Landgrafen hielten an der Übung ihrer Vorfahren fest, alljährlich im Wechsel auch die entfernteren Gebiete des Landes aufzusuchen, um dort zu jagen. Bis ins 17. Jahrhundert waren Ausgangspunkt der Hofjagden vor allem die landesherrlichen Burgen und befestigten Häuser. Für die ältere Landgrafschaft galt das bevorzugt für Wolkersdorf im Burgwald, für die Wasserburg Friedewald im Seulingswald, für die Sababurg (früher Zapfenburg) im Reinhardswald und Spangenberg. Landgraf Georg I. ließ sich neben Kranichstein Burg Lichtenberg auf den vorderen Odenwaldhöhen ausbauen. Eher als Lustschloss wurde die jetzt verschwundene Jägersburg in der Rheinebene bei Zwingenberg samt ihrem Tiergarten genutzt, an die heute nur noch ein Ausflugslokal erinnert. Nach der Aufteilung des Marburger Erbes im 30jährigen Krieg kamen Battenberg, Romrod, Stornfels und Nidda dazu, wo sich die verfeindeten Vettern der Darmstädter und Kasseler Linie in einer Kampfpause 1632 zu der in den Zeichnungen Valentin Wagners festgehaltenen „Niddaer Sauhatz“ trafen.

In der jagdbegeisterten Barockzeit gingen die fürstlichen Jäger dazu über, mitten in den Revieren neue Jagdhäuser zu errichten, die zum Teil auch der repräsentativen Zurschaustellung der Jagd dienten. Der Darmstädter Landgraf Ernst Ludwig, bei dem sich Bau- und Jagdleidenschaft verbanden, ließ eine ganze Reihe neuer Häuser errichten, angefangen vom einzeln stehenden Pavillon über geschlossene Hofanlagen bis zu aus zahlreichen Einzelbauten symmetrisch angelegten Jagdlagern. Erhalten sind davon bis heute das später zum Sommersitz gewordene Schloss Wolfsgarten bei Langen und Teile von Schloss Mönchbruch zwischen Mörfelden und Rüsselsheim sowie die Jäger- oder Parforcehöfe (für Pferde, Hunde, Jäger und Jagdpersonal) in Darmstadt-Bessungen und Bickenbach. In Oberhessen befinden sich heute im Privatbesitz der ehemalige Jagdhof Zwiefalten bei Schotten und die Reste des Jagdhauses Kleudelburg bei Battenberg. Weitere Jagdhäuser, wie das Griesheimer Haus und die Dianaburg bei Darmstadt, das Jägertal bei Romrod oder das originelle Neujägersdorf bei Battenberg mit seinen 44 einzelnen Pavillons sind nach dem Tod Ludwigs VIII. verkauft worden oder im Laufe der Zeit verfallen, so dass ihr einstiges Aussehen nur durch die Bilder der Jagdmaler überliefert wird.

Wenig ist auch von der Ausstattung dieser Jagdlusthäuser überliefert. Außer Kaminen und Bildern besassen manche gemalte Tapisserien, wie sie für Mönchbruch be-

len wäre: Eine langjährige Freundin, die Herzogin von Galliera, hinterließ ihr fünf Millionen Francs. „Sie ahnte nicht, welches Himmelsgeschenk sie mir damit machte", schrieb Victoria an ihre Mutter, Queen Victoria, „da es mich in die Lage versetzt, mir ein bequemes, unabhängiges 'country home' zu schaffen, in dem ich meine Tage beschließen kann, was mir ohne jedes Kapital unmöglich gewesen wäre."[3] Nun konnte sie ihren Kronberger Wohnsitz ohne Einschränkungen nach eigenen Vorstellungen gestalten – und zugleich die Belange der Bevölkerung im Auge behalten: „Arbeitslöhne sind in der hiesigen Gegend hoch, worüber man sich nur freuen kann. Bei Kronberg liegen einige sehr arme Dörfer, wo ich mich nützlich zu machen hoffe".[4]

Abb. 167. Schloss Friedrichshof (Gouache der Kaiserin Friedrich, 1899)

Der Park

Durch den Zukauf umliegender Grundstücke wuchs das Anwesen schließlich auf 250 Morgen (rund 63 Hektar) an. Aus Potsdam holte Victoria den Hofgärtner Hermann Walter nach Kronberg, der nach ihren Vorstellungen den Park im englischen Stil anlegte. Überdies entstanden ein in Terrassen treppenförmig ansteigender Rosengarten, ein Steingarten mit Wasserfall und eine Gärtnerei mit einer englischen „Cottage" für den Gärtner. In den Treibhäusern gediehen Weintrauben, Pfirsiche, Äpfel und Feigen, Erdbeeren und Chrysanthemen, Orchideen und Gardenien, Pelargonien, Nelken, Eriken, Orangen, Granaten und einige Palmen.[5]

Abb. 168. Rosengarten im Park von Schloss Friedrichshof

3 Victoria an die Queen, 15.4.1889, in: Belove & Darling Child. Last Letters between Queen Victoria & her eldest daughter 1886-1901, hrsg. Agatha Ramm, Gloucestershire 1990, S. 85 (deutsc R.v.H.)

4 Ebd.

5 Vgl. Clemens A. Wimmer, Kaiserin Friedric und die Gartenkunst. In: Mitt. der Studiengemeinschaft Sansscouci e.V. 3/2, 1998, S. 3-27. – Die Gärtnerei im Brühl besteht heute nicht meh

Der Bau

Abb. 169. Nordfassade des Schlosses mit Turm und Unterfahrt vor dem Eingang (Foto vom Abschluß der Bauarbeiten, 1894)

1889 begann der Architekt Ernst Ihne, der im Vorjahr von Kaiser Friedrich in Berlin als Hofbaudirektor eingestellt worden war, im Auftrag der Kaiserinwitwe mit der Planung eines geräumigen Landsitzes. Die Bauausführung lag bei der Frankfurter Firma Philipp Holzmann. Die Villa Reiß wurde fast ganz abgerissen, und bis 1893 entstand ein Bau, der dem damaligen historistischen Geschmack entsprechend englische Tudor-Gotik mit Zitaten italienischer, niederländischer und deutscher Renaissance verschmolz. Auch der in der Gegend heimische Fachwerkstil fand (im Küchenflügel und bei den Wirtschaftsgebäuden) Verwendung. Als Baumaterial dienten für die Fassaden grünlicher Quarzitschiefer aus dem Taunus, für die Sockel rheinischer Basalt, für die Einfassung von Türen und Fenstern, für Gesimse und Ornamente gelblicher fränkischer Sandstein. Die Dächer waren mit Schiefer gedeckt.[6]

Der Rückgriff auf Baustile vergangener Epochen war keineswegs dekorativer oder illusionistischer Selbstzweck; ihm lag vielmehr ein funktionelles Anliegen zu Grunde: Der Bau sollte die in dreißig Ehejahren mit ihrem Mann gesammelten Kunstschätze der Erbauerin in sich aufnehmen, eine kulturgeschichtliche Entwicklung und Erfahrung widerspiegeln. Augenfälliger noch als der Außenbau sollte die Anordnung der Innenräume „eine Art illustrierte, nacherlebbare europäische Kunstgeschichte" vorführen. Solche Ideen wurden wenig später von Wilhelm Bode mit dem Bau des Kaiser-Friedrich-Museums (des heutigen Bode-Museums) in Berlin, für den die Kaiserinwitwe aus gutem Grund denselben Architekten Ihne durchsetzen konnte, beispielhaft umgesetzt.[7]

Gleichzeitig mit dem Schloss entstanden ein Marstall und eine Villa für den Hofmarschall. Unterhalb der schon erwähnten Gärtnerei wurde eine Meierei gebaut. Das Schloss selbst war mit allem Komfort eingerichtet. Obwohl es zunächst nur als Sommeraufenthalt gedacht war, verfügte es für damalige Begriffe über unerhörte Neuheiten: Zentralheizung, einen Lastenaufzug und elektrisches Licht. Zwölf Gastquartiere waren jedes mit Salon, Schlaf-und Badezimmer mit fließendem Kalt- und Warmwasser ausgestattet.[8]

Aus der Chronik der Bauzeit

Mit ihrer Tochter Sophie, die 1889 den griechischen Thronfolger Konstantin geheiratet hatte und einen Landsitz nördlich von Athen plante, tauschte Victoria ihre Erfahrungen über sanitäre Anlagen aus. „Typhus, Diphterie und Cholera verbreiten sich durch stehendes Wasser, schlechte Kläranlagen, mangelhafte Abwasserkanäle und

6 Vgl. Claudia SCHNEIDER, Schloss Friedrichshof in Kronberg, Magisterarbeit masch., Frankfurt 1983.

7 Vgl. Meinolf SIEMER, Kaiserin Friedrich als Bauherrin, Kunstsammlerin und Mäzenin. In: Victoria & Albert, Vicky and the Kaiser. Katalog , hrsg. von W. ROGASCH, Berlin 1996, S. 129-143.

8 Vgl. G. A. LEINHAAS, Kaiserin Friedrich. Ein Charakter- und Lebensbild, München 1914, S. 190.

schlampig installierte Toiletten. Daher trage ich immer Sorge, dass diese Dinge perfekt funktionieren." Und sie belehrte die Tochter, wie wichtig es sei, dass ein Toilettenabfluss über einen luftdichten Siphon und Frischluftventilation, ferner, dass die Spülung über den richtigen Wasserdruck verfügt.[9] Im Jahr 1891 besuchte die Kaiserinwitwe die Elektrizitätsausstellung in Frankfurt und informierte sich gründlich über die neueste Entwicklung der Stromerzeugung und -übertragung. Die Firma Siemens & Halske erhielt den Auftrag, bei Kronthal das erste Kohlekraftwerk der ganzen Gegend zu errichten, das Friedrichshof bereits 1892 mit Drehstrom versorgte.[10]

Während der vierjährigen Bauzeit wohnte Victoria meistens im alten Landgrafenschloss zu Homburg, das 1866 in preußischen Besitz übergegangen war, und verfolgte rastlos den Verlauf der Arbeiten. „Ich bin immer ungeduldig, nach Friedrichshof hinüberzueilen, um zu sehen, wie die Arbeiten vorangehen", schrieb sie im April 1890. „Die Bäume und Büsche, die letztes Jahr gepflanzt wurden, sind alle gut gediehen, und das ganze Gelände sieht viel ordentlicher aus. Die neue Straße ist fast fertig."[11] Im Frühjahr des Folgejahres stand der Rohbau des Schlosses. Die Verkehrsführung war durch Einbahnstraßen so geregelt, dass auch mehrspännige Karossen sich nicht in die Quere kamen. Nachdem sie ihre Fahrgäste in der Unterfahrt vor dem Schlossportal abgesetzt hatten, verschwanden sie durch einen künstlichen Hohlweg zum Marstall hinauf.

Im Herbst 1891 durcheilte Wilhelm II., mittlerweile bemüht, das Verhältnis zur Mutter zu verbessern, bei einem Blitzbesuch zum ersten Mal die Baustelle. „Ein Wunder an gutem Geschmack und Ausführung", staunte er nicht ohne Neid. „Das weitläufige Gelände ist mit großer Könnerschaft angelegt und zeigt, welch hervorragender Landschaftsgärtner Mama ist ... Sie ist wirklich zu beneiden."[12] Abschließend pflanzte er eigenhändig eine Wellingtonia.

Im Frühjahr 1892 widmete sich Victoria zunehmend dem Innenausbau ihrer neuen Bleibe. Das weit und breit geäußerte Lob über Friedrichshof, das auch zu ihrer Mutter nach England drang, veranlasste die Bauherrin allerdings zur Zurückhaltung: „Ich fürchte, dass Du Friedrichshof auf Grund der Beschreibungen für großartiger halten könntest, als es wirklich ist", versuchte sie übertriebene Erwartungen zu dämpfen. Es sei „nichts weniger als großartig", aber es gebe nun mal „so wenig praktische, bequeme und gut gebaute moderne Häuser in Deutschland, noch dazu in hübscher Lage", dass ihr Heim „vielleicht als Ausnahme gelten" könne. Natürlich sei die Gartenflora nicht entfernt mit der englischen zu vergleichen. Auch sei Friedrichshof nicht halb so malerisch gelegen wie etwa die darmstädtischen Schlösser an der Bergstraße, dafür aber leichter zu erreichen. Freilich werde sie „längst nicht so viele Personen beherbergen können wie in dem alten Kasten hier" in Homburg. Friedrichshof sei „deutschen Vorstellungen zufolge eben ein Landhaus und kein Schloss, wenngleich es ein bisschen

Abb. 170/171. Fachwerkfassaden am Nordosttrakt und am sogen. Küchenbau (Fotos von 1894)

9 Zit. nach The Empress Frederick (wie Anm. 1), S. 94 (deutsch R.v.H.).

10 Die Anlage, die nur kurze Zeit einwandfrei arbeitete,wechselte bereits 1893 den Besitzer und den Standort. Das effizientere, neuerbaute Kraftwerk bei Bad Soden versorgte auch die umliegenden Gemeinden mit Strom (unveröff. Ms. der MKW aus dem Besitz von Hanna Feldmann).

11 Victoria an Sophie, Schloss Homburg April 1890, zit. nach The Empress Frederick (wie Anm. 1), S. 64.

12 Wilhelm II. an Queen Victoria, 1891, a.a.O., S. 97.

Abb. 172. Haupttreppenhaus mit Blick in die Eingangshalle (Foto 1895)

von einem Turm und eine Terrasse" besitze. „Trotzdem weiß ich", verkündete sie abschließend herausfordernd, „dass es nichts geben wird, das platterdings hässlich oder gewöhnlich oder unproportioniert oder von schlechtem Geschmack wäre."[13] Damit war jeder voreilige Kritiker gewarnt. Die Queen erwiderte denn auch etwas betreten: „Wenige haben wie Du Kunst studiert und sind so strikt darin, was sich schickt und was nicht. Ich fürchte, ich kann solche Kenntnisse nicht beanspruchen und bin viel leichter zufrieden zu stellen."[14]

Im Frühjahr 1893 verlegte Victoria ihr Hauptquartier von Homburg in die Gärtner-Cottage inmitten der Gewächshäuser, um näher an der Baustelle zu sein und die Innenausstattung besser überwachen zu können. „Ich brenne darauf, meine Sachen hier aufzustellen." Aber, gestand sie enttäuscht, „es wird wohl noch Monate dauern, ehe man mit der Möblierung beginnen kann,"[15] und stöhnte über die Handwerker, die „schrecklich viel Staub" machten.[16] Plötzlich beschlichen die für gewöhnlich so selbstbewusste Bauherrin doch Zweifel, ob das Haus ihrer Mutter gefallen würde: „Ich glaube, Du magst nichts, was irgendwie mittelalterlich wirkt". Sie fürchtete, dass es der Queen nicht „modern" genug sein könnte, um gleich darauf zu beteuern, „dass das Haus wirklich sehr hell und die Fenster sehr groß sind." Vorsichtshalber entschuldigte sie sich für die vielen Eichenholzpaneele und die schweren Kassettendecken, die ihre Mutter womöglich „zu düster" finden könnte.[17]

Der Einzug

Im Spätsommer konnte endlich mit dem Einzug begonnen werden. „Meine Bücher werden in meine Bibliothek eingeräumt, und ich merke, dass ich kaum ausreichend Platz für ein Drittel von ihnen habe; o weh, ich weiß nicht, was ich tun soll." Das elektrische Licht wird ausprobiert, „ist aber noch nicht nach unserem Geschmack". Das Lampenfieber stieg wie vor einer Premiere: „Mein Kopf schmerzt, weil ich an so vieles zu denken habe."[18]. Doch erst nach der Winterpause konnte sie im April 1894 erstmals in Friedrichshof wohnen. Die Dorfbewohner waren zum Empfang erschienen, „die Schulmädchen in weißen Kleidern mit Blumensträußen. Sie hatten eine Girlande aufgespannt, und die Glocken läuteten. Ich war sehr gerührt."[19]

„Der erste Tag, den ich in meiner neuen Bleibe verbrachte, war sehr anstrengend. Ich werde wochenlang zu arbeiten haben, ehe alles bequem und ordentlich ist. Was wirst Du wohl sagen", zog sie ihre Tochter Sophie auf, „wenn Du erst siehst, dass alles, was Du 'schmutzigen, garstigen alten Schrott' zu nennen pflegtest, den ich auf meinen Reisen gesammelt habe, nun zu Deinem abgrundtiefen Entsetzen im ganzen Haus

13 Victoria an Queen, Schloss Homburg 5.8.1892; zit. nach Beloved & Darling Child (wie Anm. 2), S. 145f.
14 Queen an Victoria, Balmoral 12.10.1893, a.a.O., S. 145f.
15 Victoria an Queen, Gardner's Cottage Friedrichshof 16.5.1893, a.a.O., S. 159.
16 Victoria an Sophie, Anfang Mai 1893, zit. nach Empress Frederick (wie Anm. 1), S. 147.
17 Victoria an Queen, Gardner's Cottage Friedrichshof 27.5.1893, zit. nach Beloved & Darling Child (wie Anm. 2), S. 160.
18 Victoria an Sophie, Schloss Homburg (Herbst?) 1893, zit. nach Empress Frederick (wie Anm. 1), S. 154.
19 Desgl., Friedrichshof April 1894, a.a.O., S. 168.

ausgestellt ist?"[20] Der „alte Schrott" schmückt in der Tat in Form von Steingut, Majoliken, Fayencen, Gläsern, Zinn, Silber, Bronzen und Kleinkunst aller Art Vitrinen und Schaubüfette eines Großteils der Saalflucht des Erdgeschosses, den Besucher zu einem Rundgang durch die Stilepochen von der Renaissance bis zum Klassizismus einladend. Nur die Gegenwart ist ausgespart.

Eine Nichte der Kaiserin erzählte später, dass das Leben zwischen so vielen Antiquitäten nicht ohne Risiko gewesen sei, weil „Tante Vicky ihre Kostbarkeiten, die im ganzen Schloss, sogar in den Gästeschlafzimmern, verteilt waren, so liebte, dass man kaum wagte, sich auf ein Sofa zu setzen, aus Angst, es zu lädieren. Besonders Tino ärgerte sich über ihre Ermahnungen, in den Zimmern ja nichts zu beschädigen. Eines Tages, als auch Ernie da war, forderte dieser ihn heraus, den Bann zu brechen und ein paar Purzelbäume auf dem unschätzbaren Rokoko-Bettüberwurf zu schlagen. Nach gelungener Vorstellung sagte Tino, dass er sich nun viel freier fühle."[21]

Abb. 173. Sogen. Sammlungszimmer (Foto 1895)

Aufregender Besuch

Auch nach ihrem Einzug kam die Hausherrin nicht zur Ruhe: „Es ist zum Verzweifeln, dass Wilhelms Besuch schon so bald stattfindet, weil das Haus noch nicht zur Hälfte fertig ist", klagte sie ihrer Mutter. „Wenn er doch nur mit zwei Herren käme, aber er muss achtzehn mitbringen!"[22] Trotzdem wolle sie nicht murren, versuchte sie sich ihrer Tochter Sophie gegenüber zusammenzunehmen, wenngleich man nicht erwarten könne, dass sie „von einem Besuch überwältigt, gerührt und begeistert" sei, den sie „als Pflicht" einer Mutter gegenüber betrachte. „Ich bin noch zu betrübt im Herzen, die Kränkungen sind noch zu frisch in meinem Gedächtnis."[23]

Trotz der Aufregung scheint der kaiserliche Besuch vom 30. April zum 1. Mai 1894 ohne Zwischenfälle verlaufen zu sein. „Die ganze Provinz war auf den Beinen, Extrazüge wurden von Frankfurt und Wiesbaden eingesetzt, die Scharen von Zuschauern herankarrten. Sie wurden entlang der Straße vom Bahnhof bis zu meinen Toren zum Spalier aufgereiht. Das Städtchen Kronberg war reizend geschmückt. Mir wäre natürlich ein inoffizieller Besuch viel lieber gewesen, ohne Uniformen, friedlicher und ruhiger. Das Wetter war denkbar ungünstig ..., so dass nichts vorteilhaft wirkte, was zu ärgerlich ist. Trotzdem denke ich, dass ... Wilhelm sich auf seine Art gut amüsierte. Auch seine Herren schienen sich hier wohlzufühlen, obschon all diese baumlangen, lärmenden Adjutanten eine Geduldsprobe sind."[24]

Ein Jahr später besichtigte die sechsundsiebzigjährige Königin Victoria zum ersten Mal die Schöpfung ihrer Tochter. „Leider regnete es am Nachmittag in Strömen, was

20 Ebd.

21 Victoria Milford Haven, Recollections 1863-1914, unveröff. Ms., S. 114 (deutsch R.v.H.). – „Tino" ist Victorias Schwiegersohn Konstantin I. von Griechenland, „Ernie" der Darmstädter Großherzog Ernst Ludwig.

22 Victoria an Queen, Friedrichshof 24.4.1894, zit. nach Beloved & Darling Child (wie Anm. 2), S. 166.

23 Victoria an Sophie, Friedrichshof April 1894, zit. nach Empress Frederick (wie Anm. 1), S. 169.

24 Desgl., Friedrichshof 1.5.1894, a.a.O., S. 171.

wirklich zu schade war", schilderte diese den Besuch im Brief an Tochter Sophie. „Vormittags pflanzte Großmama einen Baum und machte nur eine Runde in ihrem kleinen Garten[roll]stuhl durch den Rosengarten und über den Marstallhof. Ich glaube, es gefiel ihr sehr, und sie sagte, dass sie beim nächsten Mal, wenn sie nach Deutschland käme, lieber hier wohnen würde als in Darmstadt, da sie sich im alten Schloss nicht zu Hause fühlt."[25]

Es wurde zu einem Brauch, dass jeder prominente Besucher einen Baum pflanzte: Victorias Bruder, der spätere Edward VII, ihre hessische Nichte, Zarin Alexandra mit ihrem Mann Nikolaus II., das italienische Königspaar und viele andere. Neben den Bäumen erinnerten Namensschilder an die, die sie gepflanzt hatten.

Die Kaiserinwitwe pflegte die Monate April bis Ende Oktober in Friedrichshof zu verbringen, gewöhnlich in der Begleitung ihrer jüngsten Tochter Margarethe und deren Mannes, Landgraf Friedrich Karl von Hessen, samt ihren Kindern. In den Sommermonaten gesellte sich dann die „griechische" Familie ihrer Tochter Sophie dazu.

Abb. 174. Kaiserin Friedrich mit den Familien ihrer Töchter Sophie, verheiratet mit Kronprinz Konstantin von Griechenland, und Margarethe, verheiratet mit Landgraf Friedrich Karl von Hessen (1895)

Abb. 175. Familientreffen auf Schloss Friedrichshof am 24. Mai 1900 mit den Söhnen Kaiser Wilhelm II. und Heinrich, ihren Frauen Auguste Victoria (hinten Mitte) und Irene geb. von Hessen und bei Rhein (ganz links), den Töchtern Sophie von Griechenland mit Mann und Kindern, Charlotte von Schaumburg-Lippe und Margarethe mit ihren Ehemännern, sowie den Neffen Albert von Schleswig-Holstein und Ernst Ludwig von Hessen (vorn rechts)

25 Desgl., Friedrichshof April 1895, a.a.O., S. 195f.

Friedrichshof nach dem Tod der Erbauerin

Kaiserin Friedrich, die am 5. August 1901 an einem Krebsleiden in Friedrichshof starb, hinterließ den Besitz ihrer Tochter Margarethe und Friedrich Karl. Bis zum Ersten Weltkrieg fanden sich dort Margarethes Geschwister und deren Familien zu Besuchen ein. Nach dem Krieg zog die Familie in das „Cottage" des Hofmarschalls um. Der Unterhalt des Schlosses war zu aufwendig geworden. Während der Inflation mussten einzelne Kunstgegenstände verkauft werden; das Inventar blieb indes im großen Ganzen unberührt.

Nach dem Zweiten Weltkrieg beschlagnahmte die amerikanische Besatzungsmacht Friedrichshof und benutzte das Schloss als Offiziersclub. In dieser Zeit verschwand ein bedeutender Teil der Sammlungen der Kaiserin Friedrich, auch Möbelstücke, Bücher und Briefe. Der Briefwechsel mit ihrer Mutter konnte glücklicherweise durch die Intervention König Georgs VI. von England sichergestellt und nach Windsor verbracht werden. Er kehrte nach der Freigabe des Schlosses 1954 zurück.

Abb. 176. Blick auf das heutige Schlosshotel Friedrichshof und den Park

Abb. 177/178. Innenräume des Schlosshotels: Foyer mit Renaissance-Kamin und sogen. „Grüner Salon"

Das Schlosshotel Kronberg

Nachdem die Schäden der Besatzungszeit behoben und das Schloss gründlich renoviert worden war, wurde Friedrichshof in ein Hotel umgewandelt und 1956 eröffnet. Aus dem Park wurde ohne größere Eingriffe ein 18 Löcher-Golfplatz. In den 1960er Jahren übertrugen die Erben der Landgräfin Margarethe den Besitz auf die Hessische Hausstiftung, die heute das kulturelle Patrimonium des Hauses Hessen verwaltet.[26]

26 Vgl. Wolfgang Prinz von Hessen, Aufzeichnungen, hrsg. von Rainer von Hessen, Kronberg 1996.

Walter A. Büchi

Tarasp, die Burg über dem Inn

Schloss Tarasp im Unterengadin/Graubünden (Schweiz)

Das Hochtal des Engadin geizt nicht mit landschaftlichen Schönheiten und Überraschungen. Doch wie sich hoch über dem Inn diese steile schiefrige Felspyramide erhebt, worauf, wie aus einem Guss, das Schloss Tarasp thront, groß, vornehm, weit herum herrschend, ist doch recht ungewöhnlich. „Von allen Seiten gesehen ist die Burg so reizvoll getürmt, als ob sie eigens zum Schmucke der Landschaft geschaffen worden wäre", schrieb vor hundert Jahren der Zürcher Kunsthistoriker Johann Rudolf Rahn[1].

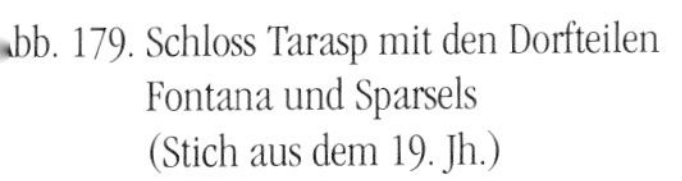

Abb. 179. Schloss Tarasp mit den Dorfteilen Fontana und Sparsels (Stich aus dem 19. Jh.)

1 Joh. Rudolf Rahn, Schloß Tarasp. In: Mitt. der Antiquarischen Gesellschaft in Zürich 27/1, 1909.

Nun war Schloss Tarasp keineswegs zur Zierde der Landchaft erbaut worden. Seine Geschichte spiegelt die wetterwendische Historie der graubündnerischen Landschaft zwischen Nord und Süd, an der Grenze zu Tirol, zum habsburgischen Oesterreich, am Weg nach Italien. An solchen Lagen ist nie lange Ruhe.

Die Herren von Tarasp werden erstmals im 11. Jahrhundert erwähnt. Damals waren es vier Brüder, die sich regional eine gewisse Machtposition geschaffen hatten und zwischen Süddeutschland und dem Veltlin Ländereien besaßen. Nach dem Ende dieses Geschlechts wechseln die Herren häufig. 1239 fällt die Burg an die Grafen von Tirol, 1464 an Herzog Sigismund und damit an das Haus Habsburg-Oesterreich. Von da an ist die Geschichte des Schlosses und der Landschaft mit den lange währenden Spannungen zwischen Bündnern und Oesterreichern verknüpft. Noch heute warnt über dem ersten Burgtor die martialische Inschrift aus jener Zeit: „Hie Estereih“.

Erst das 18. Jahrhundert gilt wieder als ruhige Epoche. Beschützt von einer kleinen Garnison überdauert Schloss Tarasp die Zeiten. Im Zuge der napoleonischen Neuordnung wird es zum schweizerischen Kanton Graubünden geschlagen. Es folgen Jahrzehnte der Ratlosigkeit über die Verwendung einer Feste, die politisch-militärisch überflüssig geworden war. Bald setzt Raubbau ein: Plünderung an Einrichtung und Substanz, die nicht mehr rückgängig zu machen war – so schien es.

Abb. 180. Im Schloss eingebautes Wappen-Fenster des Bischofs von Chur von 1605

Der Kurgast

Dass da einer käme und Schloss Tarasp kaufte, mit dem vertraglich vereinbarten Zweck, es „zur Zierde der Gegend“ zu erhalten, war gewiss die unwahrscheinlichste aller Entwicklungen. Genau dieser Fall trat ein.

Einem Kurgast aus Dresden war die Burg schon von weitem aufgefallen, als er sich im Sommer 1900 zu den berühmten alpinen Heilquellen von Bad Tarasp und Vulpera kutschieren ließ. Später besichtigte er sie aus der Nähe und erwarb sie trotz ihres abschreckenden Zustandes für die Summe von 20.000 Franken. Die folgenden Jahre geschah nicht viel, wie denn überhaupt über die Absichten des Kurgastes zunächst gerätselt werden durfte. Als indessen ein Stück Fels samt Ringmauer abstürzte, war das Signal zum Eingreifen gegeben.

Abb. 181. Der Industrielle Karl August Lingner

Der Kurgast hieß Karl August Lingner, vom Volk gern als „Odol-König“ bezeichnet, was er aber nicht mochte, denn viel lieber wäre er wirklich geadelt worden. Lingner, 1861 in Magdeburg geboren, war einer der erfolgreichsten, zeitweise auch umstrittenen Unternehmer des kaiserlichen Deutschland. Erfolgreich, indem es ihm mit unerhörtem Effort und Innovationsgeist gelungen war, praktisch aus dem Nichts eine

bb. 182/183. Kapellentor mit Durchblick über Hof und Burgmauer zum Zuort-Gletscher; unten Inneres der romanischen Burgkapelle

weltberühmte pharmazeutisch-medizinische Industrie aufzubauen und persönlich nach und nach in höchste Schichten der Gesellschaft aufzusteigen. Umstritten, weil das wichtigste Produkt der Dresdner Lingnerwerke, das „Odol"-Mundwasser, den phänomenalen Erfolg nicht zuletzt cleverem Marketing und systematischer Werbung verdankte, Dingen, die heute selbstverständlich sind, damals aber auf einigen Widerstand stießen. Lingner war ein Pionier des Markenartikels. Eigentliches Lebensthema des Industriellen und Mäzens wurde aber mehr und mehr die Volksgesundheit. 1911 gelang ihm mit der Internationalen Hygieneausstellung „Der Mensch" in Dresden ein großer Wurf: Der König von Sachsen ernannte den Geheimen Kommerzienrat (seit 1904) zum Wirklichen Geheimen Rat mit der Anrede Exzellenz, und die Universität Bern verlieh ihm den Titel eines Doktors der Medizin honoris causa.[2]

Die Rekonstruktion

Soviel Aufstieg wollte sich auch äußerlich kund tun. Lingner leistete viel und dachte groß. In Bezug auf Tarasp hegte er nichts weniger als den Traum, die kaputte Feste wieder aufzubauen und bewohnbar zu machen. Wie die getreue Nachbildung einer vornehmen Wohnburg schaffen, möglichst ohne musealen Charakter? Einen belebten Ort des vollkommenen Lebensgenusses für Menschen, die Musik, Natur und Kultur so schätzten wie er selbst? Typisch, dass Lingner im Herzen des Bauwerkes eine prachtvolle Orgel vorsah, die er spielen würde und die weit im Schloss hörbar wäre.

Ab 1907 wurde aufgeräumt, gestützt, vermauert, freigelegt, gedeckt, erschlossen. Unter der Leitung des Dresdner Architekten Walter Türcke, später Robert Kosenbachs erstand Schloss Tarasp neu. Ein Team erster Fachleute und Lingners steuernde Hand schufen tatsächlich das, was dem Bauherrn von Anfang an vorgeschwebt hatte: „einen neuen Typ von Rekonstruktion" (Lingner), welcher – jeder Pseudo-Burgenarchitektur abhold – das Gegebene und über die Jahrhunderte Gewachsene gelten ließ und klug ergänzte. Umgesetzt wurde dieses Ziel in einem jahrelangen Prozess, in Tausenden fachlicher Entscheide, beginnend beim geringsten Türschloss und endend beim äusseren Erscheinungsbild der ganzen Anlage.

Diese Leistung ist und bleibt bewundernswert, besonders wenn man bedenkt, dass sie unter Gebirgsverhältnissen und bei stark erschwerter Logistik zu erbringen war. Beispielsweise gab es sehr lange keine nahe Eisenbahnlinie; der Winter brachte die Arbeiten jeweils zum Erliegen; die Verbindung zwischen Dresden und dem Baubüro Tarasp beruhte auf Telegraf, Briefen und gelegentlichen Besuchen; die Wasserversorgung war ungenügend usw.

Vgl. Max Lagally, Lingner, Karl August. In: eue deutsche Biographie 14, 1985, S. 626f.

Enorm dann die Anstrengung, die passenden Innenausstattungen ausfindig zu machen. Decken- und Wandtäfelungen für ganze Zimmer, Möbel und Kunstgegenstände kaufte man in der näheren und weiteren Umgebung oder im Handel. Alles hatte eine strenge Prüfung zu bestehen. Nur weniges, so die Renaissancedecke im Festsaal, ist Kopie. Der Haushalt schließlich wurde nach praktischen Gesichtspunkten bis ins Detail durchdacht und diskret der modernen Zeit angepasst.

Abb. 184. Eingang zum Speisesaal mit Intarsien-verzierter Tür

„Ein köstlicher Besitz“

Im Jahr 1916 war das Ende der Arbeiten absehbar. Noch galt es zum Beispiel die Orgel einzubauen – über drei Stockwerke: 2.500 Pfeifen, 43 Register, den riesigen Balg. Der Bauherr hatte die letzten Monate auf Tempo gedrängt. Kaum einer wusste um seine Krankheit. – Da trifft ein Telegramm aus Dresden ein, des Inhalts, Karl August Lingner sei am 5. Juni nach einer schweren Operation gestorben. Die dabei waren, sagten noch Jahre später aus, man sei wie vor den Kopf geschlagen gewesen. „Lingner war in die Sache wahnsinnig verliebt.“ Das Ergebnis spricht noch heute davon.

Wenige Wochen vor seinem Tod hatte der 55jährige das Testament verfasst, welches auch die Zukunft von Schloss Tarasp regeln sollte. Einfach war dies freilich nicht, waren doch Umfang und Charakter des Erbes außergewöhnlich und der Wiederaufbau noch nicht abgeschlossen. Dazu herrschte Krieg. Als Erstbedachten hatte Lingner – wohl auch aus Höflichkeit und Korrektheit – seinen König eingesetzt: „Seiner Majestät dem König Friedrich August von Sachsen mein Schloss Tarasp in der Schweiz, Kanton Graubünden, mit dem gesamten dazu gehörigen Grundbesitz, sowie allen dort befindlichen Möbeln, Kunstgegenständen, Porzellan, Wirtschaftsgegenständen, Hauswäsche, wie alles steht und liegt.“ Falls der König das Erbe ausschlagen sollte, „so soll dieses Seiner Königlichen Hoheit dem Großherzog Ernst Ludwig von Hessen zufallen.“

Abb. 185. Kastenbett des Herrenschlafzimmers

Es folgten Monate der Unsicherheit. Die Zeitungen schrieben vom herrenlosen Schloss. Lingners Testamentsvollstrecker taten indessen alles, um die Sache zu einem guten Abschluss zu bringen. Auch waren Vorkehrungen getroffen, damit dem Erben „der Besitz durch Abgaben nicht verleidet wird.“ Aber der König schlug die Erbschaft aus. Als Gründe nannte der Hof unter anderem die Kriegssituation und die sonst schon steigenden Anforderungen an die Krone.

Am 29. Dezember 1916 bestätigte die großherzogliche Kabinettsdirektion in Darmstadt der Gemeinde Tarasp die Annahme des Erbes auf den 1. Januar 1917. Es sollte dann mehr als zweieinhalb Jahre dauern, bis die großherzogliche Familie nach Tarasp reisen konnte. Krieg und Regierungswechsel lagen dazwischen. Passprobleme

Abb. 186. Festsaal mit Renaissance-Kamin

Abb. 187. Luftaufnahme von Schloss Tarasp

vereitelten anfänglich eine Auslandsreise: die Revolutionsbürokratie in Darmstadt verweigerte dem abgesetztten Landesherrn die Ausstellung eines Reisepasses mit dem Titel Großherzog. Anlässlich des schweizerischen Nationalfeiertages, am 1. August 1919, konnten Ernst Ludwig, Großherzogin Eleonore und die beiden Söhne im Festsaal des Schlosses die Ehrenbürgerurkunde der Gemeinde Tarasp entgegennehmen.

Beziehungen zu Hessen

Damit hatte Schloss Tarasp den Besitzer gefunden, den sich Lingner mutmaßlich gewünscht hatte. Immerhin gab es vieljährige und fruchtbare Beziehungen zum Darmstädter Hof. Das Großherzogspaar hatte 1906, zur Taufe des ältesten Sohnes Georg Donatus, die Stiftung einer „Zentrale für Säuglingspflege und Mutterschutz" angekündigt. Wichtigster Berater wurde Lingner, der in Dresden schon 10 Jahre zuvor eine Kinderpoliklinik mit Säuglingsheim eingerichtet hatte. Lingner lieferte 1908 mit seiner umfassenden Denkschrift „Betrachtungen über die Säuglingsfrage" die maßgebliche Grundlage für Organisation und Ausbau der im Folgejahr eingerichteten „Großherzoglichen Zentrale für Mutter- und Säuglingsfürsorge in Hessen".[3] Lingner zählte zu den ersten Trägern des „für Verdienste in der Wohlfahrtspflege" gestifteten Ernst Ludwig-Eleonoren-Kreuzes.

3 Vgl.dazu Erinnertes. Aufzeichnungen des letzten Großherzogs Ernst Ludwig von Hessen und bei Rhein, Darmstadt 1983, S. 156.

Am. 9. August 1912 eröffnete Lingner im Darmstädter Residenzschloss eine etwas reduzierte Version seiner Erfolgsausstellung „Der Mensch", die so außerhalb Dresdens nur in Darmstadt gezeigt wurde. Der Großherzog hatte die Schau in Dresden eingehend studiert und dann zusammen mit der Großherzogin das Protektorat übernommen. „Ein plastisches Riesenlehrbuch" für Volksgesundheit und populäre Medizin, gestaltet „nach bisher gänzlich unbekannten Anschauungsmethoden", schrieb die zeitgenössische Kritik. Das Riesenlehrbuch wurde auch in Darmstadt ein Riesenerfolg. Zwar nicht 5 Millionen wie in Dresden, doch 250.000 Besucher zählte man auch in Darmstadt. Die Schau wurde später Grundlage des Dresdner Hygiene-Museums.

„Nehme innigsten Anteil am schweren Verluste", schrieb der Großherzog 1916 in seinem Beileidstelegramm zum Tode Lingners, und dies scheinen mehr zu sein als nur Worte.

Die geordnete Übernahme des Erbes in Tarasp hatte Rittmeister Kuno Graf von Hardenberg übernommen, der dazu auf Antrag Großherzog Ernst Ludwigs vom Frontdienst freigestellt worden war. Der studierte Kunsthistoriker war vor dem Krieg in Dresden künstlerischer Mitarbeiter Lingners, den er beim Aufbau seiner Kunstsammlung wie bei der Einrichtung von Schloß Tarasp beraten hatte. Ernst Ludwig übertrug ihm im Sommer 1917 mit dem Amt des Hofmarschalls in Darmstadt die Gesamtverantwortung für seine Kunstsammlungen, die er als Leiter der Großherzoglichen Vermögensverwaltung bis zum Tod des zum persönlichen Freund gewordenen Großherzogs 1937 wahrgenommen hat.

Abb. 188. Großherzog Ernst Ludwig mit seinen Söhnen und Verwandten in Tarasp (1925)

Ein Kulturdenkmal ersten Ranges

Für Schloss Tarasp war der Gang der Dinge ein Glücksfall, fand es doch mit Großherzog Ernst Ludwig und seinen Erben neue Besitzer, die das ihnen zugefallene Vermächtnis treu, sachverständig und mit erheblichem Einsatz zu bewahren wussten, was bis zum heutigen Tag gilt. Das Verhältnis zwischen Erben und Schloss bedurfte noch mancher rechtlicher Klärung, die zunächst zur Einrichtung einer Stiftung , dann des Kuratoriums führte. Schloss und Landschaft konnten unter Schutz gestellt und die Anlage öffentlich zugänglich gemacht werden. Tausende besichtigen sie heute bei den Führungen unter der Verantwortung der in dritter Generation in der Schlossverwaltung tätigen Familie Fanzun. Eine kleine Ausstellung berichtet von Karl August Lingner, und die sommerlichen Kulturangebote, Theateraufführungen im Schlosshof oder Konzerte im Festsaal, erfreuen sich großer Beliebtheit. Dabei kann man auch die restaurierte Orgel hören. Schloss Tarasp ist heute eine der bekanntesten Burgen der Schweiz und Kulturdenkmal von nationaler Bedeutung.

Literaturhinweis:

Iso Müller, Schloss Tarasp, Engadin (= Schnell Kunstführer Nr. 888), 2. Aufl. 1982.

Eckhart G. Franz

Schloss Wolfsgarten

Jagdschloss – Sommerresidenz – Refugium

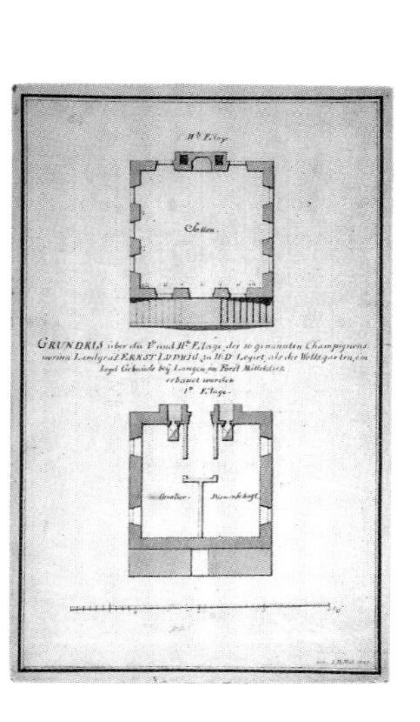

Abb. 189. Risse des ursprünglichen Wolfsgartener Jagdhauses „Champignon"

Es war eine willkommene Erweiterung der noch recht bescheidenen Landgrafschaft Hessen-Darmstadt, dass Ludwig V. im Jahre 1600 vom Grafen Isenburg-Ronneburg das Amt Kelsterbach im alten Reichsforst Dreieich kaufen konnte, obwohl es durch den aufwendigen Renaissancebau der Wolfenburg, den der kurz zuvor verstorbene Graf Wolfgang am Mainufer in Kelsterbach errichtet hatte, mit erheblichen Schulden belastet war. Namenspaten von „Wolfsgarten" waren allerdings nicht die Wolfenburg und ihr exzentrischer Erbauer, sondern die in den wilden Zeiten des 30jährigen Krieges zur räuberischen Landplage gewordenen Grauwölfe, für deren Abschuss die Landgrafen relativ hohe Kopfprämien zahlten. Noch 1701 wurden zwischen Langen und Kelsterbach zwei Hirschkühe „von Wölfen gerissen und aufgefressen". Die Langener Bauern hatten im landgräflichen Wald auf eigene Faust eine Lichtung gerodet, die „das Feldgen" oder auch „Wolfsacker" hieß, vermutlich weil man Fallgruben oder ein Gehege mit Fallgattern zum Fangen der Wölfe angelegt hatte. Als Landgraf Ernst Ludwig hier als Teil seines weitgespannten Netzwerks unterschiedlich aufwendiger Jagdhäuser, kurz nach dem 1710 mit den Isenburgern geschlossenen Vergleich, der die langjährigen Besitzstreitigkeiten beendet hatte, ein erstes Jagdhaus, den nach den pilzförmigen Jagdschirmen genannten „Pavillon du Champignon", errichten ließ, ging es auch um die Demonstration seiner nunmehr gesicherten Besitzrechte. Der Löwe mit dem Landgrafenwappen am Brunnen in Langen stammt aus dem Jahre 1712.

Wir wissen aus den Akten, dass für die damals noch mit Eifer betriebene Parforcejagd, der die Landstände einige Jahre später durch ihre Steuerverweigerung zumindest vorläufig den Garaus machten, 1716/17 ein neuer Wildzaun angelegt und Schneisen in den Wald von Mitteldick geschlagen wurden. Als das ursprüngliche Jagdhaus in den Jahren 1721/24 nach Plänen des neuen Darmstädter Oberbaumeisters Louis Remy de la Fosse zum Jagschloss in der heutigen Form ausgebaut wurde, war wohl zugleich an einen Land- bzw. Sommersitz für den landgräflichen Hof gedacht. Ein französisch beschrifteter Plan im Darmstädter Staatsarchiv zeigt bereits die heutige Anlage: den „vieux Pavillon" des Haupt- oder Herrenbaus mit der vorgesetzten Freitreppe im Osten, der als „Corps de Logis" zur Unterbringung und Bewirtung von Jagdgästen diente, gegenüber die Stallungen des Marstalls mit dem Turm und an den Seiten die Wohnhäuser für den Landgrafen und für den hier stationierten Jäger oder Reitenden

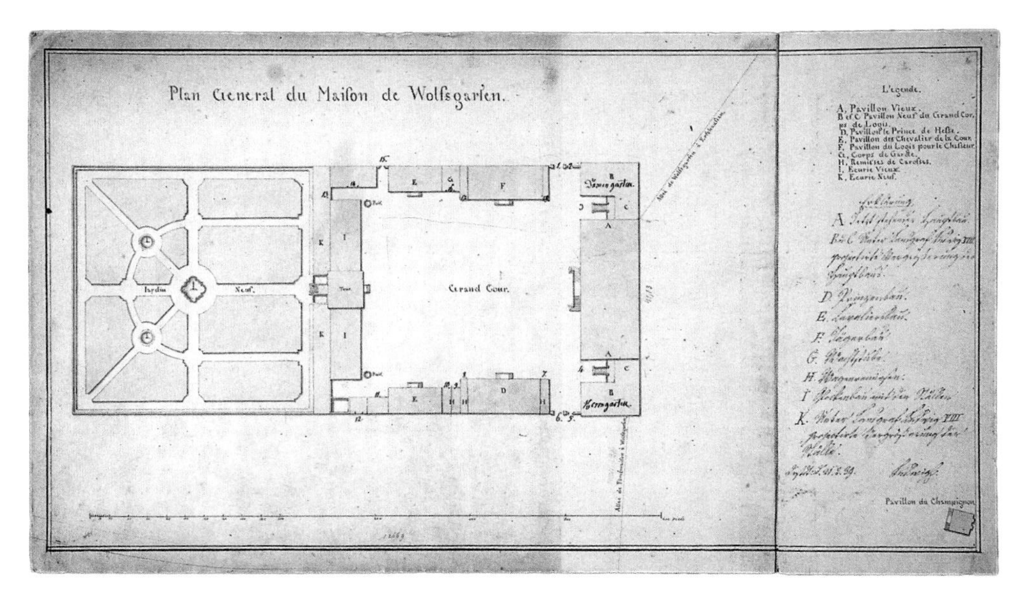

Abb. 190. Plan der Anlage des Jagdschlosses (um 1750)

Förster, daneben kleinere Häuser für die Hofdiener und Abstellplätze für die Kutschen. An der Ostseite gab es einen ummauerten Barockgarten. Wie der Plan zeigt auch das frühe Bild des Jagdmalers Johann Georg Stockmar rechts und links neben dem Hauptpavillon einen Damen- und einen Herrengarten und westlich vorgelagert ein mit Jagdlappen eingezäuntes Wildgehege.

Herr von Wolfsgarten war damals der Sohn des Erbauers, Landgraf Ludwig VIII., der die Jagd zu Pferde ohne Rücksicht auf Verluste neu belebt hatte und mit Eifer betrieb. Als Jagdgast hat der Wittelsbacher-Kaiser Karl VII. hier 1742/44 zumindest zwei Hirsche erlegt; für den einen ist der Gedenkstein im Treburer Forst erhalten. Mit dem Schwiegervater mag auch die in Kranichstein im Jagdkostüm dokumentierte „Große Landgräfin" Karoline in den 1760er Jahren hier gejagt haben. Dass man nicht nur zur Jagd nach Wolfsgarten kam, belegt die unter aktiver Mitwirkung des Landgrafen eingerichtete Freimaurerloge „Zu den drei Disteln von Wolfsgarten", die nach dem Verbot durch den Mainzer Kurfürsten hierher verlegt wurde. Nach dem Tod Ludwigs VIII., der 1768, durchaus im Stil seiner barocken Lebensführung, während einer Theateraufführung in Darmstadt vom Schlag getroffen wurde, ließ der spartanisch-soldatische Sohn Ludwig IX., der das Land von seiner Garnison Pirmasens aus regierte, den gesamten Jagdstaat abschaffen. „Auf dem Wolfsgarten" blieb immerhin ein Hegereiter oder Förster, der dafür sorgte, daß die stillgelegte Anlage nicht völlig verfiel.

Abb. 191. Schloss Wolfsgarten (Auszug aus Ölbild von J. G. Stockmar, 1745)

Ob der nachmalige erste Großherzog, der im Gegensatz zum Vater gern jagte, neben Kranichstein auch Wolfsgarten reaktiviert hat, wissen wir nicht. Die Wagner'sche Landesbeschreibung von 1829 schildert Wolfsgarten als Schloss mit „vielen Zimmern, vortrefflichen Kellern und Stallungen".[1] Die vom sparsamen Nachfolger Ludwig II. gegebene Order zum Abriss der entbehrlichen Baulichkeiten konterkarierte der vom Leben in der Natur begeisterte Erbgroßherzog, der nach seiner Heirat mit der bayerischen Prinzess Mathilde mit Kranichstein ab 1839 auch Wolfsgarten wieder „wohnlich" herrichten ließ. 1849 heißt es in einer neuen Bestandsaufnahme, das Schloss sei inzwischen trotz der langweiligen Anfahrt durchaus „sehenswert" und habe „in letzter Zeit ... bisweilen hochgefeierte Gäste in seinen alterthümlichen Räumen" gesehen.[2] Dazu passt das im Jahr zuvor gemalte Schnittspahn-Bild, das die neu bepflanzten Anlagen zwischen den renovierten Gebäuden mit biedermeierlich gewandeten Besuchern zeigt. In der Brandversicherung wurde der 1819 auf 27.000 Gulden veranschlagte Kapitalwert der Gesamtanlage schon 1841 auf gut 50.000 und 1861 auf 78.700 Gulden hochgesetzt. Ludwig III., inzwischen regierender Großherzog, hatte das Gelände um das Schloss bereits 1845 durch einen Tauschvertrag mit der Gemeinde Langen durch einen größeren Waldbezirk erweitert, der später parkartig ausgebaut wurde. Seit 1850 war Wolfsgarten überdies eine rechtlich selbständige Gemarkung.

Abb. 192/193. Schloss Wolfsgarten um die Mitte des 19. Jahrhunderts (Gouachen von E.A. Schnittspahn, 1848)

1 Georg Wilhelm Justin WAGNER, Statistisch-topographisch-historische Beschreibung des Großherzogthus Hessen, Bd. 1: Provinz Starkenburg, Darmstadt 1829, S. 265.

2 Das Großherzogthum Hessen in malerischen Original-Ansichten. Bd. 1: Starkenburg und Rheinhessen, Darmstadt 1849, S. 203.

Das Schloss gehörte zu den Landsitzen, die in unregelmäßigem Wechsel, manchmal nur für ein paar Tage, manchmal für mehrere Wochen, als großherzogliche Sommer-Residenz genutzt wurden. Großherzog Ludwig IV. gab in seinen Thronfolgerjahren Kranichstein den Vorzug. Erst nach dem frühen Tod der Großherzogin Alice, die bereits im zweiten Regierungsjahr ihres Mannes starb, wurde die Hofhaltung im Sommer 1879 erstmals nach Wolfsgarten verlegt. Dazu gab man u.a. die Erneuerung der baufälligen Kirche im benachbarten Langen in Auftrag, deren neugotischer Neubau 1883 feierlich eingeweiht wurde. Wolfsgarten war allerdings auch in den Folgejahren keineswegs ständiger Sommeraufenthalt der Großherzogsfamilie, die 1881/82 und 1886 auch wieder im angeblich von den Erinnerungen an Alice belasteten Kranichstein Quartier nahm. 1880 zog die Sommer-Hofhaltung im Juni ins Seeheimer „Hoflager" und kam erst im Juli für zwei Monate nach Wolfsgarten. Auch in den Folgejahren war man vor allem im Spätsommer in Wolfsgarten, ehe der Großherzog im September zum Jagen zu Schwiegermutter Victoria nach Balmoral in Schottland reiste. Wie die Tagebücher Ludwigs IV. belegen, war er in den nachfolgenden Sommern zum Teil auch in Romrod, in Friedberg und auf dem Heiligenberg oder fuhr zu den verheirateten Töchtern nach England und Russland, so dass oft nur ein paar Wochen für Wolfsgarten blieben. 1887 und 1889 entfielen die Besuche ganz.[3]

Abb. 194. Sommeraufenthalt der Großherzogsfamilie in Wolfsgarten (Foto, 1883)

Das änderte sich unter dem letzten Großherzog Ernst Ludwig, der 1892 zur Regierung kam und Wolfsgarten endgültig zur festen Sommer-Residenz des Fürstenhauses machte, wobei die vom Jugendstil-Großherzog nicht besonders geschätzte Jagd in den Hintergrund trat. Wie die im Familienarchiv erhaltenen Tageskalender der Kammerdiener belegen, wurde die für den Sommer verkleinerte Hofhaltung regelmäßig Ende Mai oder Anfang Juni nach Wolfsgarten verlegt und kehrte Ende Oktober oder Anfang November nach Darmstadt zurück.[4] Man empfing viel Familienbesuch, für den im benachbarten Egelsbach ein eigener Fürstenbahnhof eingerichtet wurde. In Egelsbach gingen Großherzogs ab 1895 auch zur Kirche, da Ernst Ludwig sich über den Langener Pfarrer geärgert hatte. Die damals in der Egelsbacher Kirche eingebaute Fürstenloge ist wohl erst in den 1970er Jahren entfernt worden. Noch 1915 wurde dann im Wolfsgartener Park die sogenannte Bonifatiuskapelle errichtet, in der alle zwei Wochen einer der Pfarrer aus dem Umland Gottsdienst hielt. Es war keine „russische Kapelle", wie man gelegentlich liest; Modell des aus Lärchenholz errichteten Baus waren eher die nordischen Stabkirchen.

Zeugnis für die hochrangigen Besucher aus den mit dem Haus Brabant versippten Dynastien Europas, die englischen Vettern und die Romanows, Kaiser Wilhelm II. und die Battenberger Verwandtschaft, sind die erhaltenen Gästebücher, aber auch eingeritzte Namen in den Glasfenstern des Herrenbaus, die bis in unsere Tage reichen.

3 Vgl. dazu die sorgfältig geführten Tagebücher Großherzog Ludwigs IV. im Großherzogl. Familienarchiv, StA Darmstadt Abt. D 24 Nr. 7-9.
4 StA Darmstadt Abt. D 24 Nr. 60/1-3.

Abb 195. Besuch des Maharadschas Ganga Singh von Bikaner in Wolfsgarten, 1907

Gruppenfotos auf der Freitreppe zeigen 1907 den Maharadscha von Bikaner samt Gefolge, 1910 die Zarenfamilie der Schwester Alix ebenso wie den späteren Besuch von Königin Elizabeth und Prinz Philip 1965. Für das Jahr 1900 verzeichnet das Gästebuch den Besuch des russischen Großfürsten Kyrill, mit dem Cousine Victoria Melita, Ernst Ludwigs erste Frau, im Folgejahr von dannen zog. Für die beim Vater verbliebene Tochter Elisabeth errichtete Künstlerkolonie-Chef Joseph Maria Olbrich 1902 das reizvolle Puppenhaus im Park, bleibende Erinnerung an das von den Darmstädtern geliebte „Prinzesschen", das schon ein Jahr später auf einer Russlandreise an Typhus verstarb. Ernst Ludwig zog auch mit der zweiten Frau, Großherzogin Eleonore, und ihren beiden Söhnen in den Folgesommern stets nach Wolfsgarten. Zu den Neuerungen dieser Jahre gehören neben der Kapelle das Tee- oder Tennishaus an der Nordostecke des Schlossbezirks und die Ausgestaltung des Parks mit den aus England importierten Rhododendren, um die sich der Großherzog ebenso wie um den neuangelegten japanischen Garten mit Teich, Brücken und Laternen persönlich gekümmert hat.

Bei Kriegsende 1918 war die Hofhaltung routinegemäß am 7. November nach Darmstadt zurückgekehrt, wo dann zwei Tage später die Revolution ausbrach. Neben dem von Queen Victoria bezahlten Neuen Palais und der Rosenhöhe, die als Privatbesitz galten, überließ der neugeschaffene Volksstaat der Großherzogsfamilie im Zuge

Abb. 196. Das von J. M. Olbrich gebaute „Prinzessinnenhäuschen"

Abb. 197. Blick in den japanischen Garten (Foto, um 1910)

der langwierigen Abfindungsverhandlungen die Landsitze Wolfsgarten, Kranichstein und Romrod, letzteres allerdings nur für Ernst Ludwigs Lebenszeit. Der gelegentlich erweckte Eindruck, der entthronte Großherzog habe sich in der Folgezeit ganz nach Wolfsgarten zurückgezogen, ist falsch. 1919 mußte der Sommeraufenthalt ausfallen, da Wolfsgarten mit der Ausweitung des sogen. „Mainzer Brückenkopfs" von französischen Truppen belegt war. Schon im Folgejahr kehrte man zum gewohnten Rhythmus zurück, lebte im Sommerhalbjahr in Wolfsgarten und in der Wintersaison im Neuen Palais, war also – im Gegensatz zu den meisten fürstlichen Standesgenossen - durchaus auch weiterhin in der alten Haupt- und Residenzstadt präsent. Wenn der Sommer in Wolfsgarten in den ersten Jahren auf Mitte Juli bis Anfang Oktober verkürzt wurde, lag das vor allem am fehlenden Heizmaterial; im Inflationsjahr 1923 blieb man ganz in Darmstadt. In der Folge galt der überkommene Zeitplan, wobei Ernst Ludwig jetzt natürlich mehr Zeit hatte, sich um den weiteren Ausbau der Gartenanlagen, insbes. der farbig abgestimten Rhododendron-Pflanzungen, zu kümmern. „Highlights" waren die als Heiratsbörse für den Hochadel (und die eigenen Söhne) in Wolfsgarten organisierten „Jungfürstentreffen".

Abb. 198. Großherzog Ernst Ludwig im Wolfsgartener Park

Abb. 199: Der „großherzogliche Salon" im Herrenbau (Foto 1991)

)b. 200. Schloss Wolfsgarten (Luftaufnahme 1967)

)b. 201. Königin Elisabeth II. und Prinz Philipp zu Besuch bei Prinz Ludwig und Prinzessin Margaret in Wolfsgarten, Mai 1965

Großherzog Ernst Ludwig ist am 9. Oktober 1937 in Wolfsgarten gestorben und von hier zur ebenso geliebten Rosenhöhe überführt worden, wo er vor dem Neuen Mausoleum beigesetzt wurde. Von Wolfsgarten aus traten Großherzogin-Witwe Eleonore und die Familie des Erbgroßherzogs am 16. November 1937, der den Sommeraufenthalt beenden sollte, den verhängnisvollen Flug zur Hochzeit des jüngsten Sohnes Prinz Ludwig an, der mit dem Zerschellen des in Frankfurt gestarteten Flugzeugs an einem Schornstein in Ostende endete. Den letzten Umzug von Prinz Ludwig und seiner Frau Prinzessin Margaret vom Darmstädter Palais nach Wolfsgarten datiert das dann abgebrochene Kammerdiener-Tagebuch traditionsgemäß auf den 7. Mai 1938. Mit dem Tod der adoptierten Nichte Johanna, die beim London-Flug zurückgeblieben war, kurz vor Kriegsausbruch 1939 hat sich das Prinzenpaar zunächst weitgehend aus der Öffentlichkeit zurückgezogen. In Wolfsgarten wurde damals einiges umgeräumt. Aus dem vertragsgemäß ans Land Hessen zurückgegebenen Schloss Romrod und dem 1941 an die Stadt Darmstadt verkauften Palais kamen zahlreiche Möbel und Kunstgegenstände dazu. Manches davon ist nach dem Krieg für den Neuaufbau des vom Bombenbrand 1944 zerstörten Schlossmuseums verwendet worden.

Das unzerstörte Wolfsgarten war zu Kriegsende und in den ersten Nachkriegsjahren ein vielfältig genutzer Zufluchtsort, nicht nur für die nähere und weitere Familie. Prinz Ludwig, aber auch Fürstin Tatjana Metternich u.a. haben in ihren Erinnerungen darüber berichtet.[5] 1944/45 war im Obergeschoss des Herrenhauses eine Dependence der städtischen Kliniken Offenbach untergebracht. 1946 wurde hier und im benachbarten Prinzessinnenbau ein Altersheim der Inneren Mission mit 120 Insassen eingerichtet, das 1954 nach Jugenheim verlegt wurde. 1957 wurde vorübergehend eine größere Gruppe studentischer Revolutionsflüchtlinge aus Ungarn einquartiert. Im gleichen Jahr wurde im ehem. Teehaus die vom Deutschen Roten Kreuz betriebene Erholungsstätte für behinderte Kinder eingerichtet, die der sozial vielfältig engagierten Prinzessin Margaret bis zu ihrem Tod ein ganz besonderes Anliegen war. Die Tagesstätte ist erst vor einigen Jahren in einen Neubau in Langen umgezogen.

Als die Nachkriegsnot überwunden war, ist Wolfsgarten wie zu Ernst Ludwigs Zeiten erneut zum kulturell-geselligen Treffpunkt für Familie, Freunde und Bekannte geworden. Daran hat auch der Tod Prinz Ludwigs im Sommer 1968 nichts geändert. Prinzessin Margaret wohnte im ehemaligen Försterhaus, doch im Obergeschoss des Hauptbaus gab es fast immer Logiergäste. Zu den wiederkehrenden Besuchern gehörten neben den Verwandten auch befreundete Künstler und Literaten, die Komponisten Benjamin Britten und Hans-Werner Henze, der Theaterintendant Gustav Sellner, Golo Mann, Dolf Sternberger, um nur einige zu nennen. Es gab familiäre Konzerte und Leseabende, zu denen auch viele Darmstädter geladen wurden. Wolfsgarten war

Tatiana Metternich, Bericht eines ungewöhnchen Lebens, Wien/München 1978, S. 312ff.

übrigens jetzt vor allem Winterresidenz; im Sommer lebte Prinzess Margaret zumeist längere Zeit in Tarasp.

Regelmäßige Besucher in Wolfsgarten waren die Neffen aus der landgräflichen Linie Hessen-Kassel(-Rumpenheim), vor allem Heinrich, der unter seinem Schriftstellernamen „Enrico d'Assia" in verschiedenen seiner Bücher über Wolfsgarten berichtet hat, und sein älterer Bruder Landgraf Moritz, den Prinz Ludwig und Margaret, die selbst keine Kinder hatten, als künftigen Chef des Gesamthauses Hessen schon 1960 adoptierten.[6] Die nach dem amerikanischen Einmarsch 1945 aus Kronberg vertriebenen Geschwister, deren Mutter Prinzessin Mafalda 1944 im KZ Buchenwald umgekommen war, hatten schon damals in Wolfsgarten Zuflucht gefunden, bei „Tante Peg", wie Margaret in der Großfamilie hieß. Mit ihrem nicht nur in Darmstadt betrauerten, plötzlichen Tod im Januar 1997 hat Landgraf Moritz die vorher für ihn eingerichtete Einliegerwohnung im ehem. Landgrafenhaus mit dem als künftigem Hauptwohnsitz renovierten Wohntrakt der Prinzessin vertauscht. Es ist stiller geworden in Wolfsgarten, auch wenn es nach wie vor Gäste und Feste gibt, doch an zwei Wochenenden im Frühsommer stehen die Parktore offen, um Schaulustigen von Nah und Fern den Blick auf die Blütenpracht des Rhododendron-Gartens zu ermöglichen.

6 Heinrich PRINZ VON HESSEN, Der kristallene Lüster. Meine deutsch-italienische Jugend 1927–1947, München 1992, S. 213ff; auch T. METTERNICH (siehe Anm. 5).

Abb. 202. Prinzessin Margaret von Hessen und bei Rhein (Foto 1986)

Abb. 203/204. Rhododendron-Blüte und Herbstfarben im Wolfsgartener Park

Reimer Witt

Panker

Ein weißes Herrenhaus im idyllischen Ostholstein

Der Name wird urkundlich erstmals im Lübecker Zehntregister von 1433 als Bezeichnung eines Gutes „Pankuren" erwähnt. Der Interpretation des Ortsnamenforschers Wolfgang Laur, der diese Bezeichnung auf altpolabische Personennamen zurückführt und letztlich als „Ort des Pachor" deutet, folgt die Volksetymologie nur ungern. Sie hat sich bis in die jüngsten Publikationen dafür entschieden, dass Panker zwar von Pan-kuren herzuleiten ist, dass dann aber die erste Silbe „Pan" dem in allen slawischen Sprachen üblichen Wort „Herr" zuzuordnen und in dem Ort also ein Herrensitz slawischer Zeit zu sehen sei.

Wie diese sprachetymologische Zuordnung des Namens „Panker" gehören zum alten Gutsbereich weitere feste Begriffe wie „Ole Liese" und „Hessenstein". Diese Trias steht für Insider für traditionellen Adel, gehobene Gastronomie und sanften Tourismus. Für Außenstehende in Schleswig-Holstein, aber erst recht in Hessen müssen

ɔb. 205/206. Schloss Panker, Eingangs- und Gartenfront (Postkarten) sie auf Unverständnis stoßen und Fragen aufwerfen wie: Was hat es mit dem bis in slawische Zeiten radizierten Adel auf sich? Wieso steht „Ole Liese" für gute Küche? Und was hat Hessenstein als Lokalbezeichnung in Schleswig-Holstein zu suchen? Für alles finden sich gut begründete historische Erläuterungen; unsere schnelllebige Gegenwart hat aber nur wenig Geduld, auf sie zu hören und sie in geschichtlichen Zusammenhängen zu sehen. Vielleicht stehen die Chancen dafür in der kleinen Festschrift für den fürstlichen Schlossherren besser als in den kurzen Broschüren für Touristen.

In der tiefergelegenen Niederung um Panker fanden sich gute und übliche Voraussetzungen für die Befestigung eines wehrhaften Herrensitzes, wie wir sie im ostholsteinischen Raum des nicht linear, sondern flächenübergreifend zu sehenden „Limes Saxoniae" wiederholt antreffen. Ob sich die Rantzaus, die zu den „Originarii", den holsteinisch geprägten Familien des im Land ansässigen Uradels zählen, in zeitparalleler Konkurrenz oder in Nachfolge zum slawischen Adel an diesem Ort niederließen, muss offenbleiben. In verschiedenen Linien haben sie die Entwicklung des adligen Gutes Panker mit zumeist führenden Exponenten der Familie für fast 400 Jahre, bis zum Jahr 1740, geprägt. Genannt seien hier Schack Rantzau († nach 1445), der als Feldherr und Eroberer der Insel Fehmarn sowie als Verbitter des Klosters Preetz Bedeutung erlangte, oder Detlev Rantzau (†1639), der als Hofmarschall König Christians IV. von Dänemark, Träger der Hoffahne im Kalmar-Krieg, Dompropst in Hamburg, Mitglied des Kriegsrates und regional bedeutsamer Amtmann von Steinburg und Süderdithmarschen hervortrat. Durch Verkauf und Erbfall gelangte Panker, um das zugekaufte Gut Klamp erweitert, in das Eigentum Hans Rantzaus (†1740). Kurz vor seinem Tod verkaufte er im November 1739 „die in dem Hertzogthum Holstein unter Gemeinschaftlicher Regierung belegene Adeliche Güter Pancker und Clampe zusambt dem Meyerhofe Vogelsdorff" für 88.000 Reichstaler an den Amtmann und Kammerherrn Baron Otto Stael von Holstein. Stael von Holstein fungierte unter größter Diskretion als – wie wir heute sagen würden – Strohmann einer Gräfin Hedwig Ulrica Taube. Für dieselbe Auftraggeberin ersteigerte der Kieler Professor Johann Zacharias Hartmann im Januar 1741 für 138.500 Reichstaler aus einem Reventlowschen Konkurs auch die benachbarten Güter Schmoel und Hohenfelde. Damit gelang es in kurzer Frist, mit vier holsteinischen adligen Gütern einen der größten geschlossenen Gutsdistrikte in Holstein zusammenzukaufen.

Bei der Dame Taube, der „belle colombe", handelte es sich um die Tochter eines schwedischen Reichsrates und Admirals, die als Hoffräulein zum Hofstaat der schwedischen Königin zählte. Ulrike Eleonore von Schweden hatte als Schwester König Karls XII. in harter Konkurrenz zu ihrem Neffen, dem Herzog Karl-Friedrich von Holstein-Gottorf, seine Nachfolge angetreten, als der Bruder nach erfolglosem Ringen

Abb. 207. König Friedrich I. von Schweden (Stich von G. P. Busch)

mit dem russischen Zaren Peter dem Großen um die Vorherrschaft im Mare Balticum durch einen mysteriösen Schuss vor der norwegischen Festung Frederikshald zu Tode kam. Verheiratet mit dem ältesten Sohn des Barock-Landgrafen Karl von Hessen-Kassel, verzichtete sie bereits 1720 zugunsten ihres Ehemannes auf den Thron. Dem nunmehr allein herrschendem König Friedrich I. (1676-1751) legten die mächtigen Stände Schwedens enge Beschränkungen auf, so dass er zur Finanzierung seiner aufwendigen Hofhaltung in Stockholm mehr als 30 Jahre auf Subsidien aus seinem Heimatland angewiesen war. Das galt insbesondere auch nach dem Tode seines Vaters 1730, als er sich in seinem angestammten Fürstentum durch den jüngeren Bruder, Landgraf Wilhelm (VIII.), als Statthalter vertreten ließ.

Etwa in diese Zeit lässt sich die Liaison mit der erst 16jährigen Admiralstochter Hedwig Ulrike Taube datieren, die ihm später morganatisch angetraut wurde. Während die Ehe mit der 1741 verstorbenen Königin kinderlos geblieben war, schenkte sie ihm vier Kinder. Zwei Töchter starben früh. Das Versorgungsinteresse galt daher insbesondere den beiden Söhnen Friedrich Wilhelm (1735-1808) und Carl Eduard (1737-1769), die von einer Thronfolge in Schweden wie in Hessen ausgeschlossen waren. Zunächst als „Grafen von Hessen" bezeichnet, verlieh ihnen der als Reichsvikar amtierende König August III. von Sachsen und Polen im Sommer 1741 auf Antrag des Vaters mit der Erhebung in den Reichsgrafenstand den Namen „Grafen von Hessenstein", nach der hessischen Burg oberhalb des Edersees. 1744 wurden sie als Grafen in die schwedische Nation aufgenommen.

Die jungen Grafen kamen bereits 1740 nach Panker, um mit ihrer künftigen Heimat vertraut zu werden. Ihre Erziehung lag in der Verantwortung eines schwedischen Hofmeisters, des Oberstleutnants Achatz von Hammerskjöld, der ihre Ausbildung dann aber bald im Ausland weiterführte; ab 1746 studierten sie an der Universität Lausanne. Nach dem frühen Tod der Gräfin Taube im Februar 1744 standen sie unter einer Vormundschaft, der auch ihr Nachbar, der Lübecker Fürstbischof und gewählte schwedische Thronfolger Adolf Friedrich von Gottorf, angehörte. Unter der Oberaufsicht eines der Vormünder wurden die Güter bis auf die Holzungen und die Jagd mit Zeitverträgen an verschiedene Pächter vergeben.

Mit den Bauern des Gutes Schmoel gab es schon im Vorfeld des Verkaufs Schwierigkeiten. Sie beriefen sich auf eine Urkunde von 1695, die sie von der Leibeigenschaft befreite. Da aber strittig war, ob sie den Besitz dieser Freiheit offiziell gekannt oder überhaupt praktiziert hatten, kam es zu einem Prozess. Dieser endete 1740 mit einem Urteil des Landgerichts, wonach sie wie bei einem früheren Verkauf als Leibeigene anzusehen waren. Unter landesherrlichem Druck, aber mit deutlichem Widerstand haben die Bauern daher schließlich doch den Eid als Leibeigene der Gräfin Taube abgelegt. Der Protest war damit jedoch nicht verstummt, sondern noch gewachsen. Als Graf Friedrich Wilhelm von Hessenstein im Sommer 1768, mittlerweile im Siebenjährigen Krieg zum schwedischen General aufgestiegen, nach Panker zurückkehrte, musste er seine Hauswirte gleichsam zur Unterschrift unter einen Unterwerfungskontrakt zwingen, der dann doch keinen Frieden brachte. So bedurfte es noch eines weiteren aufwendigen Prozesses, bis die Ansprüche des Gutsherrn 1777 endgültig durchgesetzt werden konnten.

Abb. 208. Friedrich Wilhelm Fürst von Hessenstein (Gemälde von G. D. Matthieu, 1762)

Schon vor Prozess-Ende hatte Hessenstein bei einem heftigen Fieberanfall sein Testament gemacht, mit dem er den holsteinischen Gutsbesitz seinem Vetter, dem Landgrafen Carl von Hessen vermachte, der seit 1768 als königlicher Statthalter in den Herzogtümern Schleswig und Holstein amtierte. Ein bezeichnender Passus des Testaments empfahl Carl, dass er „frei macht alle Bauern mit der Bedingung dabei, dass sie zehn Jahre im Gut dienen müssen und 21 Jahre alt sind, ehe sie es verlassen können. Sie können sich nicht verheiraten vor 20 Jahren ohne die Erlaubnis des Herrn, die Töchter mit 18. Ich rate ihm, alles in kleine Pachtungen zu legen." Hier zeichnet sich eine durchaus ambivalente Auffassung ab, die einen Ausgleich sucht zwischen der Erhaltung der Wirtschaftskraft der Güter mit ihren Leibeigenen und der Umsetzung der Menschenwürde durch die persönliche Freiheit der Gutsangehörigen. Sie findet sich auch in einer Stellungnahme, die Hessenstein 1796 gegenüber einer Kommission der Schleswig-Holsteinischen Ritterschaft zur Aufhebung der Leibeigenschaft abgab. Er sei, so hieß es da, grundsätzlich bereit, seine Leute freizugeben, „wiewohl ich der Meynung nicht beystimmen kann, dass die Aufhebung der Leibeigenschaft nun gleich unumgänglich sey. – Ich halte es aber für eine heilige Pflicht, dafür zu sorgen, dass selbige zu dem wahren Nutzen und Glück der Freyzugebenden gereiche, und dieses so viel als möglich mit der wenigsten Beeinträchtigung der Gutsbesitzer (denn sonst wäre es nur illusorisch und blos gut für die Zeitungen und Journäle)". Da die Leibeigenschaft per Gesetz zum 1. Januar 1805 aufgehoben wurde, sollte Hessenstein die Freilassung der 260 leibeigenen Insten auf seinen Gütern noch persönlich erleben.

Friedrich Wilhelm von Hessenstein, der nach dem Tod des Vaters eine steile Karriere bis zum schwedischen Generalfeldmarschall absolviert hatte, konnte sich auch mit der Staatsumwälzung von 1772 arrangieren, bei der er als Kommandant von Stockholm Verantwortung trug. Seit 1776 war er Reichsrat und Generalgouverneur von Schwedisch-Vorpommern, dann auch Kanzler der Greifswalder Universität. Als er diese Ämter 1791 aufgab und sich nach Panker zurückzog, war dies ein respektabler Besitz, der auch das Erbteil des bereits 1769 verstorbenen jüngeren Bruders einbezog. Obwohl die „Herrschaft Hessenstein" mit den Meierhöfen und großen Waldungen mehr als 5.500 Hektar ausmachte, gelang es allerdings nicht, über die bereits 1772 bei Kaiser Josef II. erwirkte Erhebung in den Reichsfürstenstand als „Personalist“ hinaus auch die angestrebte Anerkennung als unmittelbarer Reichsstand mit eigenem Fürstentum zu erwirken; dafür waren die Ländereien denn doch zu klein.

In der überschaubaren Herrschaft Hessenstein wusste der Fürst gut Fuß zu fassen und auch eine gewisse Volkstümlichkeit zu erreichen. Das gilt insbesondere für das 1801 verfasste, etwas ungewöhnliche Kodizill zum Testament, mit dem er Bestimmungen für die Versorgung seiner Lieblingstiere nach seinem Tode traf: „Für meine getreuen Hunde wird täglich 8 Schilling bestanden, wie auch für die Katzen. Die Reitpferde, nämlich die Hamburger, die Liese, der Mops, werden so lange sie leben gefüttert ... Wer Gefühl hat und den Thieren Gefühl zugestehet, ihre Liebe, Treue und Erkenntlichkeit für ihren Herrn kennt, wird weder wunderlich noch ridicul finden, dass ich der meinigen eingedenk bin.“ Die Tradition vor Ort verlegt die Umsetzung des Legats schon in die Lebenszeit des Fürsten und verknüpft sie mit dem seit mehr als einem Jahrhundert beliebten Wirtshaus „Ole Liese“, das – wie man wissen will – schon zu Anfang des 19. Jahrhunderts von einem der fürstlichen Bediensteten, am besten dem alte Pferdeknecht, betrieben wurde. „Das Schild aber, das außer der weitbekannten Inschrift – ‚In de ole Liese, / Hier geiht dat na de ole Wiese, / De Weert, de

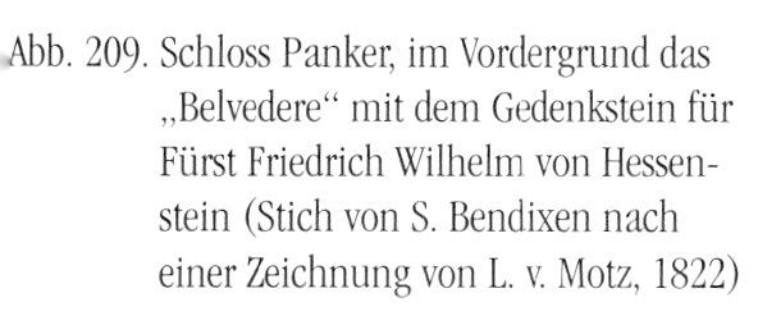

Abb. 209. Schloss Panker, im Vordergrund das „Belvedere“ mit dem Gedenkstein für Fürst Friedrich Wilhelm von Hessenstein (Stich von S. Bendixen nach einer Zeichnung von L. v. Motz, 1822)

süpt dat Beste / Und segt: Prost, mien leven Gäste!' – das Bildnis eines Pferdes, eben der alten ,Liese', aufweist, ist seinerzeit vom Fürsten von Hessenstein ... in gönnerhafter Laune diesem Gasthof verliehen, die vom fürstlichen Herrn selbst verfassten Verse dem Wirt zur wohlmeinenden Mahnung, das Bild dem Leibpferde des alten Herrn zum dauernden Gedächtnis." Diese Tradition wird bis heute hoch gehalten und dient der überregionalen Vermarktung der hier gebotenen Gastronomie.

Die volkstümliche Überlieferung bemächtigte sich auch der Furcht des alternden Fürsten, lebendig begraben zu werden, und bietet zwei Versionen seiner testamentgerechten Bestattung an, die in jüngster Zeit der Plöner Propst Traugott Schulze so zusammenfasst: „... so will ich, dass man mich 6 Tage nach meinem Tode im Bette lasse. Ich will, dass man mich (wenn der Arzt und Wundarzt es eidlich bezeugen, und der Leichengeruch und die Fäulnis es vollkommen beweisen, dass ich tot bin) in meinen Sarg lege, mit meinen Bettüchern und mit der Kleidung, in welcher ich gestorben sein werde, und dass man mich danach bedecke mit warmem Drachenfisch und anderer Materie, welche mich sogleich verzehrt. Ich will, dass man eine Grube grabe 8 Fuß unter der Erde, in welche man mich lege", habe es im Testament geheißen; weiterhin habe er verfügt, „dass man 7 Tonnen ungelöschten Kalk mit Wasser über ihm ausschütten soll." So wird dann, wie Georg Schröder 1913 berichtet hat, auch tatsächlich mündlich tradiert, dass „die Bauern seiner Güter spät abends bei Fackelschein den doppelten Sarg ... von der Eremitage heraufgetragen und in die Gruft hinabgelassen" haben. „Dann wurden sieben Tonnen frisch gebrannten Kalks in das offenen Grab geschüttet und sogleich mit Wasser gelöscht."

An dem vom alten Herrn selbst gewählten Bestattungsort „Belvedere", mit dem „Angesicht gegen das Morgenlicht und den Spiegel des unendlichen Meeres gekehrt", hat ihm dann sein Vetter und Erbe Landgraf Carl von Hessen einen Sandstein-Obelisken setzen lassen. Die lateinische Inschrift lautet: „Hier ruht Friedrich Wilhelm, Fürst von Hessenstein / geb. 27.2. 1735 gest. 27.7.1808 / Seiner Durchlaucht dem Fürsten von Hessenstein / dem Sohne Friedrichs I., Königs zu Schweden / und Landgrafen von Hessen zur Ehre". Sie erinnert bis heute an die kurze Herrschaft eines Fürsten von Hessenstein, dessen Nachfolge nach den Vorschriften eines kurz vor dem Todesfall errichteten Fideikommisses zugunsten „der Hochfürstlichen Hauptlinie zu Hessen-Kassel unter Ausschluss des jeweiligen regierenden Chefs" geregelt war.

Als Carl von Hessen (1744-1836), der jüngere Bruder des damals gerade von Napoleon aus seinem Lande verjagten Kasseler Kurfürsten, 1808 als 64jähriger das Hessenstein'sche Erbe antrat, befand er sich auf dem Höhepunkt seiner Macht und Pracht. Wegen des Übertritts seines Vaters zum katholischen Glauben schon seit 1756 vorwiegend am dänischen Königshof erzogen – die Königin war die Schwester seiner

Abb. 210. Landgraf Carl von Hessen als dänischer General (Gemälde von Jens Juel, um 1780/90)

Mutter –, hatte er dort in der 1766 geschlossenen Ehe mit seiner Cousine Prinzessin Louise auch sein persönliches Glück gefunden. Nach einer militärischen Karriere, die ihn noch im Jahr seiner Hochzeit zum Vizekönig und Statthalter von Norwegen und zum Präses im Hohen Kriegsrat gemacht hatte, konnte er die Wirren der Struensee-Zeit unbeschadet überstehen. Fern von Kopenhagen hielt er sich als Schwiegersohn, dann auch Schwager, Onkel und schließlich Schwiegervater von drei dänischen Königen von späteren Intrigen des Hofes fern. In seiner fast schon legendären 69jährigen Amtszeit als Statthalter der Herzogtümer Schleswig und Holstein hat er es verstanden, den Einfluss auf eine standesorientierte Politik für „seine Herzogtümer" zu bewahren, das Kulturleben Schleswigs zu prägen und persönlich ein bemerkenswert „fürstliches" Leben zu gestalten. Es würde hier zu weit führen, die Stationen seines langen Lebens und Wirkens im Einzelnen nachzuzeichnen, wie dies in der 1996 mit Unterstützung der landgräflich-hessischen Familie und anderer Leihgeber vom Landesarchiv Schleswig-Holstein gestalteten Ausstellung und dem dazu erschienenen Katalog geschehen ist.

bb. 211. Schloss Panker mit dem Triumphbogen zur Goldenen Hochzeit des Landgrafen Carl von Hessen 1816 (Gemälde von J. M. Wagner)

Für Panker sei hervorgehoben, dass Landgraf Carl und seine Frau Louise hier am 30. August 1816 im Kreise der Familie ihre Goldene Hochzeit feierten. Zwei Gouachen seines Theatermalers J. M. Wagner zeigen Ansichten Pankers aus dieser Zeit; eine davon mit der Ehrenpforte für das hohe Paar. Die Feierlichkeiten zum 60. Hochzeitstag wurden dann am Ort seiner dienstlichen Statthalterfunktion, auf Schloss Gottorf, in der Stadt Schleswig und im Herrenhaus Louisenlund an der Schlei gefeiert. Louisenlund, das die Königstochter in die Ehe eingebracht hatte, war in Gebäuden, Park und freimaurerischen Baulichkeiten nach dem Geschmack des Ehepaares gestaltet worden und bildete den Mittelpunkt ihres privaten Lebens, soweit das Protokoll es zuließ.

Panker wurde jedoch der bervorzugte Sitz ihres Sohnes Friedrich, der 1771 auf Schloss Gottorf geboren war. Er trat schon früh in die militärischen Fußstapfen seines Vaters, wurde 1808 mit dem Regierungsantritt König Friedrichs VI. von Dänemark, der mit seiner Schwester Marie verheiratet war, Gouverneur von Kopenhagen und 1811 Vizestatthalter von Norwegen. 1813 erhielt er den Oberbefehl über die dänische Armee. Seinen besonderen Ruhm begründete in den napoleonischen Kriegen, die Dänemark bis zuletzt an der Seite Frankreichs sahen, sein Sieg bei Sehestedt. Von schwedisch-russisch-preußischen Truppen stark bedrängt, gelang es ihm als General-en-chef, seine französisch-dänisch-schleswig-holsteinischen Truppen in einem verlustreichen Gefecht über den Schleswig-Holsteinischen Kanal (Eiderkanal) zu führen und mit einem Durchbruch durch feindliche Linien den Weg in die sichere Festung Rendsburg zu erzwingen. Bis heute erinnert ein gitterumhegtes Obelisken-Denkmal, das der königliche Schwager errichten ließ, – jetzt hoch über dem Nord-Ostsee-Kanal gelegen – an diesen dänischen Triumph.

Abb, 212. Denkmal für den dänischen Sieg bei Sehestedt von 1813 (Modell)

Abb. 213. Der „Hessenstein“ (Lithographie von F. W. Saxesen, um 1860)

Ein ganz anderes Denkmal ist auf Landgraf Friedrich selbst zurückzuführen. Zum 100jährigen Jubiläum der Herrschaft Hessenstein ließ er 1841 auf der höchsten Erhebung im Gutsbezirk Panker, auf dem 127 Meter hohen Pielsberg, in neugotischer Manier aus roten Ziegeln einen achteckigen Aussichtsturm bauen und gab ihm den Namen „Hessenstein". Bereits im ausgehenden 18. Jahrhundert hatte der Kieler Professor Cay Lorenz Hirschfeld (1742-1792) in seiner europaweit anerkannten „Theorie der Gartenkunst" schwärmerisch auf die Naturschönheiten der ostholsteinischen Gutslandschaft hingewiesen: „den vortrefflichen Wuchs unserer Buchen und Eichen, ... das lebhafte Grün der Belaubung, ... und diese Wälder bald an den Ufern schöner Landseen, bald auf den hohen Gestaden des Meeres, ... die Abwechslung des Lichts und der Dunkelheit ... die Gesänge der Vögel, das Umherstreichen des Wildes". Dieses Schönheitsempfinden spiegelt sich auch in der vom Bauherrn sorgfältig ausgewählten Lage und Gestaltung des „Hessenstein", in den vielen Ansichten, die wir seit der Bauzeit als Lithographien, Zeichnungen, Gemälde und Fotos in reicher und romantischer Fülle kennen, und ebenso in einfühlsamen Beschreibungen, die versuchen, den überwältigenden Eindruck nach einer Besteigung der 111 Stufen des 17 Meter hohen Turmes einzufangen und wiederzugeben. Ein Gedicht bezeugt, dass auch Generalpostmeister Heinrich von Stephan diesen Platz liebte. Klassisch geworden ist die Schilderung des bereits als Chronist genannten Georg Schröder aus dem Jahr 1913:

Hier bietet sich nun ein wahrhaft überraschender Rundblick, der seinesgleichen vielleicht in ganz Deutschland nirgend hat. Meerwärts dehnt sich ein Horizont von den Hochbrücken des (Nord-Ostsee-)Kanals und dem Bülker Leuchtturm im Westen über Schwansens und Alsens Küste nach Äerö und Langeland im Norden, wo sich auf letztgenannter Insel an schönen Nachsommertagen das weiße Steilufer mit dem Leuchtturm von Fackebjerg besonders deutlich erhebt. Dann sieht man auch wohl etwas weiter östlich die Dörfer am Strande von Laaland. Es folgt das flache Fehmarn mit dem schlanken Petersdorfer Kirchturm und dann im Osten das vom bewaldeten Putloser „Weinberg" überragte Land Oldenburg und dort hinter dem schlanken schmalen Silberstreifen des lübschen Fahrwassers die Küste von Mecklenburg. Landeinwärts, mehr nach Süden zu, sind die Türme Lübecks und der Segeberger Kalkberg mit dem Fernglas, oft auch mit bloßem Auge zu erreichen. Schier zu unsern Füßen aber liegt die gute alte Stadt Lütjenburg, deren Häuser wie die Küchlein um die Glucke eng sich um den dicken braven Kirchturm scharen, und vor deren Teichtor auf dem Gudenberge sich der Bismarckturm erhebt. Nach Osten uns zurückwendend fesselt der „Große Binnensee" mit der schmalen „Lippe" unsern Blick, dann wieder weilt das Auge auf den Wäldern, Feldern und Dörfern im Norden; aber immer aufs Neue wird es angezogen vom weiten blauen Meer mit den weißschimmernden Segeln der Fischerböte und Küstenfahrer und den langgedehnten dunklen Rauchwolken der Post-

dampfer und Kriegsschiffe. Nach Nordwesten liegen hinter Neuhäuser und Schmoeler Gebiet die gesegneten, gartengleichen Gefilde der Propstei, aus denen zur schönen Maienzeit manch blühendes Rapsfeld goldig herüberleuchtet. Doch als schönstes Landschaftsbild erschien mir, zumal am frühen Vormittage, allemal der ausgebreitet klare Spiegel des Selenter Sees mit dem freundlichen Kirchdorfe Giekau und dem stattlichen Gutshofe Neuhaus im Vordergrunde, den Wäldern von Salzau zur Rechten und der hellschimmernden romantischen Blomenburg am jenseitigen südlichen Ufer.

Mit der romantischen Blomenburg ist auch gleich der große Konkurrenzbau angesprochen. Otto Graf Blome auf Salzau wollte es seinem Freund und Nachbarn gleichtun und einen Aussichtsturm errichten, der sich dann in exponierter Lage 1842 bis 1855 zu einer ganzen Burganlage mit Turm ausweitete. Bis heute dokumentiert er, zusammen mit dem Hessenstein, den Bau- und Gestaltungswillen des ostholsteinischen Adels, der allerdings stets familiär kosmopolitisch eingebunden, engagiert und informiert war.

Landgraf Friedrich von Hessen, der seinem Vater 1836 im Statthalteramt gefolgt war, legte dieses Amt 1842 nieder und lebte noch bis 1845 auf Panker, dessen Fideikommiss-Nutzung mit seinem Tod auf den Vetter Wilhelm (1787-1867) aus der von Landgraf Carls Bruder begründeten sogenannten Rumpenheimer Linie des Hauses Hessen-Kassel überging. Auch Landgraf Wilhelm war durch seine Heirat mit Charlotte (1789-1864), der Schwester König Christians VIII. (1786-1848), der dänischen Monarchie eng verbunden. Während der langjährige Gouverneur von Kopenhagen und seine Frau dort 1860 die Goldene Hochzeit feierten, fand in der kleinen Kapelle auf Panker eine Andacht zu Ehren des Jubelpaares statt. Ihre zweite Tochter Louise (1817-1898), schon seit 1842 mit dem Glücksburger Prinzen Christian (1818-1906) verheiratet, der 1863 als Christian IX. dänischer König wurde, sollte zur „Schwiegermutter“ mehrerer europäischer Königshäuser werden. So sah Panker in dieser Zeit viele skandinavische Gäste.

Diese Tradition brach auch nicht ab, als der nächste Besitzer, Landgraf Friedrich Wilhelm (1820-1884), der als General in dänischen Diensten stand und nach den Vorgaben des Londoner Protokolls zugunsten seines schon erwähnten Schwagers auf seine dänischen Thronfolgeansprüche verzichten musste, sich in zweiter Ehe 1853 mit Anna, der Tochter des Prinzen Karl von Preußen verheiratete. Wie der Vater seine Ressentiments gegenüber Preußen nach dem deutsch-dänischen Krieg 1864 abbauen musste, so gelang es auch ihm nach dem deutsch-österreichischen Krieg von 1866, der ihn seine Anwartschaft auf das von Preußen annektierte hessische Kurfürstentum kostete. Mehr Aufsehen als die Visiten der engeren Verwandtschaft, des Schwiegervaters oder des Schwagers Prinz Friedrich Karl von Preußen, erregte der Besuch König Wilhelms I. im September 1868, als Panker abends „im Scheine bengalischen Feuers und

Abb. 214. Landgraf Wilhelm von Hessen (Lith. von C. L. Allemand / L. Ahrendts)

Abb. 215. Innenansicht des Schlafzimmers der Landgräfin Anna (Aquarell von F. Huth 1938)

im Glanze unzähliger Lichter und Lampions" erstrahlte und – „um den neuen Landesherrn geschart" – die „Schleswig-Holsteinische Ritterschaft in den roten Galaröcken mit den goldenen Knöpfen das Schauspiel einer italienischen Nacht im Wagerlande" [Ostholstein] erlebte. Ungewöhnlich war zu diesem Zeitpunkt für schleswig-holsteinische Verhältnisse auch die Huldigung der Panker Bauern einen Tag darauf am 14. September, als der Hufner Klaus Wiese aus Bendtfeldt wohl folgende Ansprache hielt:

Allergnädigster König! Namens der hier versammelten Bewohner des Plöner Bezirks habe ich Ew. Königliche Majestät auf das freudigste und ehrfurchtvollste zu begrüßen. Wir fühlen uns Ew. Majestät zu unaussprechlichem Danke verpflichtet, indem sie mit starker Hand und großen Opfern die Bande lösten, die uns an eine unliebsame Regierung und ein fremdes Volk fesselten. Deutsche Tugend, deutsche Sitte und Holstentreue, das sind die Güter, die wir von unseren Vätern überkommen haben. Genehmigen Ew. Majestät die Versicherung, daß wir diese Treue auch Ihnen und Ihrem erhabenen Herrscherhause bewahren werden. Und so wollen wir der freudigen Hoffnung leben, daß auch unsere Provinz unter Ihrer starken Hand und weisen Regierung zu einem höheren Wohl erblühen werde. In dieser Hoffnung rufe ich aus voller Brust: Lange lebe Wilhelm, unser König und Vater! Er lebe hoch!

Dass die Hurra-Rufe und das Geleit der Gutsbevölkerung den König nach der Annexion der neuen Provinz Schleswig-Holstein freuten, steht außer Zweifel. Wie es bei der hessischen Gutsherrschaft ausgesehen haben mag, sei dahingestellt.

Nach dem 1873 vereinbarten Verzicht auf das kurhessische Erbe hat Preußen Landgraf Friedrich Wilhelm im Hessischen die Schlösser Fulda, Adolfseck und Philippsruhe bei Hanau überlassen. Der Schwerpunkt des Familienlebens verlagerte sich wieder stärker in die ehemaligen Stammlande. Aber Panker blieb weiterhin ein bevorzugter Sommersitz der Familie. Das galt auch für Landgraf Alexander Friedrich (1863-1945), der den Besitz und dann 1925 auch die Chefposition der Kasseler Linie an seinen jüngeren, auf Panker geborenen Bruder Friedrich Karl (1868-1940) weitergab. Die Nachbarschaft weiß zu berichten, dass die zahlreichen Gäste aus der fürstlichen Verwandtschaft, darunter viele gekrönte Häupter, vor allem aber die Vettern der sechs Söhne Friedrich Karls, zu denen auch die Griechen-Prinzen zählten, nicht nur die Musikliebe des blinden Landgrafen Alexander, sondern vor allem auch den Wildreichtum des hessensteinschen Jagdreviers genossen haben.

Abb. 216. Die „Hessenprinzen" vor Schloss Panker: auf dem Rücksitz des Wagens Landgraf Alexander und sein Neffe Friedrich Wilhelm (1893-1916), davor die Zwillingsbrüder Philipp und Wolfgang (Foto um 1908)

Abb. 217. Auffahrt zum Schloss (Foto um 1908)

Nach dem Ersten Weltkriegs brachten die Auflösung der Fideikommisse und eine einschneidende Bodenreform auch für Panker grundlegende Änderungen. Die Zeitpachtdörfer wurden freies Eigentum. Panker selbst wurde 1928 in die Kurhessische Hausstiftung überführt. Waren dies nur vermögensrechtliche Regelungen, die in der Bodenabgabe nach 1945 ihre Fortsetzung fanden, so brachten die Jahre nach dem zweiten Krieg auch schmerzliche Einschnitte in die gewachsene Bausubstanz des Herrenhauses, das zusammen mit den Nebengebäuden als Flüchtlingslager diente. In den kalten Wintern gingen fast die gesamten Einbaueinrichtungen mit Bibliotheksschränken, den Treppengeländern, Wandpanelen und Fußböden verloren; nur die Möbel und Bilder konnten vorher gesichert werden. Zusätzlich wurden 1957 auch die alten Wirtschaftsgebäude, Kuhhaus und Scheune, durch Brandstiftung zerstört.

Zwischen dem Herrenhaus und dem zweistöckigen Torhaus, das mit seinen flach übergiebelten Seitenrisaliten, einer zentralen rundbogigen Durchfahrt und 17 Achsen unter einem Walmdach die üblichen Dimensionen vergleichbarer Funktionsbauten weit überschreitet, liegt jetzt eine große freie Weidefläche. Auf ihr tummeln sich wertvolle Trakehner aus dem bekannten Schmoeler Zuchtgestüt der nunmehr Hessischen Hausstiftung. Das efeuumrankte, rote Backsteinhaus, das die bereits vorgestellte „Ole Liese“ mit ihrer gerühmten Küche und sieben geschmackvollen Gästezimmern beherbergt, zählt zu den schönsten Gasthäusern an der schleswig-holsteinischen Ostseeküste. Victor von Bülow, bekannter als „Loriot“, schrieb in das Gästebuch: „Hier möchte ich eigentlich nie wieder weg.“ In anderen alten Gebäuden wie der Schmiede, dem ehemals als Gärtnerei dienenden Haus am See, der Galerie im Torhaus und der Remise mit dem Weinverkauf des Johannisberger Weinguts „Prinz von Hessen“ ist aktives Leben in gewachsenem Ambiente erhalten geblieben oder neu eingezogen.

Im Mittelpunkt der historischen Anlage, zu der weiterhin Marstall, Wagenstall, Stift Hessenstein und ein in beherrschender Lage gegenüber der Einmündung der Straße in die Randallee gelegenes Wohnhaus zählen, steht aber weiterhin als unbestreitbares Zentrum das der Öffentlichkeit nicht zugängliche, weißverputzte Herrenhaus in einem weitläufigen Park. Er ist 1962 hausnah als im französischen Stil angelegter Barockgarten angelegt worden und lockt die Besucher durch seine gepflegte Gestaltung ebenso an, wie er sie gleichzeitig auf Distanz hält.

Abb. 218. „Fenster mit Aussicht“: Blick vom alten Pavillon im Park auf Schloss Panker (Aquarell von Heinrich von Hessen, 1994)

Für die Anfänge des reichgegliederten, zweigeschossigen Dreiflügelbaus mit rustizierten Kanten, Putzbändern und Walmdächern, gern auch als Schloss bezeichnet, lassen sich weder die Bauzeit, noch Bauherr und Architekten festmachen. Die über dem Portal angebrachte Inschrift „Altes ausgebessertes Haus / keines Tadels werth“ dürfte auf den Fürsten von Hessenstein zurückzuführen sein, der dem historischen Gebäude bei seinem Einzug trotz einer umfassenden Renovierung Respekt zollte. Auch wenn im Giebelfeld über dem Hauptportal aus Sandstein die Jahreszahl 1741 eingelassen ist, dürfte die Hofanlage in ihrem Hauptteil und Corps de logis bereits zu Anfang des 18. Jahrhunderts lange bestanden haben und um 1705 durch die beiden turmartigen Flügelbauten mit Zeltdach und Laternen von Detlev Rantzau oder seinem Sohn Hans erweitert worden sein.

Nachdem Landgraf Philipp (1896-1980) das Herrenhaus im Jahr 1954 wieder übernehmen konnte, machte er sich sofort an eine umfassende Renovierung und Innenausstattung des Gebäudes. Im Mittelbau wurde die über zwei Etagen reichende Halle mit einer große Treppenanlage mit gedrehten Balustraden und einer umlaufenden Galerie neu gestaltet. Im Vestibül wurden Deckenmalereien aus der Orangerie in Kassel eingebracht, welche Jahreszeiten-Allegorien, insbesondere Flora mit ihren Mädchen, darstellen. Die Balkendecke eines Nebentreppenhauses ist mit emblematischen Motiven aus der Erbauungszeit bemalt und ein Kabinett mit neugotischen Wandtäfelungen und Ahnenbildern ausgestaltet, von denen Porträts der schwedischen Könige Friedrich I., Adolf Friedrich und Gustav III. sowie der Königin Ulrike Eleonore, dazu das vorzügliche Porträt des Fürsten Hessenstein von Georg David Matthieu hervorzuheben sind. Im nördlichen Seitenflügel mit dem Speisesaal dominieren große klassizistische Kamine mit korinthischen Holzsäulen, während die meisten Räume durch Möbel im Louis-Seize-Stil oder durch Empire-Möbel aus dem 1950 an die Stadt

Abb. 219. Prinz Heinrich von Hessen/Enrico d'Assia (Foto von C. McGrath, 1992)

Hanau verkauften Schloss Philippsruhe geprägt werden. Darüber hinaus ist die historisierende Neuausmalung verschiedener Räume durch Prinz Heinrich von Hessen (1927-1999), den jüngeren Bruder des heutigen Schlossherrn Landgraf Moritz, hervorzuheben, dessen Phantasieprospekte des Golfs von Neapel und seiner Umgebung in kühlen blauen Farben den großen Gartensaal bestimmen.

Abb. 220. Blick aus dem „neapolitanischen" Gartensaal (Aquarell von Heinrich von Hessen, 1994)

Abb. 221. Schloss Panker mit dem 1962 angelegten „Französischen Garten" (Foto 2002)

In dieser Atmosphäre historischer Verwurzelung und moderner Aufgeschlossenheit, verbunden mit der Möglichkeit persönlicher und familiärer Gestaltung, bietet Panker als Herrenhaus und weiträumige Gutsanlage ein offenes Feld der Identifikation im Sinne adliger Tradition, moderner Gastronomie und des eingangs angesprochenen „sanften Tourismus". In ihren unterschiedlichen Intentionen sind die kunst-, kultur- und naturbewussten Interessenten aufgerufen, gemeinsam die Chance zur Bewahrung und zukunftsfähigen Ausgestaltung einer reichhaltigen Geschichtslandschaft zu nutzen und weiterhin zur lebendigen Entwicklung Pankers beizutragen.

Literaturhinweise

Wolf v. Both / Hans Vogel, Landgraf Wilhelm VIII von Hessen-Kassel. Marburg 1964 (S. 17ff).

Christian Degn, Panker um 1800. Ein Landschafts- und Sozialbild. In: Nordelbingen. Bd 26, 1958, S. 192-201.

Landgraf Carl von Hessen, 1744-1836. Statthalter in den Herzogtümern Schleswig und Holstein (Ausstellungskatalog). (=Veröffentlichungen des Schleswig-Holsteinischen Landesarchivs 47). Schleswig 1996.

Philipp Losch, La belle Colombe, die Mutter der älteren Grafen Hessenstein. In: Volk und Scholle, 6. Jg., 1928, S. 358-361. (Darin zitiert u.a.: Esther Jacobson, Hedwig Taube: En bok om en svensk kunglik matress. Stockholm 1919).

Wolfgang Prange, Christoph Rantzau auf Schmoel und die Leibeigenschaftsprozesse (=Quellen und Forschungen zur Geschichte Schleswig-Holsteins 49). Neumünster 1965.

Heinrich Röser, Die Reichsgrafen von Hessenstein. Die alte Burg hat ihren Namen an uneheliche Königskinder abgegeben. In: Hessenland (Marburg), 10. Jg./Folge 11 (1963).

Henning von Rumohr, Schlösser und Herrenhäuser in Ostholstein. Frankfurt 1973.

Georg Schröder, Panker und der Hessenstein. In Die Heimat 1913, S. 248-254; 282-285.

Traugott Schulze, Ostholsteinische Güter. Heft 2 Eutin 1960.

Axel Staehly, Die Herrschaft Hessenstein. In: Hessenland, 41. Jg., 1930, S. 169-172.

Gerd Stolz,: Panker. Von der Historie und dem Zauber einer Landschaft. Husum 1983.

Markus Miller

Schloss Fasanerie

50 Jahre Museum der Hessischen Hausstiftung

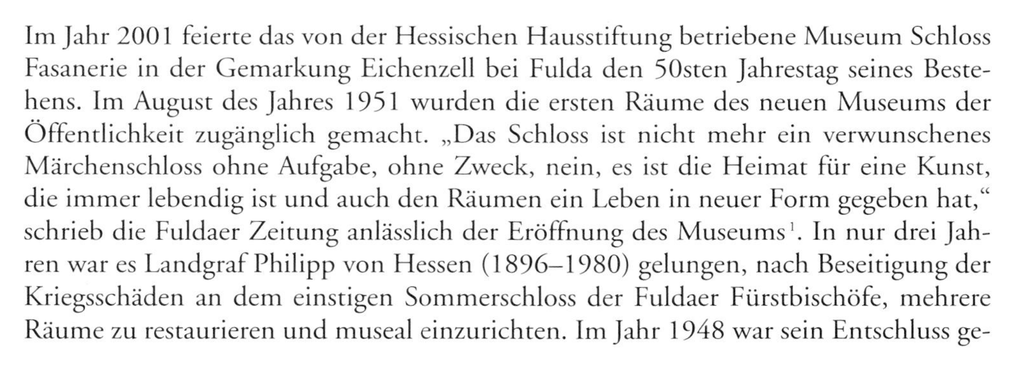

Im Jahr 2001 feierte das von der Hessischen Hausstiftung betriebene Museum Schloss Fasanerie in der Gemarkung Eichenzell bei Fulda den 50sten Jahrestag seines Bestehens. Im August des Jahres 1951 wurden die ersten Räume des neuen Museums der Öffentlichkeit zugänglich gemacht. „Das Schloss ist nicht mehr ein verwunschenes Märchenschloss ohne Aufgabe, ohne Zweck, nein, es ist die Heimat für eine Kunst, die immer lebendig ist und auch den Räumen ein Leben in neuer Form gegeben hat," schrieb die Fuldaer Zeitung anlässlich der Eröffnung des Museums[1]. In nur drei Jahren war es Landgraf Philipp von Hessen (1896–1980) gelungen, nach Beseitigung der Kriegsschäden an dem einstigen Sommerschloss der Fuldaer Fürstbischöfe, mehrere Räume zu restaurieren und museal einzurichten. Im Jahr 1948 war sein Entschluss ge-

Abb. 222. „Hochfürstlich Fuldaische Sommer-Residenz Fasanerie" um 1770 (Prospekt aus Kalender des Fuldaer Kapitels, Ausschnitt)

Abb. 223. Schloss Fasanerie, Gesamtansicht von Westen

1 Fuldaer Zeitung, Nr. 122, 28.8.1951, S. 6.

reift, hier die Konzeption eines Familienmuseums zu verwirklichen, die ihm bereits zwanzig Jahre zuvor vorschwebte, als er sich für die Errichtung eines „Landgrafenmuseums" in Kassel eingesetzt hatte.

In den 30er Jahren bot sich Prinz Philipp, dem kunstbegeisterten zukünftigen Chef des Hauses Hessen-Kassel, für kurze Zeit die Gelegenheit, die Geschichte zurückzudrehen. Als Oberpräsident der Provinz Hessen-Nassau hatte er genug Einfluss und die notwendigen Kontakte nach Berlin, um in Kassel, der ehemaligen kurhessischen Haupt- und Residenzstadt, die Idee eines sogenannten Landgrafenmuseum zu verwirklichen. Hier sollten die Sammlungen seiner Vorfahren wieder zusammengeführt werden, die nach 1866 im Gefolge der preußischen Annexion des Kurstaats auseinandergerissen worden waren. Zusammen mit dem Leiter der Staatlichen Kunstsammlungen in Kassel Prof. Kurt Luthmer verfolgte er das Ziel, „alle jene Sammlungs-Abteilungen zu vereinigen, die sich als geschlossener Bestand durch die Jahrhunderte hin erhalten haben und so auch rein als Gruppe in ihrem Nebeneinander ein Bild der Stil- und Geschmacksentwicklung der Jahrhunderte und der vielfachen geistigen Interessen, die an einem deutschen Fürstenhof geherrscht haben, vermitteln können"[2]. Man plante die museale Wiedervereinigung verschiedenartiger Sammlungsteile, die damals dezentral in verschiedenen Museen und Schlössern verwahrt wurden. Die Gliederung des projektierten Museums sollte sich an den unterschiedlichen Persönlichkeiten der kulturell aktiven Vorfahren orientieren; der Name des Museums war auch sein Programm.

Der Krieg vereitelte eine Idee, durch die es gelungen wäre, die in Folge der Entwicklung seit 1866 auf drei Institutionen aufgeteilten Kunstschätze der Kasseler Hauptlinie des hessischen Fürstenhauses wieder unter einem Dach zu versammeln. Die Staatlichen Kunstsammlungen in Kassel, die Schlösserverwaltung und die Kurhessische Hausstiftung hatten dem neuen Museum geeignete Objekte zur Verfügung gestellt. Doch bevor dieses Museum, das eine Reihung von Raumkunstwerken bieten sollte, seine endgültige Gestalt annehmen konnte, mussten die Kunstgegenstände wegen der drohenden Bombardierung Kassels evakuiert werden. Zu einem Teil wurden sie schon damals nach Adolphseck gebracht.

Nach dem Krieg war an die Verwirklichung der ursprünglichen Konzeption des Landgrafenmuseums nicht mehr zu denken. Landgraf Philipp und sein Zwillingsbruder Prinz Wolfgang mussten vor einem neuen Hintergrund über den Verbleib der familiären Kunstsammlung entscheiden. Schloss Rumpenheim bei Offenbach, der Stammsitz des Familienzweigs, in dem auch Prinz Philipp geboren war, hatte seit 1901 leergestanden. 1943 durch einen Bombenangriff fast völlig zerstört, war es Jahrzehnte lang Ruine und wird erst jetzt wieder ausgebaut. Schloss Philippsruhe im Hanauer

Abb. 224. Das „Landgrafenmuseum" in der Kasseler Gemäldegalerie (Foto von 1935)

2 Kurt Luthmer 1936, zit. nach Ekkehard SCHMIDBERGER, Die Sammlung der Abteilung Kunsthandwerk und Plastik. In: Kunst in Hessen und am Mittelrhein Nr. 28 (75 Jahre Hessisches Landesmuseum Kassel 1913 – 1988), 1988, S. 70.

Abb. 225. Landgraf Philipp von Hessen
(Foto von 1978)

Vorort Kesselstadt, in dem sich ein Großteil der Kunstsammlung befunden hatte, musste nach dem Bombenangriff auf Hanau und der anschließenden Beschlagnahme im Jahr 1944 geräumt werden. Die Kunstschätze auch aus diesem Schloss waren nach Adolphseck verbracht worden. Unmittelbar nach Kriegsende musste auch das übrige Mobiliar dorthin verlegt werden, da das Philippsruher Schloss zur Unterbringung ausgebombter Behörden beansprucht wurde.

Im Jahr 1948 wählte Landgraf Philipp, der seinem Vater 1940 als Chef der Familie und Vorstandsvorsitzender der Kurhessischen Hausstiftung gefolgt war, Schloss Fasanerie aus, um hier einen Teil seiner Vision von einem „Landgrafenmuseum" zu verwirklichen, auch wenn dies notwendig Stückwerk bleiben mußte, da die in Kassel für kurze Zeit zumindest räumlich zusammengeführten Sammlungen des Fürstenhauses in Staats- und Familienbesitz nun wieder getrennt waren.

Abb. 226. Südfassade von Schloss Fasanerie
(Foto 1951)

Der zu Beginn des 18. Jahrhundert zunächst von Fürstabt Adolph von Dalberg errichtete Landsitz „Adolphshof" vor den Toren Fuldas war unter dessen Nachfolger, dem ersten Fürstbischof Amand von Buseck, ab 1739 durch den Architekten Andreas Gallasini zu einer weitläufigen Sommerresidenz erweitert worden. Seit 1816 kurhessisch, war Schloss Fasanerie 1873 im Rahmen des Verzichts- und Abfindungsvertrags mit der Krone Preußen an die landgräfliche Linie des Hauses Hessen gefallen, die es seit 1877 nach dem ursprünglichen Erbauer „Adolphseck" nannte. Seit 1918, dem Todesjahr der früh verwitweten Landgräfin Anna, war es von der Familie nicht mehr als Wohnung genutzt worden. Aufgrund der hier vergleichsweise geringen Kriegsschäden bot es den idealen Standort zur Einrichtung eines Familienmuseums, in dem die wertvollen Kunstwerke der Hessischen Hausstiftung im Interesse der Allgemeinheit bewahrt, gepflegt und ergänzt werden sollten. Man gab dem Schloss wieder seinen ursprünglichen Namen „Fasanerie" und konnte 1948 mit der Beseitigung der Beschädigungen beginnen[3].

Um das Schloss herum waren schwere Luftminen detoniert, welche die Dächer abgedeckt und die Fensterscheiben zerstört hatten. Eindringende Feuchtigkeit hatte Schwammschäden verursacht, deren Bekämpfung bis in die späten fünfziger Jahre über 300.000 DM kostete. Bei der Beseitigung der Schäden und dem Sichern der Außenmauern über dem Saaltrakt des Schlosses sowie der Balkendecken und Mauerkronen wurde besonderes Augenmerk auf die Erhaltung der wertvollen Stuckdecken des 18. Jahrhunderts im Nordflügel des Gebäudes gelegt. Besondere Sorgfalt galt auch der Wiederherstellung der gemalten Decken des 19. Jahrhunderts im Südflügel. Gleichlaufend beschäftigte sich Landgraf Philipp bereits mit der Ausstattung und Einrichtung der wiedergewonnenen Räume.

Abb. 227. Sogen. „Kaisertreppe" im Schloss Fasanerie

„Die Schätze des Kasseler Landgrafen-Museums haben wieder eine Heimat gefunden" titelte die 'Kasseler Post' im Jahr 1951 anlässlich der Eröffnung der ersten Räume der landgräflichen Kunstsammlung im Fasanerie-Schloss der Fuldaer Fürstbischöfe, das damit zum Museum geworden war[4]. Zunächst hatte man Räumlichkeiten in dem am wenigsten beschädigten Nordflügel eingerichtet, Räume, in denen noch zahlreiche Rokoko-Stuckdecken aus der Erbauungszeit des Schlosses erhalten sind. Im westlichen, sogenannten Prinzenflügel entstanden ein Gobelin- und ein sogenanntes Landgrafenzimmer, dessen Name zugleich Programm ist. Präsentiert wird die Zeit der achtziger und neunziger Jahre des 18. Jahrhunderts, geprägt und im Museum Schloss Fasanerie verkörpert durch die Persönlichkeit des hessischen Landgrafen Wilhelm IX. (1743–1823), des späteren ersten Kurfürsten Wilhelm I. Zahlreiche Porträts aus dem Kreis seiner Familienmitglieder, gemalt vornehmlich von dem Kasseler Hofmaler Wilhelm Böttner, hängen auf einer handbedruckten Kattuntapete der Zeit aus Frankreich. Ins Auge fällt ein großformatiges Gruppenbild der Familie mit der Jahreszahl 1787. Im selben Raum finden sich auch die Porträts des preußischen Königspaares Luise und Friedrich Wilhelm III.; des letzteren Schwester Auguste wurde 1797 mit dem Erbprinzen Wilhelm von Hessen-Kassel, dem späteren Kurfürsten Wilhelm II. verheiratet. Das seit der Eröffnung nicht veränderte Landgrafenzimmer öffnet sich in das so-

3 Heinrich von Hessen, Der kristallene Lüster – Meine deutsch-italienische Jugend 1927 bis 1947, München 1994, S. 309.
4 Kasseler Post, 3./4.11.1951, S. 3.

Abb. 228/229. Sogen. „Landgrafenzimmer"; rechts das im Bild erkennbare Ölbild der Familie Landgraf Wilhelms IX. von W. Böttner (1787)

genannte „Scherenschnittkabinett", das mit exquisitem Mobiliar aus Wilhelmsbad ausgestattet ist. Mit diesen Stücken hatte Erbprinz Wilhelm um 1780, zur Regierungszeit seines Vaters, die „Burg" im Park der Kuranlage Wilhelmsbad bei Hanau einrichten lassen – einen scheinbar verfallenen Turm, auf das eleganteste ausgestattet mit klassizistischen Möbeln im Louis-Seize-Stil. Während die Porträts und Möbel dieses Raums aus Schloss Rumpenheim nach Fasanerie kamen, stammen die dänischen Tapisserien des angrenzenden „Gobelinzimmers" aus Schloss Panker in Holstein. Nicht nur hier mischte Landgraf Philipp ganz bewusst Objekte aus den verschiedenen Schlössern seiner Familie zu neuen, in sich stimmigen Einheiten, um so eine bestimmte Epoche besser darzustellen oder ein historisch korrektes und ästhetisch ansprechendes Ensemble zu schaffen.

Bereits im Jahr 1951 hatte auch die Antikensammlung des Landgrafen Philipp ihren Platz in dem neuen Familienmuseum gefunden. Diesen Bestand, der als die bedeutendste Privatsammlung antiker Kunst in Deutschland bezeichnet wird, hatte Landgraf Philipp selbst – in Anknüpfung an die Antikenbegeisterung des Barock-Landgrafen Friedrich II. – seit den 20er Jahren seiner Jugend zusammengetragen. Die Eingangshalle von Schloss Fasanerie bot, nach Wegnahme der dort aufgehängten Jagdtrophäen, einen neutralen und doch feierlichen, gut beleuchteten Raum für die Sammlung römischer Porträtbüsten. Weitere Stücke seiner Sammlung plazierte Land-

Abb. 230/231. Der Antikensaal des Schlosses (Foto von 1952); unten: Kelchkrater des Kekropsmalers (um 400 v.Chr.)

graf Philipp im sogenannten „Antikensaal" des ersten Obergeschosses, der mit seiner klassizistischen Raumschale ebenfalls einen hervorragenden Rahmen für diese Präsentation bot. Kurfürst Wilhelm II. hatte das mit dem vormaligen Fürstbistum 1816 an Kurhessen gefallene Schloss in der Zeit um 1825 von seinem Hofbaudirektor Johann Conrad Bromeis umbauen und im Stil des frühen 19. Jahrhunderts ausstatten lassen. Unter der illusionistisch gemalten Kassettendecke fanden nun die Sammlung griechischer Vasen des 5. und 6. Jahrhunderts v. Chr. sowie Terrakotten und Bronzeobjekte ihre Aufstellung.

Im Südflügel gehörte zunächst nur der jetzige „Audienzsaal" zu den öffentlich zugänglichen Räumen. Der Museumsgründer hatte ihn als Galeriesaal für die wertvollsten Gemälde des Sammlung eingerichtet. Anerkennung verdiente sich der Hausherr auch durch die Ausstattung eines Cafés im Erdgeschoss des Südflügels, das er mit Kunstwerken bereichert hatte, die bis dahin in den musealen Räumen noch keinen Platz gefunden hatten: „Umgeben von Gemälden, Porzellanvitrinen und antiken Vasen sitzt man in den Fensternischen am Innenhof oder in dem behaglichen Falkenzimmer"[5]. Hier waren unter anderem die Porträts der Jagdfalken Landgrafs Friedrich II. eingezogen, die wie so vieles nur für kurze Zeit zum Bestand des Kasseler Landgrafenmuseums gehört hatten.

5 Ebd.

Fuldaer Geschichtsblätter. Zeitschrift des Ful-
aer Geschichtsvereins, 42 Jg. Nr. 6, S. 176.

Die Öffnung der ersten Räume 1951 war nur der erste Schritt auf dem Weg zur Schaffung des Familienmuseums. Auch als am 9. Oktober 1959 die „Eröffnung des fertiggestellten Gesamtmuseums" in Gegenwart des hessischen Ministerpräsidenten Georg August Zinn, des Fuldaer Oberbürgermeisters Dr. Alfred Dregger sowie zahlreicher weiterer Ehrengäste begangen wurde[6], war das Museum tatsächlich noch nicht vollendet. Hinzugekommen waren jedoch weitere Räume im Südflügel, darunter der sogenannte „Reihersaal", den man im südwestlichen Pavillon des Schlosses für die Anbringung von sechs großformatigen Gemälden Johann Heinrich Tischbeins, die eine Reiherjagd unter Landgraf Friedrich II. darstellen, hergestellt hatte. Ursprünglich aus dem landgräflichen Jagdschloss Wabern stammend, wurde dieser Gemäldezyklus nach 1875 in Schloss Philippsruhe eingebaut, um dann in den 30er Jahren des 20. Jahrhunderts ebenfalls in das Kasseler Landgrafenmuseum überführt zu werden. Für die Präsentation in Schloss Fasanerie waren auch in diesem Gebäudeteil umfangreiche Schwammbekämpfungen sowie die Auswechslung von Balkenlagen und Mauerkronen erforderlich. Außerdem bedurfte es für die Herausnahme von Wänden im einstigen kurfürstlichen Appartement zusätzlicher statischer Konstruktionen im Dachstuhl.

bb. 232. Sogen. „Reihersaal" mit den Reiherjagd-Bildern Joh. Heinrich Tischbeins d. Ä. aus dem Jagdschloss Wabern

bb. 233. „Philippsruher Zimmer" mit Porträt der Landgräfin Anna geb. Prinzessin von Preußen von F. X. Winterhalter

Neu eröffnet wurden 1959 auch weitere Museumsräume im östlichen Südflügel des Museums. Hier entstand unter anderem ein neues „Philippsruher Zimmer“, das mit Stücken aus diesem Schloss möbliert wurde; einen Vorgänger dazu hatte es bereits im Nordflügel gegeben. Sammlungsgeschichtlich ist hier die Zeit der Landgräfin Anna (1836–1918) präsent, der Großmutter Landgraf Philipps, die selbst Bewohnerin von Philippsruhe und Adolphseck gewesen war. Auch einer anderen großen Persönlichkeit und Bewohnerin von Schloss Fasanerie wurde nun im Südflügel des Schlosses Ehre erwiesen. In zwei Zimmern sind Porträts und eigenhändige Gemälde von Kurfürstin Auguste geborene Prinzessin von Preußen (1780–1841), der Frau des zweiten Kurfürsten, ausgestellt. In den 50er Jahren waren überdies verschiedene Objekte aus Schloss Friedrichshof in Kronberg nach Fasanerie gekommen, da die Hessische Hausstiftung Friedrichshof seit 1954 als Hotel einer neuen Nutzung zugeführt hatte, wodurch manches Kunstwerk dort entbehrlich wurde.

Abb. 234. Kurprinzessin Auguste von Hessen geb. Prinzessin von Preußen (Ölgemälde von J. F. Bury, 1808/09)

Im Gegensatz zur ursprünglichen Konzeption des Landgrafenmuseums in Kassel verfolgte Landgraf Philipp in Schloss Fasanerie jedoch nicht mehr die Idee, den Verlauf der Kunst- und Kulturgeschichte anhand hessischer Herrscherpersönlichkeiten und ihrer Sammlungen zu gliedern. Vorrangiges Ziel war jetzt die Präsentation der sich wandelnden fürstlichen Wohnkultur des 18. und 19. Jahrhunderts mittels Objekten der eigenen Sammlung. Der Ansatz ist freier, weniger personenbezogen und dem Grundsatz verpflichtet, jeden Raum als gleichsam belebt, so stimmig wie möglich zu zeigen. Entstanden ist dabei im Südflügel des Schlosses eine Raumfolge, die in einer Art belebter *period rooms* die Geschichte der Wohnkultur vorführt, vom Empire des frühen bis hin zum Historismus des ausgehenden 19. Jahrhunderts. Bereichert werden sie durch Gemälde so bekannter Maler wie Tischbein, Johann Martin von Rohden, Johann Friedrich Bury und Franz Xaver Winterhalter.

Einen Abschluss fand die Disposition der Museumsräume mit der Einrichtung des sogenannten „Gartensaals“ in einem in den Jahren 1965-1967 an der Nordfassade des Schlosses neu errichteten Anbau. Damit war ein weiterer Saal für die immer noch wachsende Antikensammlung Landgraf Philipps entstanden, dessen Gestaltung als Oktogon – auf einen Entwurf des Landgrafen zurückgehend – so gut gelungen ist, dass der Museumsbesucher sich selten bewusst wird, dass er einen Raum der 1960er Jahre betritt, wenn er durch die ebenfalls neu entstandene „Gouverneurshalle“ in den Gartensaal kommt.

Bis zum Tod von Landgraf Philipp im Jahr 1980 behielt Schloss Fasanerie im ganzen den Charakter einer fürstlichen Privatsammlung im Sinne der vergangenen Jahrhunderte. Man machte nur wenig Werbung für das Museum und beschränkte sich weitgehend auf die Führung angemeldeter Gäste. Wichtige Besucher führte der Land-

bb. 235. „Period Room“: Sogen. Schlafzimmer Kurfürst Wilhelms II. mit Kasseler Empire-Möbeln (um 1810)

bb. 236. Landgraf Friedrich II. von Hessen-Kassel (neu erworbenes Porträt von Pompeo Batoni, um 1777)

graf selbst; der Schlossverwalter, der ebenfalls führte, wurde von wenigen Schlossführern und einigen Fuldaer Gymnasiasten unterstützt, die an den Wochenenden aushalfen. Eine Beschriftung der Objekte gab es nicht, um die Wirkung der Raumensembles nicht durch Schrifttafeln zu beeinträchtigen. Sicherheitsvorkehrungen waren aufgrund der Besucherstruktur zunächst nicht erforderlich. Erst als in den 70er Jahren ein Einbruch verübt wurde, stattete man das Museum mit einer Alarmanlage aus.

Seit 1980 lenkt Landgraf Moritz von Hessen die Geschicke von Schloss Fasanerie. Er respektiert das Werk seines Vaters und ist sich bewusst, dass dessen Museumskonzept nur sehr behutsame Eingriffe duldet. Trotzdem ist die Präsentation nicht absolut statisch. Die Kunstsammlung wird weiter gepflegt und immer wieder um Einzelstücke erweitert. Wenn interessante Objekte auf dem Kunstmarkt auftauchen, die wichtige Ergänzungen der bestehenden Sammlung sein können, oder wenn die eine oder andere Lücke geschlossen werden kann, veranlasst Landgraf Moritz den Ankauf durch die Hessische Hausstiftung. So konnte noch im Jahr 2001 ein bedeutendes Porträt von Landgraf Friedrich II. von Hessen-Kassel (1720–1785) erworben werden, das dem Maler Pompeo Batoni zugeschrieben werden kann.

Im Jahr 1984 übertrug Landgraf Moritz die Museumsleitung dem Kunsthistoriker Dr. Meinolf Siemer, der sich während dreizehn Jahren um die Erhaltung, Erforschung und Publikation der Kunstsammlung verdient machte. Unter seiner Ägide nahm man die Erhaltung des historischen Schlossparks und seiner Bauten in Angriff, und im Jahr 1987 begann man mit der Sanierung und Restaurierung des ehemaligen fürstbischöflichen Badehauses, das seit 1991 als Pavillon für Sonderausstellungen genutzt wird. Insgesamt sieben große, von wissenschaftlichen Katalogen begleitete Ausstellungen, in denen jeweils ausschließlich Kunstobjekte aus der eigenen Sammlung der Hessischen Hausstiftung vorgestellt wurden, konnten bis 2001 in diesen Räumlichkeiten veranstaltet werden. Dazu zählte 1997/98 „Die Mitgift einer Zarentochter", eine Ausstellung der Aussteuer von Großfürstin Alexandra Nikolajewna, die im Jahr 1844 Prinz Friedrich Wilhelm von Hessen-Kassel geheiratet hatte. Zunächst in Berlin, dann im Museum Schloss Fasanerie wurde dieser in der Sammlung der Hessischen Hausstiftung fast komplett erhaltene russische Brautschatz des 19. Jahrhunderts gezeigt, ein Ereignis, das allein in Schloss Fasanerie 30.000 Besucher anzog.

Das Museum Schloss Fasanerie ist das Werk Landgraf Philipps von Hessen, der hier, unterstützt von seinem Bruder Wolfgang, seine Vorstellung von einem Familienmuseum umsetzen konnte. Prinz Wolfgang, langjähriger Vorstand und Lenker der Hessischen Hausstiftung, beschrieb Schloss Fasanerie in seinen Lebenserinnerungen so: „Es gibt in dem Museum, wie es jetzt der Öffentlichkeit zugänglich ist, keinen Gegenstand, kein Möbel, keinen Gobelin, kein Bild, dessen Platz Philipp nicht persönlich ausgesucht und festgesetzt hat, bis endlich alles so war, wie er es für richtig hielt, und wie es sich heute dem Besucher darbietet. Was er geschaffen hat ist einmalig."[7] Damit bildet das Museum Schloss Fasanerie in seinen Schauräumen heute, neben der Bezugnahme auf die hessischen Landesoberhäupter der vergangenen Jahrhunderte, eine übergreifende Referenz auf den Museumsgründer Landgraf Philipp. Als Schöpfung dieses genialen Gestalters bildet die Präsentation ein harmonisches und sehr stimmiges Ensemble. Sie ist damit zweifellos ein bereits historisches Dokument individueller Museumsgestaltung in der Mitte des 20. Jahrhunderts.

Abb. 237. Ausstellung „Die Mitgift einer Zarentochter": Großes Tafelsservice „mit blauem Fond" (Kaiserliche Porzellanmanufaktur St. Petersburg 1843)

7 Wolfgang Prinz von Hessen: Aufzeichnunge[n] hrsg. von Rainer von Hessen, Kronberg i.Ts. 198[6] S. 243f.

Literaturhinweise
Hans Retzlaff, Fasanerie. Barockschloss und Museum bei Fulda, Marburg 1959
Erich Herzog, Meisterwerke im Schloss Fasanerie, Fulda 1979
Eberhard Frhr. Schenk zu Schweinsberg, Schloss Fasanerie und seine Sammlungen, Frankfurt [2]198
Ders., Schloss Fasanerie bei Fulda (= Kunstführer Schnell & Steiner), München [3]1987
Meinolf Siemer / Kornelia Wagner, Museum Schloss Fasanerie bei Fulda (= Museum), Braunschweig 1988
Die Mitgift einer Zarentochter. Meisterwerke russischer Kunst des Historismus aus dem Besitz de[r] Hessischen Hausstiftung, Museum Schloss Fasanerie, 1997
Im Schatten der Krone. Victoria Kaiserin Friedrich 1840-1901. Ein Leben mit der Kunst. Katalog zur Sonderausstellung, Museum Schloss Fasanerie 2001

Christine Klössel

Aus Bibliothek und Archiv der Hessischen Hausstiftung auf Schloss Fasanerie

Abb. 238. Exlibris des Landgrafen Friedrich von Hessen (1747-1837)

Die Darstellung eines Archivs kann auf dem Weg einer Bestandsübersicht erfolgen, deren Aufgabe es ist, die Archivtektonik abzubilden. Der vorliegende Beitrag will jedoch nach einer kurzen Einführung über Entstehung und Aufbau von Archiv und Bibliothek sich einem Bestand nähern, der im Gedenkjahr von Victoria Kaiserin Friedrich (1840-1901) verstärkt Gegenstand der Forschung wurde. Nach ihrem Tod vermachte die Gattin des 99 Tage-Kaisers ihren Witwensitz Schloss Friedrichshof „in seinem vollen Bestande"[1] und mit ihren sämtlichen Privatpapieren ihrer Tochter Landgräfin Margarethe und ihrem Schwiegersohn Landgraf Friedrich Karl von Hessen, den Großeltern des jetzigen Chefs des Gesamthauses Landgraf Moritz von Hessen.

Als sein Vater, Landgraf Philipp von Hessen (1896-1980), nach dem Zweiten Weltkrieg damit begann, Schloss Fasanerie bei Fulda als Museum einzurichten, wurden auch die schriftlichen Nachlässe der Familie sowie Verwaltungsakten der landgräflichen Hofhaltung und der Kurhessischen Hausstiftung an diesem Standort zusammengetragen. Es war das Konzept des Hausherrn und seines Zwillingsbruders Prinz Wolfgang von Hessen, Schloss Fasanerie als Sammelpunkt sämtlichen kulturellen Erbes des landgräflichen Hauses zu gestalten und der Öffentlichkeit zugänglich zu machen. Zusätzlich zu den schriftlichen Nachlässen und unterschiedlichen Aktenbeständen wurden auch die verschiedenen Bibliotheken aus dem Familienbesitz hier vereint. Der in viele Bücher eingetragene Eigentumsvermerk, ob handschriftlich oder in gedruckter Form des Exlibris, gibt wichtige Informationen über die ursprüngliche Aufstellung und das Leseinteresse in den jeweiligen Jahrhunderten. Allein die Bibliothek der Landgräfin Marie (1723-1782) wurde 1957 in den Museumsrundgang integriert, als weiteres Beispiel von höfischer Wohnkultur.

Für die Ordnung und Verzeichnung von Archiv und Bibliothek trat 1953 Dr. Robert Pessenlehner in die Dienste der damals noch Kurhessischen Hausstiftung ein.[2] Dereinst musikalischer Begleiter des Landgrafen Alexander Friedrich von Hessen (1863 – 1945) war er mit der Geschichte des Hauses bereits vertraut ebenso wie Frau Nicolette Luthmer, die seit 1968 vorrangig in der Bibliothek und nach dem Ausscheiden Pessenlehners hauptamtlich im Familienarchiv arbeitete. Die Systematisierung und Katalogisierung der unterschiedlichen Bibliotheksbestände übernahm 1971

[1] AHH (= Archiv der Hess. Hausstiftung), Archiv KF, Nr. 183, fol 5.
[2] Seit dem 1.1.1988 Hessische Hausstiftung.

Dr. Kern und ab 1973 Dr. Joachim Kramer, der nach 15 jähriger Tätigkeit Schloss Fasanerie wieder verließ. Damit übernahm Frau Luthmer bis zu ihrem Ruhestand 1995 auch wieder die Verantwortlichkeit für diesen Bereich. Archiv und Bibliothek sind im Südflügel des Schlosses untergebracht. Sie sind private Einrichtungen des Hauses, stehen aber auf Anfrage und nach Genehmigung des Vorstandes der Hausstiftung für wissenschaftliche Arbeiten zur Verfügung.

Das älteste auf Schloss Fasanerie vorhandene Schriftgut datiert aus dem 18. Jahrhundert und wird bis zur Gegenwart durch Verwaltungsschriftgut der Hessischen Hausstiftung ergänzt.[3] Überdies verwahrt das Familienarchiv von seiner Bestimmung her schwerpunktmäßig personenbezogene Archivalien. Dazu gehören Korrespondenzen, Personalpapiere, Tagebücher, Manuskripte und Fotografien des hessischen Fürstenhauses. Gerade die Korrespondenzen sind wichtige Quellen für die Familiengeschichte. Sie geben, gefiltert durch die Person des Schreibers, Auskunft über die historische Zeit ihrer Entstehung, die Lebens- und Alltagsgeschichte, den sozialen und gesellschaftlichen Kontext und nicht zuletzt ein unvermitteltes Bild der Persönlichkeit des Schreibers selbst. So trägt der Brief nicht nur seinen Informationswert im Augenblick der Entstehung und für den Adressaten bestimmt, sondern bleibt überdies ein sehr empfindliches kulturgeschichtliches Zeugnis.

Abb. 239/240. Exlibris von Victoria Kaiserin Friedrich als britische Princess Royal und als Kaiserin

Der Briefnachlass der Kaiserin Friedrich

Einen großen Bestand innerhalb des Familienarchivs bildet der Briefnachlass Kaiserin Friedrichs, der ältesten Tochter der Königin Victoria von England und des Prinzgemahls Albert Herzog von Sachsen-Coburg und Gotha. Trotz zweier Weltkriege, verschiedener Um- und Auslagerungen und des Brandes von Schloss Friedrichshof im Jahr 1967 gibt die noch vorhandene Vielzahl der Briefe einen Eindruck davon, wie groß das Volumen einst war. Kaiserin Friedrich selbst schrieb im Mai 1893 an Frau von Stockmar[4]: „Meine Korrespondenz ist, seitdem ich täglich an zwei Töchter, 2 Mal die Woche nach Griechenland u. an meine Mutter nach England, einmal an meinen Bruder zu schreiben habe – neben all den anderen Briefen so zeitraubend geworden, daß Sie gewiß die Erste sein werden zu entschuldigen, daß ich so lange nicht schrieb."[5]

Victoria führte zeitlebens eine enorm umfangreiche Korrespondenz. Seit ihrer Heirat mit dem preußischen Kronprinzen Friedrich Wilhelm und späteren Kaiser Friedrich III. im Jahr 1858 tauschte sie regelmäßig Briefe mit ihren Eltern aus. Von ihrer neuen Heimat aus berichtete sie nach England auch von den Alltäglichkeiten und ließ sich von den Antwortbriefen über ihr Heimweh hinweghelfen. Der Briefaustausch mit

3 Urkunden, Protokolle und Karten befinden sich als Depositum im Staatsarchiv Marburg „Depot 300 Hessen-Rumpenheim, Landgräfliches Archiv zu Philippsruhe."

4 Zu der Witwe ihres diplomatischen Beraters Freiherr Ernst von Stockmar (1823-1886), behielt sie auch nach seinem Tod ein offenes, vertrauensvolles Verhältnis.

5 AHH, 7/14-2, Friedrichshof 17.5.1893

Abb. 241. Sammlung von Briefmonogrammen aus dem Nachlass der Kaiserin Friedrich

Abb. 242. Briefe der Kaiserin Friedrich an ihre Cousine Landgräfin Anna von Hessen geb. Prinzessin von Preussen

ihrer Mutter riss über die Jahre nie ab, sondern begleitete sie bis zu ihrer beider Tod im Jahr 1901. Die Briefe Queen Victorias an ihre Tochter sind jahrgangsweise in 62 Bänden zusammengefasst.

Ein ebenso wichtiger Briefpartner war für Victoria ihr Mann Kronprinz Friedrich Wilhelm von Preußen. Neben Inspektionsreisen und Manövern waren es vor allem die Kriegszeiten, in denen das Ehepaar getrennt war. Mittels des Briefeschreibens blieb es aber in intensivem Kontakt miteinander. „Deine Briefe sind mir ein Heiligtum, die kein Mensch je zu sehen bekommt – die tags in meiner Tasche u. nachts unter meinem Kopfkissen bewahrt werden.“[6] Auch zehn Jahre später überbrückten täglich wechselnde Briefe das Getrenntsein. „Dies sind meine letzten Zeilen; die nächsten Gedanken, die wir aussprechen, werden hoffentlich nicht mehr mit der Feder sondern mit der Stimme sein,“ schrieb Victoria 1876 ihrem Mann nach Baden.[7]

Den Tranport der Briefe besorgten Kuriere oder Feldjäger. Nach 1866 hatte man das Thurn-und-Taxis'sche Postmonopol aufgehoben. Frankfurt am Main war nun-

6 AHH, Brief an KF III., Neues Palais 10.6.1866

7 AHH, Brief an KF III., Neues Palais 2.10.1876

mehr Sitz einer preußischen Postdirektion. Unter Generalpostdirektor Heinrich von Stephan wurde ein einheitliches Postsystem aufgebaut. Post-Eisenbahntransporte ermöglichten einen zügigen Transfer der Briefsendungen. Feldpoststationen und Reiter, die der Armee folgten, gestatteten auch dem einfachen Soldaten, mit der Feldpost-Korrespondenzkarte Kontakt mit der Familie zu halten.

Trotz dieser logistischen Leistung ließen sich Unregelmäßigkeiten bei der Zustellung nicht vermeiden. Auch war sich das Kronprinzenpaar der Gefahr einer Indiskretion durchaus bewusst. So schrieb Victoria 1870 an Friedrich Wilhelm in das Hauptquartier: „Bitte beruhige mich doch darüber, daß keiner von meinen Briefen verloren gegangen ist, – ich ängstige mich sehr deswegen, wie damals 1866 – die Feldpost ist wohl gar nicht recht sicher.“[8] „Die Entfernung u. Unregelmäßigkeit der Post erschwert den Briefverkehr unendlich.“[9] „Wie fatal, daß Deine Briefe an mich über Sedan aufgefangen worden sind – sie in den Zeitungen einmal lesen zu müssen wird entsetzlich sein – ich werde schon ganz heiß u. ganz rot wenn ich nur daran denke.“[10]

Gerade zur Zeit des deutsch-französischen Krieges wurde die Kronprinzessin verstärkt feindlicher Gesinnung verdächtigt, denn England hatte zu Beginn des Krieges Frankreich Waffen geliefert. Ihrer Einflussnahme wurde auch zugeschrieben, dass Paris nicht beschossen, sondern stattdessen wochenlang belagert wurde. Neben politischen Äußerungen, die vertraulich zwischen den Eheleuten gewechselt wurden und keiner Indiskretion ausgesetzt werden sollten, waren es Bemerkungen über familiäre Verhältnisse, Sorgen über die Entwicklung der Kinder oder andere Belastungen. Die Lebhaftigkeit des Briefstils Victorias ist gewiss ein persönliches Merkmal. Ihre Offenheit zumindest in den Briefen an ihre Mutter war aber auch eine Notwendigkeit. Da sich Mutter und Tochter über Jahre nur sehr selten sahen, bot der Brief die einzige Möglichkeit, miteinander zu „sprechen“.

Welche politische Brisanz Kronprinz Friedrich Wilhelm selbst in seinen handschriftlichen Aufzeichnungen sah, zeigte sich auch darin, dass er glaubte, sie in Sicherheit bringen zu müssen. Im Juli 1887, bei dem Besuch in England anlässlich des Krönungsjubiläum seiner Schwiegermutter Königin Victoria hinterlegte er drei hölzerne Kisten mit Privatpapieren unter der Staatstreppe in Windsor Castle mit genauen Anweisungen über den Rückgabemodus.[11] Unter diesen Privatpapieren befanden sich auch seine Tagebuchaufzeichnungen aus dem Feldzug 1870/71.[12] Nach dem Regierungsantritt im März 1888, kurz vor dem Umzug des nunmehrigen Kaiserpaares von Schloss Charlottenburg ins Neue Palais nach Potsdam, verbrannte er gar eine Menge seiner Papiere.[13] Für eine verbliebene kleine schwarze Schatulle wurde noch Dr. Hovell, der Assistent des behandelnden Arztes Mackenzie, als Kurier benutzt, um sie von Charlottenburg nach Berlin in Sicherheit zu bringen.[14]

Abb. 243. Kronprinz Friedrich Wilhelm und Victoria (Foto um 1870)

8 AHH, Brief an KF III., Neues Palais 27.8.1870
9 AHH, Brief an KF III., Homburg 26.9.1870
10 AHH Brief an KF III., Homburg 22.9.1870
11 AHH, Archiv KF, Nr. 158
12 1926 veröffentlichte der Leiter des brandenburg-preußischen Hausarchivs in Charlottenburg, Heinrich Otto Meisner, das Kriegstagebuch von 1870/71 zum ersten Mal im authentischen Wortlaut. Im Vorwort nennt er die verschiedenen redaktionellen Fassungen und Niederschriften des Tagebuchs.
13 AHH, Tagebuch 1889, S. 107. – Im Januar 1889 fasste die Kaiserin Friedrich ihre Erinnerungen an die jüngst vergangene Zeit in einem Tagebuch zusammen. Im Kapitel 11 des 1954 erschienenen Buches „Wenn...“ von Conte Corti ist dieser Text zum größten Teil publiziert. Das Original befindet sich im Archiv der Hessischen Hausstiftung.
14 Tagebuch 1889, S. 108

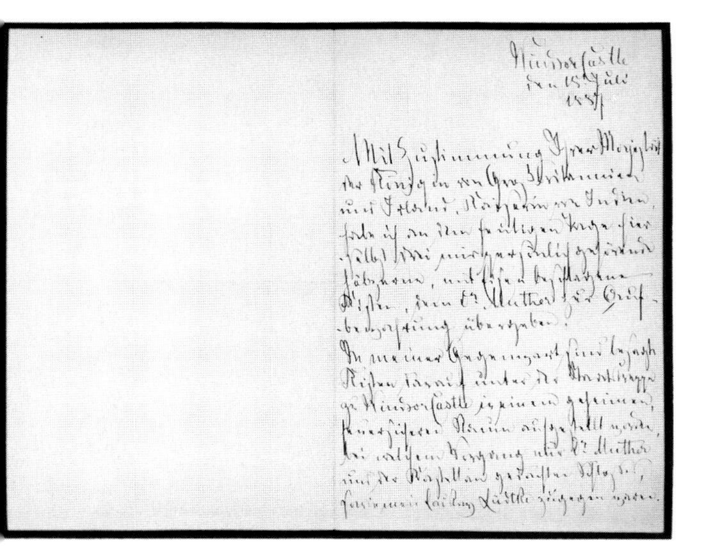

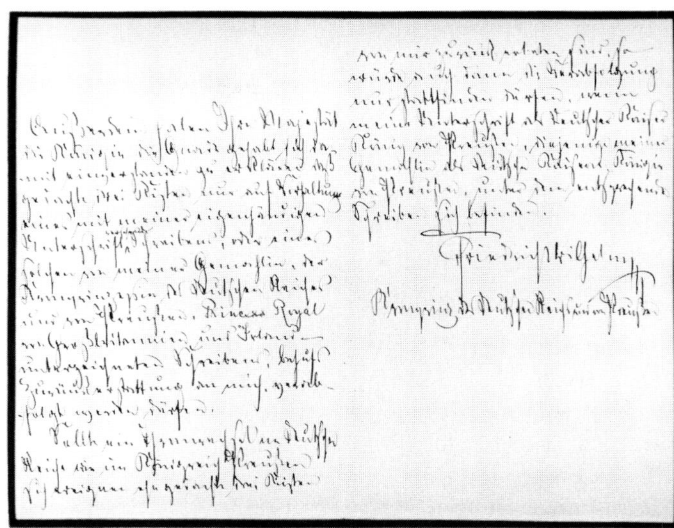

Abb. 244. Anweisung Kronprinz Friedrich Wilhelms betr. Rückerstattung seiner in Windsor hinterlegten Privatpapiere, 18. Juli 1887

Kaiser Friedrich III. starb am 15. Juni 1888. Im Tagebuch von 1889 spricht seine Witwe von einer sofort danach einsetzenden militärischen Umzingelung des Neuen Palais „– so daß nicht einmal – wegen Crepp u. Trauersachen aus der Garderobe nach Berlin telegraphiert werden konnte! – Wie Winterfeld sofort über die Schreibtische u. Pulte meines geliebten Fritz herfiel u. alles aufriß u. durchstöberte, als ob er hoffe „Staatspapiere" zu finden!"[15] In dem Tagebuch Kaiser Friedrichs aus dem Jahr 1888, das seine Witwe nach seinem Tod bis zum Jahresende fortschrieb, sind diese Ereignisse gemäßigter geschildert. Vielleicht war sich die Kaiserin bewusst, dass dieses Tagebuch ihres Mannes ins königliche Hausarchiv gelangen und dort von Fremden gelesen werden würde. Am 10. Juli 1888 vermerkt sie darin: „Der neue Hausminister H. v. Wedel-Priesdorf, Nachfolger Gf. v. Stolbergs, hat sich heute bei mir anmelden lassen. Er bat mich um Fritz' Schlüssel, um in Berlin im Palais sein Pult, seinen Tisch, seinen eisernen Wandschrank im Toiletten Zimmer aufzuschließen, welche bis jetzt alle noch versiegelt gewesen sind. [...] Er wird mit Friedberg mir all die Sachen erst vorlegen – ehe sie ins Hausministerium gebracht werden!"[16]

Im Beisein des Justiz- und des Hausministers öffnete sie dann auch noch zwei Kisten. „Beide Herren überzeugten sich, daß in jeder Kiste oben auf ein Zettel in der Hand des geliebten Fritz lag: ‚Alle in dieser Kiste befindlichen Papiere sind Eigenthum der Kronprinzessin meiner Gemahlin.' – Gerade wie er diese Kisten voriges Jahr packte, ehe er sie mit nach England nahm und sie dort deponierte, fest verschlossen im Keller, u. die Schlüssel dann mitnahm! [...] Dieses waren alle seine Privat-Papiere u.

15 Tagebuch 1889, S. 116f
16 GStAPK Rep. 52 Nr. 3, 10.7.1888

sind jetzt meine; aber trotzdem traf ich mit den Herren eine Auswahl u. ließ eine Menge in das Haus-Archiv schicken u. dort niederlegen – auch sein ‚Tagebuch' vom Jahr 1870 – 1871 vom Kriege – zugesiegelt. Ich machte es nicht auf und las es nicht."[17]

Anschließend ordnete sie die Privatkorrespondenz ihres geliebten Mannes. „Alle von meinen Geschwistern, 30 Jahrgänge, verbrannt – mit schwerem Herzen, desgleichen v. einer Menge Freunde u. Bekannte."[18] „Die Briefe des alten Großherzog u. der Großherzogin v. Weimar, Fritz's Großeltern, werden nach Weimar zurückgeschickt! – Der Kaiserin Augusta die ihrigen, ebenfalls Louise v. Baden, Leōpold v. Belgien [...]. Das übrig Gebliebene kommt sorgfältig wieder in Kisten. Eine traurige u. angreifende Beschäftigung! Ich bin aber dankbar, alles in Ordnung zu haben."[19] Auf diese Weise schickte sie auch ein Briefpäckchen an Landgräfin Anna von Hessen, eine Cousine des Kronprinzen, mit den Worten: „Teuere Anna, Ich übersende Dir ein Päckchen Briefe, die Du früher meinem geliebten Fritz geschrieben hast! Ein wehmütiges Andenken, aber eins auf welches Du vielleicht doch Wert legst. Es wird Dich rühren zu sehen, wie sorgfältig er die aufhob, die Dir jetzt zurücksendet Deine unglückliche, tief trauernde Cousine Victoria"[20]

Abb. 245. Neujahrsgruß Victorias an ihren Schwiegersohn Landgraf Friedrich Kar von Hessen (1896)

Editionen

Kaiserin Friedrich plante, zu einem späteren Zeitpunkt eine Biographie über ihren Mann zu veröffentlichen, die seine entscheidende politische Rolle in den deutschen Einigungskriegen wie auch seine politischen Ziele und sein staatsmännisches Wirken beweisen sollte. Aus diesem Grund bedauerte sie auch später die Abgabe des Kriegstagebuches der Jahre 1870/71 und wünschte sie rückgängig zu machen. So schrieb sie am 23. November 1895 an ihren Schwiegersohn Prinz Friedrich Karl von Hessen (1868-1940): „Es handelt sich um das Kriegstagebuch meines geliebten Mannes! Er arbeitete es neu aus u. vervollständige es im Winter, den wir in Wiesbaden zubrachten – wegen seiner Gesundheit! Die Reinschrift habe ich nie gesehen, – er zeigte es mir einst in einem braunen Papierumschlag – versiegelt u. mit der Aufschrift in seiner lieben Hand: 'Eigentum der Kronprinzessin – 50 Jahre nach meinem Tode zu eröffnen!' [...] Da ich nun in meinem Schmerz und Kummer u. Verzweifelung nicht lange ihn zu überleben dachte, übergab ich in Friedbergs Beisein dem Hausminister Wedel dieses versiegelte Paket – mit dem Bemerken, es sei u. bleibe so lange ich lebe mein Eigentum. Da aber ich kaum glaubte den Zeitpunkt zu erleben, zu welchem es geöffnet werden dürfte nach Fritzens Bestimmungen, legte ich es in dem Königl. Hausarchiv nieder. Es war ein großer Fehler vorn mir, u. bitter habe ich meine Vertrauensseligkeit

17 Ebd., 21.7.1888
18 Ebd., 22.7.1888
19 Tagebuch 23.7.1888
20 AHH, 7/12-1 Friedrichskron 25.7.1888

bereut, ich hätte einen so teueren Schatz besser behalten sollen – u. hätte mehr in seinem Sinn gehandelt – hätte für die Ausführung seines Willens besser sorgen sollen. Als die ganze Geffken Affaire[21] in der unerhörtesten u. abscheulichsten Weise vom Fürsten Bism[arck] u. der Regierung behandelt wurde, bekam ich Angst für mein Paket u. erbat es mir zurück. Es wurde mir einfach abgeschlagen, u. ich musste erfahren, daß man ohne meine Erlaubnis die Siegel erbrochen hatte – und das Tagebuch herausgenommen!!"[22]

Zu dem Zusammentragen und Sammeln der Briefe und Dokumente gehörte zugleich die konservatorische Sicherung, um die sich die Kaiserin ebenfalls bemühte. So berichtete ihr Bibliothekar Gustav Adolf Leinhaas: „Jeder Gegenstand, der ihrem Hohen Gemahl dereinst gehört und seinem Gebrauch gedient hatte, ja selbst jedes Schriftzeichen von ihm, und sei es nur eine kurze Notiz mit Bleistift geschrieben oder nur ein Datum von seiner Hand, war ihr teuer. Alles, was sich in Büchern, Broschüren, auf Photographien und dergl. an eigenhändigen Bleistiftnotizen des Kaisers Friedrich vorfand, musste mit Fixativ behandelt und dauernd gefestigt werden."[23]

Ihre Wertschätzung galt aber nicht nur allen schriftlichen Äußerungen ihres Mannes, sondern grundsätzlich der schriftlichen Mitteilung als wesentlichem Erinnerungsstück an einen Menschen. So sandte sie ihrem Schwiegersohn Prinz Friedrich Karl von Hessen einen Brief mit den Worten: „Hier ist ein kleines Blättchen für Deine Autographen-Sammlung. Von der Hand Deines Großvaters v. Preußen an Onkel Fritz Carl! Die Anzeige des armen Willy Geburt![24] Ich glaubte Du würdest gern den kleinen vergänglichen Zettel, der diejenigen überdauert hat, die ihn geschrieben u. ihn empfangen haben – u. den ich ohne Wehmut nicht ansehen kann, unter Deinen Papieren aufheben."[25]

Wohl in der Absicht, Material für eine Biographie zu sichten, hatte Kaiserin Friedrich die Briefe, die sie ihrer Mutter einst geschrieben hatte, zur Einsichtnahme zurückerbeten. Sie befanden sich noch 1901 auf Schloss Friedrichshof. 27 Jahre nach ihrem Tod erschien in England eine Publikation dieser Briefe, ausgewählt und herausgegeben von Sir Frederick Ponsonby.[26] In seinem Vorwort berichtet er die abenteuerlichen Geschehnisse, unter denen er in den Besitz dieser Briefe gelangte. Ponsonby reiste 1901 als Privatsekretär in Begleitung des englischen Königs und Bruders der Kaiserin, Edward VII., und verbrachte einige Tage Ende Februar bis Anfang März auf Schloss Friedrichshof. Eines Tages habe ihn Kaiserin Friedrich gebeten, ihre Briefe, die sie ihrer Mutter geschrieben hatte, in zwei Kisten verpackt unbemerkt aus dem Schloss hinaus und zurück nach England zu bringen. Ein Grund der besonderen Vorsichtsmaßnahme war Kaiser Wilhelm II., der ebenfalls bei seiner Mutter zu Besuch war. An ihm vorbei galt es die beiden Kisten herauszuschmuggeln, ohne seinen Verdacht zu er-

21 Prof. Friedrich Geffcken (1830-1896) veröffentlichte im September 1888 in der „Deutschen Rundschau" Auszüge aus dem Kriegstagebuch des Kronprinzen und wurde deshalb von Bismarck unter Anklage des Landesverrats gestellt. Kaiserin Friedrich verdächtigte man, diese Publikation gefördert zu haben.

22 AHH, 7/13 Abschrift Rumpenheim 23.11.1895.

23 Gustav Adolf Leinhaas, Kaiserin Friedrich, Diessen 1914, S. 177.

24 Prinz Friedrich Wilhelm von Hessen (1854-1888), der ältere Bruder des Prinzen Friedrich Karl.

25 AHH, 7/13-1 Schloss Friedrichshof 12.9.1896.

26 Letters of the Empress Frederick, edited by Sir Frederick Ponsonby, London 1928.

regen. Heinrich Otto Meisner, der Herausgeber des Kriegstagebuchs Kaiser Friedrichs III. von 1870/71, wies kurze Zeit nach dem Erscheinen der englischen Briefedition darauf hin, dass diese Schilderung Ponsonby's auf einer „Gedächtnistrübung“ beruhe. Nach Ausweis der Flügeladjutanten-Tagebücher habe Kaiser Wilhelm II. bereits vor dem von Ponsonby angegebenen Zeitpunkt Schloss Friedrichshof wieder verlassen.[27] Die Tatsache, dass er die Briefe nicht in das Archiv nach Windsor zurückführte, wohin sie gehörten, ließ seine Aktion verstärkt als eigennützige Tat erscheinen. Prinz Wolfgang von Hessen konnte überdies anhand des Tagebuchs der Kaiserin Friedrich aus dem Jahr 1901 die Behauptungen Ponsonbys widerlegen,[28] der die Briefausgabe zudem ohne Genehmigung der Familie und der Erben publiziert hatte.[29]

Nach dem Zweiten Weltkrieg sollte der Briefwechsel zwischen Queen Victoria und Kaiserin Friedrich wieder für einige Jahre zusammengeführt werden. König Georg VI. von England sah Ende 1945 die privaten Familienpapiere in Kronberg als gefährdet an. Die militärische Besetzung und die Einrichtung eines amerikanischen Offiziersclubs im Schloss Friedrichshof ließen es ihm wünschenswert erscheinen, die Briefe Königin Victorias an ihre älteste Tochter zur Sicherheit in das königliche Archiv nach Windsor zu holen.[30] Nach Absprache zwischen General Eisenhower und General Bull im amerikanischen Hauptquartier konnte am 6. August 1945 der königliche Bibliothekar Sir Owen Morshead die Briefe und Telegramme Queen Victorias, insgesamt 67 Alben, nach England bringen.

Nach der Wiederfreigabe von Schloss Friedrichshof und der Übernahme durch die Familie war es der Wunsch von Landgräfin Margarethe von Hessen, dass noch zu ihren Lebzeiten aus berufener Feder eine Biographie ihrer Mutter geschrieben werden sollte, als eine Art Rechtfertigung gegen die erhobenen Verleumdungen und Beschuldigungen, denen sie ihre Mutter ausgesetzt sah. In dem österreichischen Biographen und Historiker Dr. Egon Cäsar Conte Corti schien der erwiesene Fachmann dafür gefunden. Corti nahm die Aufgabe an und begann im Oktober 1951 das noch in Schloss Friedrichshof vorhandene Material, darunter die Briefe Kaiser Friedrichs III. und das Tagebuch Victorias von 1889, zu sichten. Für diese Biographie bat man auch um die Rückgabe der Briefe Königin Victorias an ihre Tochter aus dem Archiv in Windsor. Sie trafen Anfang Januar 1952 wieder in Kronberg ein. Erschütternd war hingegen die Antwort vom Berliner Hauptarchiv in Dahlem vom 24. Juni 1952, dass die 1911 von Landgräfin Margarethe an das Königliche Hausarchiv in Charlottenburg zur Aufbewahrung gegebenen Archivalien aus dem Nachlass ihrer Mutter[31] aus Kriegssicherheitsmaßnahmen verlagert worden seien und sich nun in Merseburg befänden, worüber jedoch genaue Unterlagen fehlten.[32] Allein das Tagebuch Kaiser Friedrichs III. aus dem Jahr 1888 war in Berlin verblieben.

27 Heinrich Otto MEISNER, „Kaiserin Friedrich:“. In: Preußische Jahrbücher, Bd. 215, Berlin 1929, S. 257, Anm. 1.

28 AHH Memorandum über die Briefe der Kaiserin Friedrich an die Königin Victoria, Archiv KF 103.

29 Auch Kaiser Wilhelm II. war über die Edition empört; er stimmte dann aber gleichwohl zu, eine Einleitung für die 1929 erschienene deutsche Ausgabe zu schreiben, wobei er vermerkte: „Ich will nicht weiter untersuchen, auf welche Art und Weise diese Briefe wieder nach England gelangt sind ....“

30 Ebd. Brief Sir Alan Lascelles an Major-General Ian Jacob, 25.7.1945.

31 AHH, Archiv KF Nr. 160. – Der Eingangsbestätigung Dr. Herman Graniers vom 31.10.191[illegible] folgt das dreiseitige Verzeichnis der Archivalien, darunter auch die Tagebücher Kaiser Friedrichs für die Jahre 1861-1888.

32 AHH, Archiv KF Nr. 160.

Conte Corti starb noch vor der Veröffentlichung der Biographie im September 1953. Wenige Monate später verstarb am 22. Januar 1954 Landgräfin Margarethe von Hessen (1872-1954), die die Biographie in Auftrag gegeben hatte. Im selben Jahr starb schließlich Gertrud Contessa Corti, die enge Mitarbeiterin ihres Mannes gewesen war. Das weitgehend fertiggestellte Manuskript konnte jedoch von der Sekretärin Cortis zu Ende geführt und mit Genehmigung der Familie im Oktober 1954 publiziert werden. Corti hatte für die umfangreiche Biographie den bedeutungsvollen Titel: „Wenn ..." gewählt.[33] Zehn Jahre später veröffentlichte der englische Historiker Roger Fulford mit Unterstützung Landgraf Philipps von Hessen in einer fünfbändigen Edition den Briefwechsel zwischen Königin Victoria und Kaiserin Friedrich der Jahre 1858-1885 unter den wechselnden Titeln „Dearest Child", „Beloved Mama", „Darling Child" und „Dearest Mama".[34] Diese umfangreiche Briefedition darf aber nicht darüber hinwegtäuschen, dass doch viele der „kleinen vergänglichen Zettel" aus Unachtsamkeit vernichtet wurden oder auf andere Weise verloren gingen.

Abb. 246. Exlibris mit dem hessischen Landgrafenwappen und der lateinischen Devise des 1770 gestifteten Ordens vom Goldenen Löwen (gestaltet 1920 von dem Heraldiker Otto Hupp)

33 Egon Caesar Conte Corti: Wenn... Sendung und Schicksal einer Kaiserin, Graz 1954.

34 Den Briefwechsel der Jahre 1886 – 1901 veröffentlichte Agatha Ramm 1998 unter dem Titel: Beloved & Darling Child. Last Letters between Queen Victoria & her eldest daughter.

Abbildungsnachweis

Bildarchiv Foto Marburg
Abb. 1, 4-8, 10, 12
Freundeskreis Stadtmuseum Darmstadt
Abb. 47
Hessische Hausstiftung / Archiv und Bibliothek, Schloss Fasanerie, Eichenzell
Abb. 170-175, 205-206, 216-217, 219, 238-246
Hessische Hausstiftung / Museum Schloss Fasanerie, Eichenzell
Abb. 1, 31, 34, 93, 98, 112, 166-167, 169, 207-208, 212, 214, 218, 220, 222-237
Hessisches Landesmuseum Darmstadt
Abb. 45, 66-67, 126
Hessische Landes- und Hochschulbibliothek Darmstadt
Abb. 103, 113, 124-125, 127-128, 132, 135, 136a/b
Hessisches Staatsarchiv Darmstadt
Abb. 45-46, 51, 70, 79, 79, 123 (Abt. F 24 A), 156, 164, 188-190, 194-202
Hessisches Staatsarchiv Marburg
Abb. 2, 9, 14-18, 20-22, 24, 72, 102, 105, 108, 110, 117, 119, 137
Institut Mathildenhöhe, Darmstadt
Abb. 71
Justus-Liebig-Universität Gießen / Universitätsarchiv
Abb. 104, 106-107, 109, 111
Landesarchiv Schleswig, Schloss Gottorf
Abb. 209, 211, 213, 221
Museum im Gotischen Haus, Bad Homburg
Abb. 85
Museum Hanau, Schloss Philippsruhe
Abb. 91-92, 94-97, 99-100
Museum Jagdschloss Kranichstein
Abb. 154-155, 157, 159-163, 165
Museum Schloss Wilhelmsburg, Schmalkalden
Abb. 73-78
Sächsisches Landesamt für Denkmalpflege, Dresden
Abb. 130
Schloss Glücksburg
Abb. 211
Schloss Tarasp, Graubünden/Schweiz
Abb. 179-183
Schloss Wolfsgarten
Abb. 56, 158, 191
Schlosshotel Friedrichshof, Kronberg
Abb. 168, 176-178
Schlossmuseum Darmstadt
Abb. 48, 57, 61, 115, 118, 139, 149, 151, 153-154, 192-193
Schlossmuseum Heidecksburg, Rudolstadt
Abb. 143
Staatliche Kunstsammlungen Kassel
Abb. 23, 25-26 (Graph. Slg.), 28-29 (Foto A. Hensmanns), 30, 32 (Foto J. Weber), 33 (Foto G. Bößert), 35-36 (Foto J. Weber), 38 (Graph. Slg.), 40-41a/b (Foto A. Hensmanns), 42 (Foto U. Reuschling), 43-44 (Foto A. Hensmanns)
Stadtarchiv Darmstadt
Abb. 48, 50, 52-54, 58-60, 62-65, 68-69, 116, 129, 131-132, 134
Stadtmuseum Kassel
Abb. 114, 121a/b, 122
Universität Marburg/Religionskundliche Sammlung
Abb.19
Universitätsmuseum Marburg
Abb. 13
Verwaltung der Staatlichen Schlösser und Gärten Hessen, Bad Homburg
Abb. 39, 80-83, 86-88, 90, 138 (Foto B. Modrow), 140-141 (Fotos B. Modrow), 142-145, 146 (Foto B. Modrow), 147-148, 150 (Foto B. Modrow), 152 (Foto B. Modrow)
Walter A. Büchi, Kartause Ittingen, Warth/Schweiz
Abb. 184-187
Prof. Dr. Barbara Dölemeyer, Bad Homburg
Abb. 84, 89

Personen- und Ortsindex

Anmerkung: Seitenzahlen mit Sternchen (*) verweisen auf Abbildungen der genannten Personen oder Orte